KB148499

알아두면 쓸데 있는
유쾌한 상식사전

— 별난 국내여행 편 —

알아두면 쓸데 있는
유쾌한 상식사전 - 별난 국내여행 편 -

초판 1쇄 발행일 2023년 6월 30일

지은이 조홍석
펴낸이 박희연
대표 박창흠

펴낸곳 트로이목마
출판신고 2015년 6월 29일 제315 - 2015 - 000044호
주소 서울시 강서구 양천로 344, B동 449호(마곡동, 대방디엠시티 1차)
전화번호 070 - 8724 - 0701
팩스번호 02 - 6005 - 9488
이메일 trojanhorsebook@gmail.com
페이스북 https://www.facebook.com/trojanhorsebook
네이버포스트 http://post.naver.com/spacy24
인쇄 · 제작 ㈜미래상상

개별 ISBN 979 - 11 - 92959 - 18 - 4 (04030)
세트 ISBN 979 - 11 - 87440 - 35 - 2 (04030)

가리지날 시리즈

7

알아두면 쓸데 있는 유쾌한 상식사전

— 별난 국내여행 편 —

조홍석 지음

트로이목마
TROJAN HORSE

*일러두기

1. 이 책에 사용된 어휘는 대부분 국어사전의 표기법을 따랐으나, 일부 표현과 표기법은 재미를 위해 구어체 그대로 표기했음을 밝힙니다.

2. 이 책에서 영어 original을 한글 '오리지널'이 아닌 '오리지날'로 표기한 이유는, 저자가 쓰는 용어인 '가리지날(가짜 오리지날)'과 대응하는 용어로 쓰기 위함임을 밝힙니다.

3. 이 책에 사용된 이미지는, 모두 직접 촬영하거나, 무료 이미지사이트에서 다운로드하거나, 유료 이미지사이트에서 구입하거나, 저작권 프리(free) 이미지이거나, 저작권료를 지불하고 저작권자에게 구입하거나, 저작권자 연락처를 찾아 허락을 구하고자 했으나 찾을 수 없어 출처 표기로 대체한 것들입니다. 혹시 이미지 저작권자가 추후에 나타나는 경우, 별도 허락을 구하도록 노력하겠습니다.

안녕하세요. 조홍석입니다.

지난 10여 년간 지인들에게 보내던 글을 모아 2018년부터 출간 중인 《알아두면 쓸데 있는 유쾌한 상식사전》 시리즈의 일곱 번째 이야기, '별난 국내여행 편'을 발간하게 되었습니다.

'가리지날'이란, 오리지날이 아님에도 오랫동안 널리 알려져 이제는 오리지날보다 더 유명해진 것을 의미하는 제 나름의 용어입니다. 일부에서는 여전히 제가 만든 신조어인 줄 아시던데, 해방 이후 등장한 이 단어의 유래는 제6권, '우리말·우리글 편'에 소개했답니다. 🐻

이 시대는 각 분야가 지나치게 전문화된 사회여서 각자 자신의 분야는 잘 알지만 전체를 통찰하는 거대 담론이 사라지다 보니, 서로가 자기의 입장에서 이야기할 뿐 타인의 시각이나 입장을 이해하기까지 오랜 시간이 걸리기도 합니다. 결국 이 세상 학문은 서로 연관되어 있고, 의외의 곳에서 서로 만나기도 하는데 말이죠.

그동안 국내 여행지 소개 책자는 대부분 각 지역별 명소와 맛집 소개, 교통편 위주로 소개되며 스토리가 빠져 무미건조한 경우가 많았습니다. 다행히 최근 다양한 문화유산 관련 책이 출간되면서 여행지의 '돌 하나, 나무 하나' 허투루 보지 않게 되는 데 일조하고 있고, SNS를 통해 숨겨진 명소, 맛집, 사진 찍기 좋은 곳을 소개하는 분들도 많아졌습니다. 🐻

하지만, 오랜 기간 잘못 알려졌거나 많은 이들에게 잊힌 숨은 여행 명소를 알려주는 책자는 여전히 드물기에, 관련 여행지에 대한 자료를 모으고 스토리를 입혀봤습니다.

소개하는 장소나 유적 다수가 한국관광공사에서 추천하는 여행지가 아니며, 각종 문화유산 답사 책에도 잘 나오지 않는 곳이라서 '굳이 여기를 찾아가야 하나?' 하는 생각이 들 수도 있겠으나, 또다른 시각에서 '우리 땅 곳곳에 이런 숨겨진 이야기가 있었구나!'라는 사실을 알고 나면, 당시의 시대상이나 잘 몰랐던 그 지역의 역사와 인물 등이 새롭게 다가올 것입니다. 🐻

1부에서는, 잘 알려진 위인이나 명소 중 많은 사람들이 잘못된 진실, 즉 '가리지날' 정보로 알고 있는 곳들을 소개합니다.

한때 신라와 백제의 국경선으로서 두 나라 백성이 양쪽 터널을 오갔다고 알려져 국사 교과서에까지 실렸었는데 가짜 역사임이 밝혀진 라제통문 사례에 이어, 동일한 창건 설화를 가진 두 부석사 이야기, 남이 장군 묘가 없는 남이섬, 만해 한용운 선생의 마지막 생애의 현장인 심우장에 대한 잘못된 이야기 등을 모아보았습니다.

2부는, 숨겨진 사연이 숨쉬는 여행지를 소개합니다.

궁예의 꿈이 서려 있고, 한때 강원도에서 두 번째로 큰 도시였지만 6.25 격변기에 옛 시가지가 완전히 사라진 뒤 안보 관광지로 다시 주목받는 철원, 전국을 방랑하던 천재 시인 김삿갓이 원치 않았던 2차 방랑을 하다가 마지막에 정착한 곳에서 종종 구경하러 갔다던 화순적벽, 김일성 별장으로 널리 알려졌지만 원래 주인이 따로 있었던 강원도 고성 화진포의 성과 이색 별장들, 서울에서 뜻밖에 석굴암 부처님을 만나볼 수 있는 보문사 등, 알고 보면 사연 많은 곳들을 둘러봅니다.

3부는, 오랜 기간 빛을 보지 못한 여러 여성들의 흔적을 가진 유적을 소개합니다.

우리 역사에서 이름 석 자를 남긴 여성은 매우 드뭅니다. 또한 위인의 어머니이거나 군주의 딸인 경우 등을 제외하면, 일반적인 여성의 삶은 더더욱 기록이 남아 있지 않습니다. 이에 조선시대에 가장 천한 신분이었던 기생의 슬픈 사연을 따라가다 보면 우리 역사의 한 단면도 엿볼 수 있겠죠. 낯설지만 감동을 주는 만향, 경춘의 사연과 춘향전의 유래, 그리고 마지막 기생의 흔적을 찾아보았습니다.

4부는 이 땅에 찾아왔던 외국인들의 자취를 탐구해가는 여정입니다.

기원전 이 땅에 단체로 관광와서 낙서를 남기고 간 서복과 3천 동자, 진시황의 큰아들인 부소가 숨어 살았다는 부소암, 18만 년 동안 한반도에 숨어 살던 삼천갑자 동방삭이 붙잡힌 성남 탄천, 본의 아니게 조선 땅을 밟았다가 탈출해 역사에 이름을 남긴 하멜에 얽힌 슬픈 사연과 사라진 하멜기념전시관, 일본 어민들에게 자리를 빼앗겼던 포항 구룡포 마을, 우리 역사의 흑역사인 만보산 사건의 현장이었던 차이나타운 등, 우리 땅에 흔적을 남긴 외국인들의 자취를 따라가며 앞으로 대한민국이 다문화 사회를 어떻게 포용할 것인지 고민해보았으면 합니다.

마지막 에필로그는, 독도에 관한 잘 알려지지 않은 이야기로 마무리하고자 합니다.

저는 해당 분야의 전문가가 아니어서 오류가 있을 수 있습니다. 하지만 복잡하고 어려운 지식을 쉽게 전하는 빌 브라이슨과 같은 지식 큐레이터로서 우리 사회의 발전에 조금이나마 기여하고자 합니다.

이번 '별난 국내여행 편' 역시 다시금 주목받는 우리 땅 곳곳의 사연을 다양한 시각으로 바라보고 더 널리 알림으로써, 우리가 소중하게 지키고 아껴야 할 자랑스러운 문화유산이 오래도록 보존되는 데 보탬이 되길 희망합니다. 🐻

흔쾌히 책자 발간을 승인해주신 삼성서울병원 권오정 명예원장님과 박승우 원장님, 구홍회 전 커뮤니케이션실장님과 이상철 커뮤니케이션실장님 및 여러 보직자분들, 늘 격려해주시는 삼성글로벌리서치(옛 삼성경제연구소) '소정(素正)' 성인희 상임고문님, 6권 집필 시 '고약해'라는 인물 에피소드를 알려주신 삼성생명 임영빈 상임고문님, 다양한 아이디어로 새로운 인사이트를 주시는 한승환 삼성생명공익재단 대표이사님, 매번 인트라넷 칼럼에 댓글 남기고 응원해주신 삼성서울병원 케어기버 및 커뮤니케이션실 동료 여러분, 책자 발간을 처음 권해주신 삼성글로벌리서치 유석진 부사장님, 늘 든든한 인생의 멘토이신 에스원 서동면 상임고문님, 실제 책자 제작의 첫 단추를 끼워주신 MUUI(무의, 장애를 무의미하게) 홍윤희 이사장님, 여러 의견을 주셨으나 끝내 연을 맺지 못해 아쉬운 윤혜자 실장님, 저를 전폭적으로 믿고 책자 발간을 진행해주시는 트로이목마 대표님, 책자 발간을 응원해주신 부산 남성초등학교 17기 동기 및 선후배님, 연세대학교 천문기상학과 선후배동기님들, 연세대학교 아마추어천문회(YAAA) 선후배동기님, 성균관대학교 경영대학원 교수님들과 EMBA 94기 2조 원우님들, 삼성SDS 커뮤니케이션팀 OB, YB 여러분, 마피아(마케팅-PR 담당자 아침 모임) 회원님들, 매번 대량 구매해 지인에게 나눠주신다는 이인섭 유니버설뮤직코리아 부사장님, 우리나라 병원 홍보 발전을 위해 고생하시는 한국병원홍보협회 회원님들, 저에게 많은 인사이트를 주시는 강재형 미디어언어연구소장님, 일본 현지에서 많은 지식을 공유해주고 있는 우승민 작가님, 늘 콘텐츠 구성에 많은 의견을 제공해주는 오랜 벗, 연세대학교 지명국 교수, MBC 김승환 국장, 극지연구소 남극 장보고기지 대장 최태진 박사, 안혜준 회계사, 그 외에도 응원해주시는 많은 친척, 지인분들께 거듭 감사드립니다.

시간을 비워준 아내와 아이들에게도 고마움을 전하며, 이번 책에 꼭 본인의 고향, 철원도 소개해 달라고 하셨으나 끝내 못 보고 하늘의 별이 되신 아버지, 첫 책자 발간을 기다리시다가 미처 보지 못하고 먼 여행을 떠나신 장인어른께 이 책을 바칩니다.

목차

|1부| 잘못 알려진
역사의 현장을 찾아서

|2부| 숨겨진 사연이 숨쉬는
여행지를 찾아서

|3부| 아름다운 이름을 남긴
이들을 찾아서

|4부| 이 땅을 다녀간
외국인들의 흔적을 찾아서

잘 알려진 위인이나 명소 중 대부분의 사람들이 잘못된 진실, 즉 '가리지날' 정보로 알고 있는 곳들을 소개합니다.

한때 신라와 백제의 국경선으로서 두 나라 백성이 양쪽 터널을 오갔다고 알려져 국사 교과서에까지 실렸었는데 가짜 역사임이 밝혀진 라제통문, 동일한 창건 설화를 가진 두 부석사 이야기, 남이 장군 묘가 없는 남이섬, 만해 한용운 선생의 마지막 생애의 현장인 심우장에 대한 잘못된 이야기 등을 모아보았습니다.

1부

잘못 알려진
역사의 현장을
찾아서

01

전북 무주
- 라제통문, 우리 스스로 만든 역사
왜곡의 현장

안녕하세요, 독자 여러분.

대체 이걸 어떻게 쓴 건지 저도 가끔 놀라곤 하는, 《알아두면 쓸데 있는 유쾌한 상식사전》 시리즈, 그 일곱 번째 이야기를 시작해볼까 합니다. 🐻 '가리지날'이란 오리지날이 아님에도 오랫동안 널리 알려져 이제는 오리지날보다 더 유명해진 지식을 의미하는 제 나름의 용어입니다.

이번 편은 대한민국 곳곳에서 잘못 알려졌거나 잘 알려지지 않은 여행지에 대해 소개해드릴 텐데요, 한국관광공사 100대 추천 여행지, 유명한 여러 문화유산 소개 책자에 소개되지 않았지만 흥미로운 지역을 찾느라 고생 좀 했습니다. 🐻 이 여행지들의 다양한 이야기를 읽으며 지금은 잊힌 숨은 역사를 생각해

보고, 주위에 알릴 수 있는 기회가 있길 바라며 시작해보겠습니다.

첫 여행지 - 무주구천동 33경의 시작, 라제통문

덕유산 국립공원 내 무주구천동(茂朱九千洞)은 굽이굽이 이어진 덕유산 계곡을 따라 수많은 바위와 동굴, 폭포가 어우러져 예로부터 아름다운 경치로 널리 사랑받아 왔습니다. 이에 사람들은 무주구천동 절경 중 33곳을 꼽으니, 백제와 신라의 경계인 석굴문, '라제통문(羅濟通門)'을 제1경으로 시작해 제33경 덕유산 향적봉(香積峰)까지 25킬로미터 구간으로, 덕유산 국립공원의 중심부를 이루고 있지요. 그중 무주구천동 제1경이자 삼국시대 백제와 신라의 국경선 역할을 하던 통로라고 널리 알려진 '라제통문'은 한때 학생들의 수학여행지

무주구천동 33경 지도, 맨 아래가 제1경 라제통문 (출처 _ 무주관광)

라제통문 (출처 _ 한국관광공사)

로도 인기를 끌었고, 국사 교과서에도 실린 적이 있습니다.

그런데 말입니다. 안타깝게도 이 '라제통문' 이야기는 100퍼센트 가리지날입니다. 🐻

실은 이 라제통문이라는 바위터널은, 일제강점기인 1925년 충청도 영동에 있던 용화금광을 개발하기 위해 도로를 만들면서 덕유산 자락을 뚫어 만든 인공터널로, 원래 이름은 '기니미굴'입니다. 🐻

그런데 어째서 백제와 신라의 국경선 역할을 한 '라제통문'이라고, 오랫동안 잘못 알려져 왔을까요? 이는 1960년대 무주구천동을 관광지로 개발하는 과정에서 만들어낸 허구의 역사가 진실로 둔갑했기 때문입니다. 🐻

사정은 이렇습니다.

1961년 무주군은 무주구천동 관광 활성화를 위해 주민들과 논의해 경치가 좋은 33곳을 선정하고, 무주구천동으로 들어오는 관문인 기니미굴부터 번호를 매겨 이를 '무주구천동 33경'이라고 이름짓습니다. 그런데 제1경의 명칭인 기니미굴이 발음도 어렵고 그다지 관심을 끌 수 없다고 여기던 참에, 마침 1950년대에 안성면장이었던 김철수 면장이 무주군 향토지인《적성지(赤城誌)》에 쓴 글 중, "역사적 배경을 고려해 이 굴을 '라제통문'이라고 부르면 어떻겠느냐."고 한 문장에서 착안해, 신라와 백제의 관문인 '라제통문'이었다는 스토리를 창작하고 1976년에는 아예 터널 입구에 글자도 새겨 넣은 것이죠. 🐻

이 인공터널이 관통하는 덕유산 자락을 경계로 무주군 내 동서 지역 사투리와 문화권이 나뉘는 건, 원래 동쪽은 경상도 무풍현(茂豊縣)이었고 서쪽은 전라도 주계현(朱溪縣)이었는데, 조선시대에 이 두 고을의 첫 글자를 따서 무주현(茂朱縣)이라고 통합했기 때문입니다. 따라서 행정구역과는 별개로 두 문화권이 다르다고 합니다.

이 같은 관광 활성화 노력 이후 무주구천동을 찾는 관광객이 늘어나면서 라제통문에 대한 입소문이 나기 시작했고, 일부 경상도 학교에서는 수학여행지로 이곳을 찾아와 "옛날 김유신 장군이 이곳을 통과해 백제를 정복했다."는 엉터리 역사 교육의 현장이 되면서 '통일문'으로 불리기까지 했답니다. 🐨

무주군에서 만든 안내판이나 책자에도 "이곳은 백제와 신라의 접경지이자 병참기지였고, 라제통문 아래 작은 연못은 '파리소'인데 치열한 전투로 죽은 백제, 신라군 시체 위로 파리떼가 들끓어 붙여진 이름이다. 연못 근처 바위에도 이를 한자로 쓴 '승소(蠅沼, 파리못)'라는 두 글자가 새겨져 있다."는 이야기까지 실립니다. 하지만, 승소라고 적혀 있다는 그 바위 글자는, 실은 '학담(鶴潭, 학이 노는 연못)'이라서 바위 글자마저 왜곡한 겁니다.

무주구천동 33경이 지정되기 전인 1957년에 무주군이 직접 발간한 무주군지《적성지》기록에는, "일제 때 산을 뚫어서 통로가 되었다."고 분명히 적혀 있는 증거가 있는데, 이렇게 지속적으로 가짜 이야기를 확장해 온 것은 매우 유감스럽네요. 🐻

그렇게 관광지 홍보하려고 만든 엉터리 역사가 자꾸 부풀려지더니 급기야 국사 교과서에까지 실리게 되자 용감히 진실을 알린 분이 등장합니다. 동쪽 무풍현 기니미마을 출신으로서 무주구천동 33경을 선정할 때 지도에 핀을 꽂았던 오재성 씨가 사실을 바로잡고자 1980년에 무주군청을 찾아가 고쳐 달라고 했지만, 그러면 관광산업 망친다며 오히려 오재성 씨를 말렸다고 하네요. 🐻

그래서 직접 서울 국사편찬위원회까지 찾아가 일제시대에 만든 인공 굴이니 절대로 교과서에 실으면 안 된다고 설득하고 근거를 제시해 결국 국사 교과서에서 삭제됩니다. 하지만 왜곡된 진실을 바로잡기까지 20여 년의 세월이 필요했습니다. 🐻

그런데 제 기억에 불과 몇 년 전 어느 TV프로그램에서도 이 라제통문을, 수백 년간 터널 양쪽에 각각 백제군, 신라군이 보초를 섰고, 생필품을 거래하는 민간인이 오갔다는 식으로 소개한 것을 기억하고 있으니, 왜곡된 역사가 아직도 이어지고 있는 겁니다. 아니 그 옛날에 경상도와 전라도 사이에 마치 지금의 판문점 마냥 공동경비구역(JSA)이 있었단 건가요? 🐻

얼마 전에도 가야 영토가 전라도와 경상도에 걸쳐 있었다며 지역 화합의 상징으로 체계적인 역사 연구가 필요하다는 주장이 나와 아연실색한 바 있습니다. 경상도, 전라도라는 지역 구분은 1018년 고려시대에 처음 등장했는데, 그보다 수백 년 전 가야 사람들이 경상도와 전라도라는 지역 감정을 극복하고 오순도순 살았다는 식으로 해석하는 건 말이 안 되는 거죠. 🐻

이처럼 라제통문 사례는, 한번 어긋난 역사 왜곡을 바로잡기가 얼마나 어려운지 그 생생한 증거를 여실히 보여주고 있는 겁니다.

아름다운 경치를 가진 무주구천동의 첫 시작점에 덧씌워진 가짜 역사를 조속히 바로잡기를 기원하며, 첫 여행지 소개를 마칩니다.

● 덕유산

덕유산 정상 향적봉 설경 (출처 _ 국립공원공단)

덕유산 무주구천동 계곡 (출처 _ 국립공원공단)

무주구천동 33경 계곡은 덕유산 국립공원의 일부입니다. 영호남을 아우르는 덕유산은 해발고도 1614미터로 남한에서 네 번째로 높은 산으로서, 빼어난 풍광뿐 아니라 임진왜란 때는 피난처로, 항일독립운동 때에는 주요 활동 거점으로 자리매김해 역사적 의미가 크며, 무주 리조트가 있어 겨울철 스키도 즐길 수 있습니다. 🐻

● 적상산사고

무주 적상산에 위치한 적
상산사고(赤裳山史庫)는,
임진왜란 이후인 1614년
에 건립되어 묘향산사고에
있던《조선왕조실록(朝鮮
王朝實錄)》과 왕실족보를
옮겨와 보관한 사고(史庫)
로, 주변에 있던 적상산성을 개

적상산사고 (출처 _ 전라북도 문화관광청)

축해 300여 년간 역사 기록물을 무사히 보관했던 2층 누각이며, 지금
도 방문하면 그 실내를 볼 수 있습니다. 현재 사적관에는《조선왕조실
록》사본 및 왕실족보인《선원록(璿源錄)》이 전시되어 있고, 실록 제작
및 보관 과정을 알려주는 전시물이 있어 조선시대 기록물 관리가 어
떻게 이루어졌는지 알 수 있습니다. 다만 1992년 적상산 양수발전소
건립으로 기존 적상산사고 지역이 수몰될 수밖에 없어, 원래 있던 위
치에서 현재의 위치로 이전해 유지하고 있습니다.

02

경북 영주, 충남 서산
- 부석사 vs 부석사

앞서 무리한 스토리텔링으로 가짜 역사를 만들었던 라제통문과 정반대로 정직하게 오류를 알려주었던 사례가 있어 소개할까 합니다. 🐻

2009년에 변산반도를 여행하고 서울로 돌아오는 길에 시간이 조금 남아 어디 가까운 한 군데를 들러볼까 싶어 네비게이션으로 찾아봤는데, 주변 명소에 부석사가 보여 안내를 따라간 적이 있습니다. 이름이 부석사니까 당연히 영주 부석사 무량수전을 떠올리며 갔는데, 어라? 서산으로 들어서지 뭡니까. 뭔가 이상하다고 생각하면서도 대체 어떤 곳인지 궁금하기도 해서 끝까지 가보았죠. 그리하여 도착한 곳은 충남 서산에 자리잡은 또 하나의 부석사였는데, 도량 입구에 세워진 안내판을 보고 감동을

받았습니다. 🐨

그 당시 안내판에는 "절의 창건 설화가 영주 부석사와 동일한데 아무래도 이건 잘못 전해져오는 것 같다."는 진솔한 고백이 적혀 있었고, 그 옆에 세워진 서산시 안내판 역시 "이 부석사도 유래가 깊은 절이긴 하나 창건 설화가 영주 부석사와 동일한 이유는 잘 모르겠다."고 써 있던 것이었죠.

지자체에서 항상 자기 지역의 유적을 과장해 알리는 경우만 봐 왔던 저로서는 '지역 내 절의 유래가 아마도 가리지날일 것'이라고 지자체와 해당 사찰 모두 스스로 밝히는 경우는 처음 보았기에, 오히려 즐거운 마음으로 또다른 매력을 가진 서산 부석사를 감상할 수 있었습니다. 🐨

그땐 그랬었는데……, 최근 확인한 바로는 새로 세운 서산시 안내판에는 영주 부석사와 똑같은 유래만 적어놓았고, 서산 부석사 안내판에도 두 가지 설화 중 의상대사 설화를 크게 써놓았다고 하네요. 아무래도 이상하다고 생각되어서 좀 찾아보니, 뒤에 다시 설명할 고려시대 '금동관음

서산시 부석사 안내판
(ⓒ트로이목마)

부석사 자체 안내판
(ⓒ트로이목마)

보살좌상' 환수 재판에서 지금의 서산 부석사가 고려시대의 부석사와 같은 곳인지 입증되지 않는다는 재판부의 의견에 맞대응하기 위한 고육지책이 아닐까 여겨집니다.

영주 부석사 : 배흘림기둥이 있는 무량수전이 유명

일단 먼저 영주 부석사부터 소개해야겠네요.

요즘은 영주라고 하면 '볼빨간 사춘기'를 배출한 도시라고 먼저 떠올리지만, 원래 영주는 사과도 유명하고 철도 분기점으로도 유명했습니다. 하지만 1994년 최순우 선생님의 책《무량수전 배흘림기둥에 기대서서》가 출판되어 50만 부 이상 팔리면서 우리 역사 속 건축물과 미술 작품을 재발견함과 동시에, 제목으로 손꼽은 영주 부석사의 인지도가 엄청나게 올라갔고 2018년에는 유네스코 세계문화유산으로 지정되었습니다. 🐻

고려시대 건축양식이 남아 있어 다른 절과 차별화되는 영주 부석사는, 원효대사의 베스트 프렌드이자 당나라 유학파로서 신라 왕실에서 최고의 명성을 얻고 있던 의상대사가 676년(문무왕 16년)에 창건했습니다. 절 이름이 '떠 있는 돌 사찰'이라는 의미의 부석사(浮石寺)인 이유는, 의상대사를 사모한 한 여인이 돌이 되어 날아다니며 도적떼를 물리쳤다는 신비한 설화가 존

재하기 때문입니다. 🐻

부석사를 창건한 의상대사는 신라 진골 경주 김씨 가문의 화랑이었지만 집안의 반대에도 출가했다고 합니다. 그는 650년 원효와 함께 당나라 유학 길을 떠났다가 고구려 군사에게 잡혀 세작으로 의심받아 수십여 일간 옥살이를 한 뒤 신라로 돌아오지만, 다시금 661년에 당나라 유학을 시도합니다. 그 여정 길에 어느 밤 해골 바가지 물을 마시고 깨달음을 얻은 원효는 모든 것은 마음에 달렸다고 깨우치고 다시 서라벌로 발을 돌리지만, 불교의 원리를 깊숙이 알고 싶었던 의상은 당초 계획대로 당나라로 향합니다

의상은 배를 타고 당나라로 건너가 처음에 양주에 도착했는데, 그때 머물던 불교 신도 집에서 만난 선묘(善妙)라는 아가씨가 의상에게 반해 그를 유혹했다고 하지요. 하지만 의상은 흔들리지 않았고 스승과 제자 사이로 지내기로 약속했다고 합니다. 그후 의상은 중국 화엄종 2대조 지엄대사 밑에서 화엄종 불법을 열심히 배웁니다. 그렇게 10년이 흘렀는데 어느 날 중국에 사신으로 와 있던 김유신(金庾信)의 동생, 김흠순(金欽純)이

영주 부석사 선묘각에 그려진 용 그림
(©G41rn8) (출처 _ 위키피디아)

일본 교토 고잔지가 소장한 '화엄연기' 중
의상과 선묘 그림 (출처 _ 교토국립박물관)

찾아와 당나라가 신라를 공격하려고 하는데 본인은 억류된 상황이니 의상이 대신 신라로 돌아가 위급하다고 알려 달라고 부탁합니다. 고구려 멸망 후 신라가 고구려 부흥군을 돕자 당고종이 화가 머리 끝까지 나서 나당전쟁을 시작하려던 순간이었지요.

이에 의상이 급히 귀국하는 길에 선묘의 집을 찾았지만 만나지 못했다고 합니다. 뒤늦게 소식을 접한 선묘는 선착장에 달려갔지만 이미 의상이 탄 배가 수평선 너머로 사라지는 것을 보고는 그리운 정을 못 이겨

'화엄연기' 중 선묘가 바다로 뛰어드는 그림(위) (출처 _ 위키피디아)
선묘가 용으로 변해 의상대사가 탄 배를 수호하는 그림(아래) (출처 _ 위키피디아)

바다에 뛰어들어 용이 되었고, 의상이 탄 배를 수호해 무사히 신라에 도착하게 했다는군요. 🐻

화엄종(華嚴宗)은 우주 만물이 모두 하나라는 사상이어서 왕즉불(王卽佛), 즉 왕은 전생에 가장 많은 덕을 쌓았기에 이생에 왕으로 태어났고 미래에 가장 먼저 부처가 될 것이라는 국왕 중심 권력 구도를 합리화하는 데 유용했습니다. 이에 신라 왕실은 의상의 화엄종 전파를 크게 반겼다고 하지요. 의상은 삼국 통일 후 재건에 한창이던 신라 곳곳을 돌며 화엄종을 널리 알리고, 왕실의 후원을 받아 양양 낙산사(洛山寺), 동래 범어사(梵魚寺), 공주 갑사(甲寺), 울산 불영사(佛影寺), 영주 부석사를 잇달아 창건하게 됩니다. 🐻

이 화엄종 사상은 일본으로도 전래되었는데, 일본 화엄종파 사찰인 교토의 고잔지(高山寺)에는 12세기 묘에쇼닌(明惠上人) 스님이 원효와 의상대사를 흠모해 신라 원본 초상화를 다시 그렸고, 선묘신상을 만들어 불교를 수호하는 여인의 상징으로 숭배했다고 합니다. 화엄종 사상을 그림으로 설명한 '화엄연기' 그림 중 의상과 선묘낭자의 이야기를 그린 것이 지금까지 전해져, 몽골 침입 당시 경주 분황사(芬皇寺)가 불에 타면서 사라진 여러 유물을 간접적으로나마 확인할 수 있습니다.

　그런데 부석사를 만들던 당시 지역 도적떼가 훼방을 놓았는데 선묘가 큰 바위로 변신해 하늘을 날아다니며 도적들을 물리쳐 무사히 절을 완성할 수 있었고, 그래서 사찰 이름을 부석사로 지었다고 합니다. 🐻

　도적떼 : "여기가 어디라고 감히 절을 짓겠다는 거야? 여긴 내 구역이니 꺼져."

　의상대사 : "모두 다 부처가 되실 자격을 갖추고 있으니 이 도량에 오셔서 부처님께 귀의하시지요."

　도적떼 : "거……, 웃으면서 말로 하면 꼭 이해를 못 하는 형씨들

이 있어요. 야, 연장 갖고와라!"

(어디선가 돌이 날아와 도적떼의 머리를 깬다.)

선묘낭자 : "어디서 감히 우리 의상대사를 괴롭혀? 받아랏, 나의 필살기 플라잉 스톤!

본당인 무량수전 뒤편 왼쪽에는, 1751년 실학자 이중환(李重煥)이 쓴 《택리지(擇里志)》에 "위, 아래 바위 사이에 약간의 틈이 있어 줄을 넣어 당기면 걸림 없이 드나들어 떠 있는 돌임을 알 수 있다."라고 묘사한 부석(浮

부석사의 유래가 된 부석(浮石)
(ⓒ한국민족문화대백과사전)

石, 떠 있는 돌)이 여전히 존재하며, 선묘낭자를 모시는 선묘각도 무량수전 바로 뒤에 위치하고 있어요. 🐻

또한 절이 완공된 뒤에는 선묘가 절을 수호하기 위해 석룡으로 변해 무량수전 안 아미타불 밑에서 앞마당 석등까지 몸을 묻었다고 하며, 일제강점기에 무량수전을 보수공사할 때 앞마당에서 석룡의 허리 부분이 발견되었는데 용의 비늘까지 묘사되어 있었다고 합니다. 🐨

이처럼 신비한 설화와 함께 신라 왕실의 후원을 받으며 번창한 부석사에는 신라 왕들의 어진 벽화가 그려져 있었다고 하는

안양루, 2층 누각의 편액은 이승만 대통령 자필이다 (ⓒG41rn8) (출처 _ 위키피디아)

데, 후삼국 시절 궁예가 이 사찰에 와서 자기 아버지 어진을 칼로 내리쳐 김부식(金富軾)이 《삼국사기(三國史記)》를 쓸 당시에도 칼자국이 남아 있었다고 하나 지금은 사라져 안타까울 뿐입니다. 🐻

부석사는 창건 이후 1016년 원융국사가 무량수전을 중창하는 등 계속 번창했지만 몽골 침입으로 다수의 전각이 사라졌고, 다시 1376년에 진각국사 원응(圓應)이 재건해 오늘날까지 이르고 있어요. 많은 사찰들이 조선시대에 유학자들의 방화 등으로 훼손되고 폐사되던 중에도, 부석사는 유학자들에게도 반드시 가봐야 할 관광 명소가 되었고 김삿갓이 남긴 시가 안양루 내부에 걸려 있기도 합니다. 현대에 와서도 1956년에 이곳을 방문한 이승만 대통령이 본인은 기독교인

'태백산 부석사' 일주문 (ⓒSteve46814)(출처 _ wikimapia)

범종루 (ⓒJjang8164) (출처 _ 위키피디아)

임에도 부석사라고 써준 현판이 안
양루에 걸려 있을 정도니까요. 🐻

부석사는 주차장에서 내려 입구
까지 500여 미터를 걸어가야 하는
데, 길 양쪽에 사과 과수원을 끼고
은행나무들이 즐비하게 늘어서 있
어 운치를 더해주며, 언덕에 지어
졌기에 일주문을 지나 무량수전에
이르기까지 계속 계단이 이어져 있
습니다.

지금은 옛 기록에 비해 전각이
많이 줄었지만 단청 없이 오래된
나무색이 인상적인 범종루와 안양
루가 이미 사람의 시선을 빼앗습니
다. 특히 무량수전(無量壽殿, 국보 제18호)과
조사당(祖師堂, 국보 제19호) 건물은 고려 중
기에 세워져 우리나라에서 가장 오래
된 목조 건축물 중 하나로 손꼽히고 있
는 소중한 문화유산이지요. 🐻

공민왕의 글씨라고 알려진 무량
수전 글씨 (출처 _ 위키피디아)

부석사 무량수전 배흘림기둥
(ⓒ최옥석) (출처 _ 위키피디아)

주심포 양식 (출처 _ 위키피디아)

정사각형 편액에 써진 무량수전의 한자 글씨는 고려 공민왕
이 홍건적의 난 때 안동까지 피난왔다가 되돌아가는 길에 부석

사를 방문해 쓴 것이라고 알려져 있습니다. 🐻

특히 무량수전의 기둥은 땅에서부터 3분의 1 지점이 가장 볼록한 형태인 배흘림기둥으로 만들어져 있고, 기둥 간 간격도 일정하게 조정해 멀리서 볼 때 안쪽으로 굽어 보이는 착시현상을 해소하여 시각적 균형을 이루고 있습니다. 🐻

이 같은 기법은 고대 그리스 건축에서 사용된 엔타시스(entasis) 기법과 유사하며, 동양 삼국 중 유일하게 우리나라에만 남아 있다고 합니다. 이처럼 독특한 건축양식으로 만든 무량수전은 또한, 고려시대 건축 유행에 맞춰 장식적인 요소가 적은 주심포 양식으로 만들고 단청도 입히지 않아, 수수하면서도 정갈한 멋을 풍기고 있어 조선시대의 화려한 단청과 대비되지요.

부석사 소조여래좌상
(출처 _ 위키피디아)

부석사의 중심 건물인 무량수전은 특이하게도 절의 입구로 올라가서 보면 정면에 있지 않고 가장 뒤편 높은 언덕 위에 동쪽을 바라보며 비스듬히 배치되어 있고, 내부에 모신 소조여래좌상(국보 제45호)이 정면이 아닌 왼쪽에 놓여 있어 동쪽을 보도록 배치되어 있습니다. 특이한 점은 초기부터 무량수전 앞에 탑을 두지 않았고 무량수전 내에도 오직 아미타불만 봉안하고 양옆에서 호위하는 좌우 협시는 없다는 것입니다. 🐻

그러다 보니 일부에서는, 원래 이 건물이 본당이 아니었는데 무슨 연유에서인지 본당이 사라지고 아미타불을 여기로 옮겨 새로이 무량수전으로 삼은 것이 아니냐는 의견도 있고, 불상의 손 모양(수인, 手印)도 '항마촉지인(降魔觸地印)'이라 하여, 석가모니가 깨달음을 얻는 장면을 묘사했기에 아미타불이 아니라는 주장도 많아 아직은 명확하게 확신할 수는 없다고 하네요. 🐻

그런데 왜 이 절은 대웅전 대신 무량수전이 있는지 궁금하지 않으세요? 나만 그런가? 🐻

사찰에서는 석가모니 불상을 모시는 본당을 대웅전이라 하며, 미륵불을 모신 절의 본당은 미륵전, 아미타불을 모신 절의 본당은 무량수전, 약사여래를 모시면 약사전이라고 구분합니다. 불교에 대해 잘 모르시는 분은 석가모니 부처님만이 유일한 신적인 존재라고 생각하겠지만 불교는 신이 없는 종교입니다. 모든 생명체는 부처가 될 자질을 갖추고 있으며 삶과 죽음이 반복되는 윤회 과정에서 덕을 쌓아 해탈하면 부처가 된다고 하죠. 우리 시대는 석가모니불이 가르침을 주셨지만 56억 년 뒤에는 미륵불이 나타나 그때까지 성불하지 못한

신라시대 원본을 보고 따라 그린 원효대사 초상화 - 일본 교토 고잔지 소장
(출처 _ 위키피디아)

불쌍한 중생을 모두 구제하여 천국으로 데려간다고 합니다. 아미타여래, 즉 아미타불은 석가모니불 이전의 부처 중 한 분으로서, 서방정토에서 세상을 굽어보시는 분이기에 본당을 동향으로 세워 동쪽을 바라보게 만든 것이죠. 오호~. 🐻

이 아미타불을 호위하는 보살 중 한 분이 관세음보살이기에, 의상대사와 쌍벽을 이루는 원효대사는 일반 백성들이 어려운 불교 교리를 다 깨우치지 못하더라도 "나무아미타불 관세음보살", 즉 "아미타불과 관세음보살에게 귀의합니다."라고만 외우며 착하게 살아도 부처가 될 수 있다는 정토종(淨土宗) 사상을 널리 알려 신라 평민들까지 불교에 귀의하는 데 큰 역할을 합니다.

원효가 남긴 《대승기신론소(大乘起信論疏)》는 주변 국가에서 더 찬사를 받으니, 일본에서 정토진종 교파가 만들어지는 계기가 되어 일본에서도 일본식 발음으로 지금도 이 주문을 외우고 있습니다. 중국에서도 삼장법사 현장(玄奘)의 오류를 지적한 글을 읽고 스님들이 동쪽을 향해 세 번 절했다고 하며, 요나라 황제 도종(道宗)도 원효를 찬양했다고 하지요. 🐻

또한 지금은 다른 사찰처럼 마루를 깔아 앉아서 예불을 보고 절을 하지만, 당초 건립 시에는 지금의 중국, 일본 사찰처럼 서서 예불하는 입식 구조였고, 부처님이 사시는 불국토의 수미산 바닥이 유리로 되어 있다는 설정에 따라 유리처럼 녹색 광택이

나는 녹유전(綠釉塼)을 깔았다고
합니다. 그후 조선시대에 마루를
깔아 당시의 녹유전 바닥을 직접
볼 수 없기에, 부석사박물관 내에
녹유전 바닥을 재현해놓았습니다.

부석사 조사당 (출처 _ 문화재청)

또한 1765년 기록에, 지붕을 교체
했는데 원래는 청기와였지만 바람에 깎이고 비에 씻겨 진흙과
모래로 만든 기와로 바꾼다는 내용이 나오는 것으로 보아, 원래
는 무량수전 지붕 기와도 화려한 청기와였음을 알 수 있죠.

그러니 지금은 수수한 멋으로 사랑받는 무량수전이 처음 만
들어졌을 때는 청기와 지붕에 바닥까지 녹색 유리를 간 호화로
운 건축이었다는 것이 참 아이러니하기도 하네요. 🐻

마지막으로 무량수전을 지나 산 위로 10여 분 올라가면 나오
는 조사당은, 의상대사가 잠시 기거하던 곳이라고 합니다.《택
리지》에는, 의상대사가 열반하기 전 처마 밑에 본인의 지팡이
를 꽂으며 "지팡이에서 뿌리가 내려 잎이 날 터이니 이 나무가
죽지 않으면 나도 죽지 않은 것으로 알라."고 말했는데, 진짜
로 그 지팡이에서 잎이 나고 꽃이 피면서 나무가 되었다고 전
합니다. 🐻

이에 부석사를 방문했던 퇴계 이황(李滉) 선생이 다녀가며,
이 나무, 선비화(禪扉花)를 칭송하는 시를 남겼지요.

하지만 잎을 따서 달여 먹으면 아들을 낳을 수 있다는 소문을 듣고 너무 많은 이들이 잎을 따 가는 바람에 나무가 죽을 지경에 이르러, 지금은 철창을 세워 나무를 보호하고 있어서 건물 전체를 보면 흉한 모습이 되고 말았습니다. 🐻

이처럼 의상대사의 흔적이 남아 있는 영주 부석사에 한번 가보고 싶지 않으신가요? 🐻

서산 부석사 : 빼앗긴 금동관음보살좌상을 찾을 수 있을 것인가!

이제 또 하나의 부석사를 알아봅시다.

도비산부석사 (©트로이목마)

서산 부석사는 영주 부석사가 건립된 지 1년 뒤인 677년에 의상대사가 창건했다고 알려져 있습니다. 다만 앞서 소개한 대로 영주 부석사와 동일한 창건 신화를 갖고 있는데, 의상대사와 선묘낭자와 관련되는 건물이나 유물이 없기에 해당 사찰에서도 그 창건 설화는 영주 부석사가 맞는 것 같다고 예전에는 인정했었습니다.

서산 부석사 또한 다른 사찰에서 보기 힘든 특이한 건축물과

편안한 분위기로 인해 영주 부석사와는 또다른 매력이 있어, 세계적 관광지가 된 영주 부석사보다 서산 부석사를 더 좋아하는 사람도 많다고 합니다. 또 서산 부석사는 템플스테이를 진행하고 있는데, 신청은 이곳 부석사에 해놓고 정작 영주 부석사로 갔다가 되돌아오는 경우도 있다고 하네요. 영주 부석사는 템플스테이를 운영하지 않는데 말이죠. 🐻

서산 부석사 운거루 (©트로이목마)

서산 부석사 회랑 (©트로이목마)

그런데 사실 서산 부석사에는 다른 창건 설화가 있긴 합니다.

원래 이 절 자리는 고려말 충신 유금헌(柳琴軒)이 이성계에게 나라를 찬탈당하자 한을 품고 이 산에 들어와 별당을 짓고 책을 읽으며 여생을 보냈는데, 그가 사망한 후 적감스님이 그 별당을 사찰로 바꾸고 절 이름을 앞에 보이는 바다 가운데 섬이 마치 공중에 뜬 것처럼 보여 부석사라고 이름을 지었고, 그후 시간이 흘러 이름이 동일한 영주 부석사 창건 설화를 가져와 사찰의 권위를

만공스님이 수행하던 회굴 (©트로이목마)

더 높이려 한 것이 아닐까 한다는 거죠. 하지만 1330년에 서산 부석사에서 만든 '금동관음보살좌상'이 발견되면서 고려말 유금헌 관련 설화 이전에 이미 부석사가 존재했다는 것이 증명되었기에 이 설화는 진실과 거리가 멀어 보이네요. 🐻

창건이 언제였는지는 몰라도 이 절은 조선 건국을 도운 무학대사가 더 크게 중건했고, 근래에도 만공스님이 큰 영향력을 떨쳤다고 하니 역사가 깃든 큰 사찰이 분명하며, 아미타불을 모신 극락전 본당은 안양루를 거쳐 이르게 되어 있어 가람 배치는 영주 부석사와 유사합니다.

서산 부석사 금동관음보살좌상
(출처 _ 2018년 8월 6일, ytn 뉴스 '고려시대 서산 부석사 불상 현장 검증 이뤄져' 화면 캡처)

하지만 그동안 잘 알려지지 않았던 서산 부석사가 갑자기 유명해진 사건이 발생합니다. 지난 2012년 우리나라 절도단이 대마도 간논지(觀音寺, 관음사)에서 금동관음보살좌상 등을 훔쳐 우리나라에 가져왔다가 검거됩니다. 법리적으로는 원 주인에게 반환해야 하는 것이 맞는데, 이 불상이 원래 1330년 서산 부석사에서 만들어 봉안했다는 기록은 있지만 불상을 일본에 보내주었다는 기록이 없고, 불상이 불에 그을린 흔적이 나오면서 전문가들은 이 불상이 쓰시마 왜구들에게 약탈되었을 것으로 보인다고 밝한 것입니다. 그러면서 이 불상은 원래 우리나라의 것이니 일본에 돌려주면 안 된다는 주장에 힘이 실리면서 일단 대전국립문화재연구소에 보관합니다. 🐻

이에 2017년 첫 재판에서는, 서산 부석사에서 발견된 고려시대 어골문 기와 조각, 청자 조각 등이 증거로 제시되면서 법원은 불상을 서산 부석사에 인도하라고 판결했습니다. 하지만 1527년에 조선에서 불상을 양도받았다는 일본 간논지의 반발로 인해 2023년 2월에 진행된 대전고법 2심에서는, "1330년경 존재했던 서산 부석사가 이 불상을 제작했다는 사실관계는 인정할 수 있고 왜구가 약탈해 불법 반출했다고 볼 만한 증거도 있지만, 당시 부석사가 현재의 부석사와 동일하고 연속된 종교 단체라는 증거가 미흡해 소유권을 인정하기 어렵다."며 종교법인으로 등록한 1953년 1월 26일부터 20년 이상 불상을 점유해 불상에 관한 취득 시효가 완성된 일본 간논지에 반환하라고 정반대 판결이 나오면서 결국 대법원에서 최종적으로 판가름해야 하는 상황이 되었습니다. 🐼

이에 조계종 및 충남도의회 등에서 불상 환수 촉구 결의문을 채택하는 등 반발이 이어지고 있습니다.

이 사건을 보면서 저는 개인적으로, 우리나라의 수많은 문화재가 약탈당해 해외에 나가 있고 그중 일부만이 수많은 이들의 노력으로 다시 국내로 돌아온 바 있는데, 제작 연대와 사찰이 명확히 확인되고 약탈당한 증거가 있는데도 그때 사찰과 지금의 사찰이 같은 곳인지 알 수 없다는 납득하기 어려운 이유로 기껏 국내로 돌아온 문화재를 약탈한 곳으로 다시 보내라고 하는 것을 우리 국민들이 과연 받아들일 수 있을까 생각되었습니다. 🐻

그런 논리대로라면, 약탈당한 문화재를 해외 박물관이나 어떤 개인이 20년 이상 보관하고 있었던 것이 입증만 되면 더 이상 환수를 주장하지 못하게 되는 나쁜 선례를 남기는 것이 아닐까요? 문화재는 단순히 자산으로 간주해 처리할 문제가 아니라 국가 차원의 정체성과 문화적 자긍심에 관한 문제이기에 민법의 논리로만 볼 수는 없다고 생각합니다.

만에 하나 서산 부석사가 과거의 부석사가 아니라고 결론 내린다면, 저는 불상을 국가 문화재로라도 환수하는 것이 맞다고 생각합니다. 과연 이 불상이 다시 원 주인인 서산 부석사로 돌아갈 수 있을지 앞으로의 향배가 궁금하네요.

모두 조계종 산하 사찰로서 동일한 창건 설화를 공유하고 있는 영주 부석사와 서산 부석사, 관심 있는 분들은 이름이 같은 두 절을 번갈아 방문해보면 어떨까요? 🐻

● 소수서원 (경북 영주시 순흥면 내죽리)

소수서원 전경 (출처 _ 소수서원관리 사무소 사이버체험 영상 캡처)

영주에는 조선 최초의 서원인 소수서원(紹修書院, 사적 제55호)이 있습니다.

1541년 7월 풍기군수로 부임한 주세붕(周世鵬)이, 풍기 출신으로 고려말 원나라를 다녀오며 주자학을 처음 들여온 안향(安珦, 1243~1306) 선생을 기리기 위한 사당을 완공(1543년)해 안향의 영정을 봉안하면서, 사당 동쪽에 백운동서원(白雲洞書院)을 같이 세운 데서 시작했습니다.

그후 1548년 풍기군수로 부임한 퇴계 이황이 국가의 지원을 요청하자 1550년에 명종이 소수서원(紹修書院)이라고 현판을 하사하니, 조정에서 서원의 사회적 기능을 공식적으로 인증한 첫 사례가 됩니다. '소수(紹修)'란 '이미 무너진 교학을 다시 이어서 닦게 하라'는 의미라고 하며, 주세붕은 제사를 경건히 모실 것, 어진 이를 받들 것, 사당을 잘 보수할 것, 서책을 점검할 것 등, 규칙을 정했는데 이 규칙은 이후 다른 서원에 큰 영향을 미칩니다. 이 같은 역사적 가치를 인정받아 소수서원은 우리나라의 다른 서원들과 함께 2019년 유네스코 세계유산에 등재되었고, 현재 총 9개 서원이 등재되어 있습니다. 🐻

소수서원 입구에는 공자가 은행나무 아래에서 제자들을 가르쳤다고 하여 유학의 상징으로 여기는 은행나무 두 그루가 서 있고, 그 지점부터 지면이 한 단계 높아져 서원 구역임을 표시하고 있습니다. 내부에는 안향의 위패를 모신 사당인 문성공묘, 강당인 명륜당, 숙소 일신재, 유생들의 공부방 학구재, 지락재, 서책 보관소 장서각 등이 있습니다.

이처럼 유림에게는 뜻깊은 장소라 할 수 있는 이곳은, 원래는 통일신라시대부터 고려말 안향과 그 손자까지 공부하던 숙수사(宿水寺)라는 절이 있던 자리였기에 불교를 극도로 배척하던 사림파(士林派)의 의지가 담겨 있는 곳이기도 하지요.

유학자들의 사당이면서 동시에 올바른 유학(儒學) 정신을 배우는 사설 교육기관 역할을 수행하던 서원은, 조선 후기로 갈수록 세금을 내지 않으려는 양반들의 탈세 도피처로 변질되어 고려말 대형 사찰들의 경제 독점과 유사한 폐해를 나타냅니다. 이에 왕실 부흥을 내세우던 흥선대원군이 1871년에 소수서원 등 47개를 제외한 전국의 1천여 서원을 철폐함으로써 그간 못 걷은 세금을 확보해 경복궁 재건 공사에 요긴하게 쓴 흑역사도 존재합니다. 🐻

● 서산 용현리 삼존상(국보 제84호)(충남 서산시 용현리)

서산마애여래삼존상 (출처 _ 위키피디아)

서산을 대표하는 유적지라고 하면 '백제의 미소'라 일컬어지는 '서산마애삼존불상'이 가장 유명합니다. 다만 현지에 가면 '마애여래삼존상'이라고 조금 달리 표기하고 있어요. 6세기말 7세기초 백제 말기에 만들어진 것으로 추정되며, 현재를 상징하는 석가모니불 좌우에 미래를 상징하는 미륵보살과 과거를 상징하는 제화갈라보살을 표현한 것이라고 추정하는 게 일반적인 견해라고 합니다. 특히 부처 왼쪽의 미륵보살은 한쪽 다리를 올리고 앉은 반가사유상이어서 매우 드문 형태라네요. 🐻

사진으로만 보면 크기가 작을 것 같지만 가운데 부처상은 높이가 2.8미터나 되어 매우 큽니다. 그럼에도 1959년 4월 국립부여박물관 홍사준 관장이 발견할 때까지 1500년 동안이나 존재 여부를 몰랐는데, 발견 당시 거의 절벽에 매달리다시피 해야 갈 수 있어 꽤나 위험했다고 합니다. 이제는 주변을 정리해서 그나마 편하게 볼 수 있지만 주차장에 차를 세우고 가야산 계곡다리를 건너자마자 가파른 바위 계단이

계속 나타나기 때문에 편한 신발을 신어야 해요. 🐻

관리사무소를 지나서 가다 보면 엄청 큰 바위 절벽이 나오고, 그 중간에 깎아 만든 반듯한 면에 교과서에서 보던 그 정겨운 얼굴이 나타나지요. 오랜 세월 동안 이 조각이 잘 보존된 이유는, 일단 바위가 60도 정도로 기울어져 있어 비바람이 정면으로 들이치지 않도록 배치했기 때문이라고 합니다. 또 이 지역은 과거 백제의 수도 부여에서 중국으로 가던 태안반도 중간 길목이어서, 당시 활발했던 중국과의 문화 교류를 잘 보여준다고 합니다. 🐻

● 해미읍성 (충남 서산시 해미읍)

서산 해미읍성 전경 (출처 _ 문화재청)

해미읍성은 고창읍성, 낙안읍성과 함께 조선시대 읍성(민간 거주지에 만든 성곽형 방어시설) 중 원형이 그대로 남아 있는 몇 안 되는 유적 중 하나입니다. 이 읍성은, 1416년 조선 태종이 서산 부석사가 있는 도비산에 수렵대회를 하러 왔다가 해미읍에서 하룻밤 머물며 주변을 순행하면서 보니, 이곳이 왜구를 효과적

48

으로 방어하는 데 적당하다고 판단해 1417년에 축성을 시작했다고 합니다. 1421년 완성된 뒤 덕산에 있던 충청지역 육군 최고 지휘기관인 충청병영을 옮겨와 군사 요충지가 되었고, 서해안에 출몰하던 왜구 퇴치에 힘썼다고 합니다. 이순신 장군도 1579년에 충청병마절도사의 군관으로서 10개월간 해미읍성에서 근무했다네요. 🐻

하지만 지금 해미읍성에 가보면 바다까지 10킬로미터나 떨어져 있어서 이 성이 왜구를 방어했다는 것이 말이 안 되는 것 같지만, 이는 간척사업으로 땅을 메워 바다가 멀어졌기 때문입니다.

이처럼 최일선 해안 방어성이던 해미읍성은 임진왜란 이후 왜구가 사라져 중요성이 떨어졌고, 1652년에는 충청병영이 청주로 옮겨가면서 충청도 다섯 진영 중 하나인 호서좌영이 배치되어 호서좌영장이 해미현감도 겸직하게 했다고 합니다.

해미읍성이 다시 유명해진 건 조선말 천주교 병인박해 시기에 천여 명의 천주교 신자들이 고문당하고 처형당한 역사로 인해 우리나라 천주교의 주요 성지 중 하나가 되었기 때문입니다. 🐻

예전에는 이 성 안에 민가와 관공서가 있었지만, 1973년에 복원 사업이 시작되어 옛 모습을 되찾았고, 2014년에는 프란치스코 교황이 방문한데 이어, 2021년에는 교황청에서 해미순교성지를 국제성지로 지정해 국내에서는 서울대교구 순례길에 이어 두 번째, 아시아에서는 세 번째의 천주교 국제성지가 되었습니다. 🐻

매년 가을이 되면 서산해미읍성축제가 열리는데, 태종대왕 행렬 및 강무 재현, 역사 마당극, 옥사 체험, 숙영 체험 등 다양한 프로그램을 시행한다고 합니다.

한동안 성문 바로 앞에 해미읍성 마스코트를 전시해 사적지에 어울리지 않는다는 의견이 많았는데, 요즘에는 포도대장이 매시간마다 나와 성을 지키는 퍼포먼스를 한다고 하네요. 🐻

03
강원 춘천
- 남이섬에 있는 남이 장군 묘의 비밀

2016년 외국인 관광객이 가장 많이 방문했던 우리나라 단일 여행지는 어디일까요? 당연히 서울 경복궁 아니냐고요?

아니에요. 행정구역상 강원도 춘천시에 속하지만 정작 경기도 가평군 선착장에서 배를 타고 갈 수 있는 남이섬이, 2016년 단일 여행지 기준, 130만 명의 외국인이 찾은 '외국인 선호도 1위' 여행지였습니다. 🐻

남이섬 전경 (출처 _ 한국관광공사)

예전에는 MBC 강변가요제가 남이섬에서 열리면서 1981년 주현미, 1984년 이선희, 1988년 이상은, 이상우, 1999년 장윤

다들 진짜라고 아는 남이섬
남이 장군 묘 (출처 _ 한국관광공사)

정 등 가요계 스타와 한석규, 이수근 등 다른 장르로 성공한 연예인을 배출해 유명해진 관광지였지만, 정작 외국에서는 2002년에 국내에서 방영된 후 일본 및 동남아에 한류 열풍을 몰고 온 드라마 '겨울동화' 속 주요 배경이 되면서 십여 년 이상 폭발적인 인기를 끌게 됩니다. 🐻

그런데 말입니다. 그 섬을 남이섬이라고 부르게 한 선착장 근처 남이 장군 묘는 실은 가리지날입니다. 🐻

실제 남이 장군 묘는 경기도 화성시 비봉면 남전리에 있거든요. 🐻 갑자기 문득 서든리 배신감이 드신다고요? 워워~, 일단 진정하시고 이야기를 먼저 들어보세요.

남이 장군 묘가 여럿인 이유

네? 남이 장군이 누군지 모르신다고요? 🐻

남이(南怡, 1443~1468) 장군은 무예가 너무 출중해 일찍 출세했다가 모함에 걸려 26세에 죽은 비운의 청년 장수이기에 역사에 큰 공적을 남기지는 못했습니다. 🐻

남이는 조선 개국공신 남재(南在)의 5
대손이며, 그의 아버지 남빈(南份)은 태
종의 딸 정선공주가 의산군 남휘(南暉)와
낳은 아들이어서 왕족 종친 대우를 받았
으니 태어날 때부터 다이아몬드 수저를
입에 물고 태어난 셈입니다. 🐻

1935년 만들어진 남이 장군
영정. 26세 청년이 왜 할배가
되셨어요? (출처 _ 나무위키)

그는 이성계 핏줄임을 증명하려는
듯 1460년(세조 6년) 4명만 뽑은 무과
시험에 당당히 합격하니, 당시 그의 나
이 불과 18세였죠. 세조는 고종사촌의
아들인 남이가 어린 나이에 출중한 무술 실력을 선보이자 크게
기뻐하며 중용합니다.

이후 1467년 5월부터 8월까지 함경도에서 일어난 '이시애의
난(李施愛의 亂)'을 진압할 때 화살을 맞고도 앞장서 싸워 적개
공신 1등급으로 포상받고 정3품 당상관이 되더니, 같은 해 명나
라가 북원과 싸우는 사이 요동을 공격한 건주여진을 함께 토벌
하자는 명의 요청을 받고 요동으로 진격하여 건주여진 추장 이
만주(李滿住)를 죽이는 대활약을 펼칩니다. 불과 25세에 병조판
서 겸 공조판서로 발탁되고 의산군(宜山君)이라는 호칭까지 받
았으며, 그의 무예 실력을 직접 본 명나라 사신의 칭송도 실록
에 기록될 정도였지요. 🐻

이와 함께 이시애의 난 진압 총사령관이던 종친인 구성군(혹은 귀성군) 이준(李浚, 1441~1479, 세종의 넷째 아들인 임영대군의 둘째 아들, 예종의 사촌)은 27세에 영의정에 임명되는 파격 인사가 계속됩니다.

왜 세조는 종친 조카 둘을 이처럼 파격적으로 대우해주었을까요? 🐻

당초 어린 단종이 대신들에게 휘둘려 왕권을 강화한다는 이유로 조카를 쫓아내고 왕위에 올랐던 세조였기에 이준과 남이, 두 젊은 종친이 자기 아들을 도와 왕권이 강한 나라를 만드는 데 일조하기를 기대했던 터라, 세조는 죽기 하루 전에 둘째 아들 예종에게 양위를 함으로써 정통성을 부여합니다.

그런데 세조는 왜 둘째 아들에게 왕위를 물려주었을까요? 🐻

이는 원래 후계자이던 장남 의경세자가 19세에 급사했기 때문입니다. 왕위 계승 원칙상 의경세자의 아들이자 세조의 장손인 월산대군이 세손으로서 다음 왕위에 올라야 하는 것이 정석이지만, 세조는 나이 어린 세손이 왕위에 올랐다가 단종처럼 쿠데타로 쫓겨날 것을 우려해 둘째 아들인 해양대군(예종)을 새로이 세자로 정하고 본인이 죽기 전에 물려줘 뒷탈을 없애고 싶어 했지요.

하지만 세조가 죽자마자 그의 예상과 정반대로 흘러가게 됩니다. 건강이 안 좋고 의심이 많던 예종 본인이 이준과 남이를

극히 싫어했거든요. 🐻

아버지의 총애를 받아 벼락출세한 두 종친이 혹시나 월산대군과 힘을 합쳐 자신을 쫓아내지 않을까 내심 불안했던 것이죠. 게다가 정작 협력했어야 할 이준과 남이마저 서로 견제해 전혀 협조가 안 되는 상황에서 젊은 혈기와 혈통을 믿고 공신들에게 고분고분하지 않게 행동하자, 왕의 마음을 꿰뚫어본 유자광(柳子光)이 남이를 모함합니다.

예종 즉위 직전인 1468년 9월 2일, 남이가 궁궐에서 본인과 함께 숙직을 서던 중 혜성을 보고는 "묵은 것을 없애고 새로운 것이 나타나려는 징조 아니냐."고 발언했다며, 이는 곧 남이가 역모를 꾸미고 있는 증거라고 고했고 예종은 기다렸다는 듯이 10월 24일에 남이를 체포할 것을 지시합니다. 이에 남이는 대역죄인으로 몰려 이시애의 난을 같이 평정한 동료 장수들과 함께 불과 나흘 뒤 저잣거리에서 사지가 찢겨 죽는 거열형을 당합니다. 또한 남이의 어머니 남양 홍씨 또한 그 다음날 거열형에 처하고, 남이의 딸은 자신의 장인 한명회(韓明澮) 집에 노비로 살게 만드니, 참으로 치졸한 복수극이었습니다. 🐻

구성군 이준 묘 (©트로이목마)

남이를 사망에 이르게 만든 혜

성(彗星, 빗자루별)은 꼬리가 빗자루 같다고 하여 붙여진 이름으로, 그 정체를 몰랐던 과거에는 동서양을 막론하고 매우 불길한 징조로 여겼고, 종종 역모의 징조를 하늘이 알려주는 것이라고 해석한 경우가 많았다고 하네요. 과학 발전이 그래서 중요한 겁니다.

이 같은 상황을 지켜본 이준 역시 아버지 3년상을 핑계로 영의정에서 물러나지만, 성종 1년 때 정인지(鄭麟趾) 등이 성종을 몰아내고 왕이 되려 한다고 탄핵해 결국 유배형에 처해져 10년간 경북 영덕에서 유배 생활을 하던 끝에 39세에 죽고 맙니다. 🐻

이처럼 세조가 아들을 위해 발탁한 두 종친을 아들 예종이 스스로 쳐내고 본인 역시 다음해 병으로 급사하면서, 세조를 도와 공신이 되었고 예종과 성종 두 임금의 장인이 된 한명회의 독살 아니냐는 음모론이 지금껏 떠돌고 있는 것이죠. 🐻

한편 대역죄인으로 사지가 찢겨 죽은 남이와 어머니 홍씨의 시신은 외가인 남양 홍씨 사람들이 몰래 수습해 그들의 본관인 경기도 화성시 남양읍에 묻고 수백 년간 숨기게 됩니다.

이처럼 남이가 젊은 나이에 억울하게 죽은 뒤, 무속신앙에서는 남이 장군이 젊은 시절 권람(權擥)의 딸에게 들린 귀신을 쫓아내 살려내자 권람이 그의 신묘한 능력에 반해 사위로 삼았지만, 쫓겨난 귀신이 원한을 품어 남이의 시를 조작해 죽게 만들었다는 야사를 근거로 그의 혼령이 지금도 떠돈다며, 관우(關羽)와 더불어 영험한 신령으로 모시는 경우가 늘어났습니다. 그래서 전국 곳곳에 '이름없는 무덤들이 실은 남이 장군의 묘'라는 이야기가 돌게 된 것이죠.

그러다가 350여 년 뒤인 1818년, 남이의 방계 후손인 우의정 남공철(南公轍)이 순조에게 상소를 올려 부당한 죽음이었음을 호소해 역적이 아니라고 신원받았고, 생가가 있던 연화방(연건동)과 거열형을 당한 한강변 새남터(지금의 용산구 용문동 106번지, 용산전자상가 근처)에 사당을 세워 넋을 달래줍니다. 하지만 연화방 사당은 사라졌고 이후 일제강점기에 이 연화방과 건덕방이 합쳐져 연건동이 되니, 지금의 대학로 서울대학교 의과대학 연건캠퍼스 이름의 유래가 됩니다. 🐻

남이장군 사당 (©트로이목마)

또한 대한제국 멸망 9일 전인 1910년 8월 20일에는 남이 장군에게 충무공(忠武公)이라는 시호가 내려지게 됩니다. 충무공은 이순신 아니냐고요? 🐻 그게 말이죠. 조선시대에 충무공이라는 시호를 받은 장군은 이순신 장군을 비롯해 김시민(金時敏) 등, 9명이나 되고 남이와 라이벌이던 구성군 이준 또한 충무공 시호를 받았답니다. 🐻

원래 남이섬은 섬이 아니라 한강변의 모래 언덕이었고, 비가 많이 오면 낮은 곳으로 한강물이 흘러 일시적으로 섬이 되는 지형이었다네요. 그런데 예전부터 있던 북쪽 언덕 돌무더기를 지역 주민들이 남이 장군의 무덤이라 여겼기에 정약용(丁若鏞)의 《천우기행(穿牛紀行)》 등에도 이미 '남이서(嶼, 사람이 살지 못하는 작은 섬)'라고 불린다고 기록되어 있는데, 1944년에 청평댐이 완성되면서 강 수위가 올라가 완전히 섬이 되어 이후부터 남이섬이라 불리게 되었어요.

실제 남이 장군 묘. 경기도 화성시
(출처 _ 한국관광공사)

그래서 1965년에 남이섬을 사들인 민병도 씨가 남이 장군 무덤이라 알려진 돌무더기 주위에 봉분을 쌓고 이은상 선생님이 추모사를 쓴 추모비를 세워 넋을 기리게 되었고, 그때까지 전국의 여러 남이 장군 묘 중 어느 것이 진짜인지 확정되지 않았던 터라 남이 장군 묘가 있어 남이섬이 되었다는 스토리텔링이 전국에 널리 알려지게 됩니다.

이후 1973년에 정부의 조사 과정을 통해 과거 기록을 검증받아 드디어 경기도 화성시 비봉면 무덤이 진짜 남이 장군 묘라고 인정받았고, 문중에서 대대적으로 보수해 부인과 합장한 쌍분에 묘비와 상석, 문인석, 망주석이 각 1쌍씩 조성되고 논이 있던 자리에 주차장도 마련하지요.

또한 2018년에는 의령 남씨 집
성촌이자 남이의 할아버지 남휘
장군과 부인 정선공주 묘소가 있
는 경상남도 창녕군 부곡면에 충
무공 남이 장군 기념관인 충무사
(경상남도 창녕군 부곡면 구산리 606-

경남 창녕군 남이 장군 기념관 충
무사 (출처 _ 창녕군 네이버 블로그)

1)를 만들고 기념 동상을 세웠으며, 남이 장군이 16세에 쓴 친
필도 전시 중입니다. 하지만 이미 남이섬이 너무 유명해진 뒤라
지금껏 대다수가 모르는 실정이지요. 🐻

왜 남이섬의 남이 장군 무덤이 가짜인지, 하지만 당시 그렇게
오인한 것을 탓할 수 없는지, 그 이유를 아시겠지요? 이제는 남
이섬을 운영 중인 나미나라에서 해당 묘는 가묘이고 이런저런
사연으로 이후에 진짜 남이 장군 묘가 발견되었다고 안내판을
세워주시면 어떨까 합니다. 🐻

메타세쿼이아 나무의 비밀

남이 장군 묘 이야기를 하다 보니 남이섬을 괜히 디스한 듯하지
만, 남이섬은 자연휴양림과 문화 콘텐츠가 잘 어우러진 거대한

예술작품입니다.

그중에서도 섬 중앙에 있는 메타세쿼이아 길은 남이섬의 상징과도 같은 공간입니다.

그런데 말입니다……, 이 메타세쿼이아 나무는 공룡과 함께 산 살아있는 화석 나무라는 사실은 잘 알려져 있는데, 불과 80여 년 전까지는 이 나무 존재 자체를 아무도 몰랐답니다. 🐻

남이섬의 상징, 메타세쿼이아 길
(ⓒ조홍석)

메타세쿼이아(Metasequoia) 나무는 공룡이 지구를 지배하던 중생대 말기, 1억 5천만 년 전에 나타난 식물로, 신생대 3기 마이오세(Miocene Epoch)에 멸종된 것으로 여겨졌어요.

그런데 1941년에 일본 교토대학교 미키 시게루(三木 茂) 박사가 이 화석 식물이 세쿼이아 나무와 비슷하다는 의미인 '메타세쿼이아'라는 학명을 부여합니다.

그리고 불과 2년 뒤인 1943년 중국 국립중앙대 삼림계 간뒈(干鐸) 교수가 양쯔강 상류 후베이성(湖北省) 리촨(利川) 시 모다오시(磨刀溪) 마을에서 처음 보는 웅장한 나무 군락을 발견해 지역 주민들이 부르던 이름인 수삼(水杉)나무라고 보고합니다. 이후 1944년에는 농림부 직원 왕잔(王戰)이 표본을 채취하고 1946년에 난징대학교에서 이 식물이 멸종한 줄 알았던 메타세쿼이아 나무라고 발표합니다. 이에 1947년 7월, 미국 하버드대 아놀드 수목원이 급히 중국 현지로 파견되어 종자를 채집한 후 전 세계 여러 수목원으로 퍼져나가게 됩니다. 당시에는 아직 중국 대륙이 국민당 중화민국 지배 시절이라 가능했던 것이죠.

우리나라에는 이 나무가 1960년대에 들어오는데 추위와 공해에도 잘 자라는 특성을 감안해 가로수로 많이 심었지만, 공룡이랑 살던 식물이어서 그런지 10층 높이 이상으로 쑥쑥 잘 자라다 보니 보도 블럭을 망가뜨리고 하수도 파이프까지 손상시켜 다른 나무로 대체되는 실정입니다. 아파트 단지 역시 이 나무 뿌리가 주차장 천정에 균열을 일으키는 경우도 있다고 하니, 생각지도 못한 부작용이 생긴 거예요. 🐻

앞으로는 도시 가로수로 보기 힘들겠지만 지친 마음을 달래 줄 치유 나무로는 지속적으로 사랑받을 겁니다.

남이섬에도 참 사연이 많네요. 🐻

● 육림랜드 (강원도 춘천시 영서로 2965)

없는 추억도 샘솟게 하는 춘천 육림랜드 (출처 _ 육림랜드 홈페이지)

다들 아시다시피 춘천에는 소양강댐, 닭갈비 거리, 막국수 거리 등 오랫동안 사랑받은 명소에 더해 세계적 테마파크 레고랜드가 새로 들어섰습니다만, 또 하나의 숨겨진 테마파크 명소가 있으니 타임머신을 타고 50년 전 과거로 돌아갈 수 있는 육림랜드가 바로 그곳입니다. 🐻

1975년 5월에 오픈해 지금도 꿋꿋이 운영 중인 육림랜드는 놀이동산, 동물원, 양떼목장 등 체험 학습장, 야외 수영장(여름 한정), 낚시터, 골프 연습장 등 다양하게 구성되어 있어요.

동물원에는 호랑이, 반달곰, 흑곰, 원숭이, 라쿤, 다람쥐, 독수리, 부엉이, 원앙, 공작, 칠면조, 사슴, 개, 토끼 등 나름 핵심 동물을 갖추고 있고, 놀이동산에서는 대관람차, 미니 바이킹, 범퍼카, 공중그네, 공중싸이클, 회전목마 등 20여 종의 놀이기구가 있습니다. 놀이기구를 타려면 놀이기구별로 추가요금을 내야 하는데, 옛날 놀이공원 풍경을 고스란히 갖추고 있어 어린 시절 부모님 손잡고 갔던 기억이 떠오르면서 안구에 촉촉하게 습기가 차게 될 겁니다. 🐻

● 춘천 애니메이션박물관 (강원 춘천시 서면 박사로 854)

춘천 애니메이션박물관 + 로봇박물관 (ⓒ조홍석)

명실공히 국내 최대 규모의 애니메이션 전문 박물관으로, 아이들과 함께 또는 아이가 없어도 반나절 보내기에 좋습니다. 비록 세월이 흐르며 최신 정보 업데이트가 더딘 것이 아쉽지만, 애니메이션 발전사 및 우리나라 옛 만화 및 애니메이션 정보들이 한데 모여 있고, 바로 옆 토이로봇관과 숲속 테마 놀이터까지 알차게 놀 수 있습니다. 🐻

04
서울
- 만해 한용운의 진면목을 찾아서

독립운동가이자 승려이자 명시 〈님의 침묵〉 등을 쓴 문학가이

자 민족대표 33인 중 한 분인 한용운을 모르는 분은 없겠지만,

이분에 대해 잘못 알려진 사실도 많습니다. 대표적으로 심우장

에 관한 것이 있는데요. 서울시가 추천하는 '서울의 문화재 25

선'에 한용운 선생님이

심우장 전경 (ⓒ트로이목마)

말년에 기거하신 심우

장(尋牛莊, 대한민국 사적

제550호)도 포함되어 있

는데, "조선총독부 건

물이 보기 싫어 북쪽으

로 등을 돌려 집을 짓

게 했다."고 널리 알려져 있고 실제로 서울시가 설치한 심우장 설명판에도 그렇게 적혀 있습니다.

하지만, 그 에피소드는 가리지날입니다. 🐻

실제 이 집 터가 북악산 북쪽 기슭이라 북쪽을 바라보게 지을 수밖에 없었고, 한용운 선생님이 "조선총독부 건물이 보기 싫으니 북쪽으로 방향을 틀라."고 말한 적이 없다는 겁니다. 남쪽으로 집을 지어도 거기에서는 조선총독부가 보이지 않기도 하고요. 실제로 심우장이 있는 성북동 북정마을 주변 가옥들은 모두 북향입니다.

응? 누가 그런 증언을 했냐고요? 한용운 선생님의 딸인 한영숙 여사님이 늘 그렇게 증언하셨지만, 한용운 선생님의 항일투쟁을 더 숭고히 하고자 주변에서 그렇게 미화해 온 겁니다.

네? 스님인데 딸이 있다고요? 🐻 그럼요. 결혼을 두 번이나 하셨거든요. 한용운 선생님은 잘생긴 나쁜 남자 스타일이셨습니다. 🐻

지금부터 한반도의 진정한 르네상스인이었던 한용운 선생님의 일대기를 소개해드릴게요. 이분의 일생을 들여다보면 이게 과연 한 사람이 다 할 수 있는 일이었나 싶을 정도로 독립운동 및 문학, 불교 개혁 등에서 엄청난 업적을 남기셨으니, 실로 '팔방미인'이었다고 말할 수밖에 없습니다.

많은 사람들이 만해 한용운(1879~1944) 선생님의 본명이 용운인 줄 아는데, 용운(龍雲)은 스님이 될 때 받은 법명이고, 본명은 한정옥(韓貞玉)입니다. 만해(萬海 또는 卍海)는 스님을 높여 부르는 존칭인 법호(法號)이고요. 🐻

한용운은 조선말 혼란기인 1897년에 충남 홍성(당시 홍주)에서 가난한 양반 가문 둘째 아들로 태어납니다. 아버지 한응준(韓應俊)은 충훈부(忠勳府, 지금의 국가보훈처) 종5품 벼슬을 한 양반이었지만 경제적으로는 가난했다고 합니다. 한용운은 6세 때 한문을 배우기 시작해 9세에 《통감(通鑑)》, 《서경(書經)》 등을 통달하여 신동으로 불렸고, 당시 다른 양반집 아들들처럼 1892년 만13세 나이에 전정숙과 결혼하고 그 나이에 동네 훈장을 하게 됩니다. 🐻

나라가 태평했다면 평범한 유학자로 살았을 한용운에게 시대는 새로운 삶을 강요합니다.

결혼한 지 2년 뒤 동학농민운동이 발발하니 아버지 한응준은 1894년 12월에 고종의 명을 받들어 홍주관군을 지휘해 동학농민군 진압에 나섭니다. 다수의 자료에서는 한용운이 동학군에 가담했고, 아버지는 동학군을 진압하다가 사망해 이에 충격을 받고 출가했다고 나오지만 그건 가리지날. 실은 그 다음해에 온

집안이 을미의병에 참전했다가 아버지와 형이 관군과 일본군에 의해 목숨을 잃고 한용운은 피신하게 됩니다. 🐻

우리는 동학농민운동과 그 이후 을미의병, 정미의병 모두 항일투쟁이라는 측면에서 평가하지만, 실제 상황은 혼란의 연속이었습니다. 당초 동학농민운동(고종 31년, 1894년)이 새 시대를 갈망한 농민들의 저항이었다면, 다음해에 터진 을미의병은 농민과 정반대 입장이던 양반들의 저항이었습니다. 1895년 일본인들이 명성황후를 시해한 을미사변에 뒤이어 개화파 정부의 단발령(斷髮令)이 선언되자, 지난해 동학농민군을 진압하는 데 협력했던 유학자들이 개화파 조정과 일본에 반대해 전국에서 의병으로 거병합니다. 보통 명성황후가 시해되자 이에 분개해 일어난 것이 을미의병이라고 알고 있지만, 결정적 계기는 단발령이었습니다.

당시 유림들은 명성황후 시해도 통탄했지만 이 사변은 명성황후 본인의 잘못된 처신에서 기인한 궁중 내 권력 투쟁으로 보고 관망하고 있었습니다. 하지만 단발령에 대해서는 도저히 참지 못하고 동시다발적으로 반(反)정부 투쟁에 나선 것이죠. 🐼

이는 단순히 부모로부터 받은 신체의 일부를 훼손하게 한다는 유학적 관점으로만 반발한 것이 아니라 500년 조선 왕조를 지탱해온 핵심 지지층인 사대부에 대한 배신으로 간주한 겁니다. 이에 가장 공고한 지방 사대부 문화를 일궈온 충청도, 경상

도 유림들이 아전(衙前), 포수(砲手)와 보부상(褓負商)까지 끌어들여 자체 무장합니다. 🐻

아전들은 지역 유지로서 권력의 끝자락을 잡고 있었는데, 1894년 갑오개혁 당시 개화파 김홍집(金弘集) 내각이 아전들을 부정부패의 주범으로 지목해 반감이 심했기에 무장투쟁 보급 지원에 적극 앞장섭니다. 그런데 포수와 보부상은 왜 양반들의 거병에 동참했을까요? 포수들은 의병장들로부터 돈을 받고 용병으로 참전한 반면, 보부상들은 개항 이후 외국 물건과 외국 상인들에게 상권을 빼앗긴 분노로 인해 의병으로 참전합니다. 지금 우리도 마찬가지 아닙니까? 불의는 잘 참지만 나의 불이익에는 못 참는 거……. 🐻

양반들이 최초로 거병한 을미의병은 이후 고종이 단발령을 철회하고 해산 권고 조치를 내리자 유림 의병장들이 자진 해산하며 종결됩니다. 하지만 1905년 을사늑약에 항거한 을사의병, 1907년 고종의 강제 퇴위와 군대 해산으로 시작된 정미의병 등 구한말의 의병들은, 당초 관군 편에 서서 동학농민군과 싸웠던 유림에 결국 농민들도 힘을 합쳐 함께 항일구국의 길에 나서며 일제강점기 독립군 투쟁으로 이어집니다. 🐻

이때 충청도에서는 순종의 스승이기도 한 김복한(金福漢)이 낙향해 의병을 규합하지만, 같이 의병을 모으자던 관찰사 이승우(李勝宇)가 변절해 투옥당하게 됩니다. 이에 격분해 홍주의병

이 일어나 홍주성을 점
거하는 1차 홍주성 전투
가 벌어지는데, 이때 한
용운은 아버지, 형과 함
께 홍주성 창고를 습격
하여 1천냥 군자금을 탈
취하는 대활약을 하지
만, 일본군 및 관군의 반
격으로 그만 아버지와

설악산 오세암, 겨울 폭설로 홀로 남겨진 5세 아이가 굶어 죽을 상황이었는데 관세음보살이 나타나 밥을 해주어 살았다고 해서 오세암이라 불리고 있음. (ⓒseamar31) (출처 _ 위키피디아)

형이 전사하고 맙니다. 관군에 붙잡힐 것을 우려한 한용운은 속리산 법주사(法住寺), 오대산 월정사(月精寺)를 거쳐 설악산 오세암(五歲庵)으로 피신해 그곳에서 10여 년간 불교 지식을 섭렵하다가 1904년에야 잠시 고향에 돌아옵니다. 🐻

이때 아내가 아들을 임신했지만 결국 한용운은 출가를 결심하여, 1905년 설악산 백담사(百潭寺)에서 연곡스님을 은사로 모

동국대학교 만해관
(출처 _ 중구문화관광 홈페이지)

강원도 인제 만해마을 내 만해문학박물관
(출처 _ 동국대학교 만해마을 홈페이지)

시고 영제스님에게 수계(受戒, 석가의 가르침을 받은 자가 지켜야 할 계율에 대한 서약)를 한 뒤, 법명 '용운(龍雲)', 법호 '만해(萬海)'를 받습니다.

다음해인 1906년 명진학교에 입학하는데, 훗날 이 학교가 동국대학교가 되니 현재 동국대는 한용운을 1기 졸업생으로 간주해 캠퍼스 내에 만해관, 만해광장, 만해시비 등 각종 기념물을 세웠고, 설악산에는 만해문학박물관과 만해마을 호텔을 운영하고 있습니다. 🐻

한용운은 더 넓은 세상을 보겠다며 1906년에 원산에서 배를 타고 러시아 블라디보스톡에 갔다가 친일 밀정으로 오인받아

다른 동료 스님들과 함께 죽을 위기에 처하게 됩니다. 당시 첩자들이 스님으로 위장해 돌아다니며 정보를 얻고 있던 터라 오해받은 것이죠. 다른 스님들이 울고불고 사정한 것과 달리 "우릴 죽여도 개의치 않겠으나 이국의 바닷물에 던지지 말고 조국 땅에 묻어주시오."라고 의연히 답하자, 그제야 청년들이 사과하고 물러갔다고 합니다. 🐻

그후 1908년 4월부터 6개월간 일본으로 유학을 간 한용운은 일본 시모노세키, 교토, 도쿄, 닛코 등지를 돌며 신문물을 접하고, 도쿄 코마자와(駒澤)대학에서 3개월간 불교와 서양철학을 청강하면서 일본 불교의 근대화에 큰 충격을 받습니다. 영국이 인도를 식민지로 삼은 뒤 고대 산스크리트어로 써진 불경 원본에 대한 연구를 시작했는데, 이를 수용한 일본 역시 한자 불경이 아닌 고대 인도 불경 원전(原典) 해석을 시도해 그동안 알고 있던 한자 불경 속 부처님 말씀 중 핵심 내용 일부가 원래 의미와 다르다는 것을 알게 된 겁니다. 🐻

고대 인도 불경 원전에 따르면, 육식과 결혼 금지는 당초 부처님이 하신 말씀이 아니라고 합니다. 그동안 불교에서 육식과 결혼을 금지한 이유는, 육식은 식욕의 해소, 결혼은 성욕의 해소를 의미하기에 모든 욕망을 끊기 위한 전제조건으로 간주한 것이었습니다. 또한 고(苦)란 단순히 괴로움이라는 의미가 아니라, '결코 욕망을 무한히 충족할 수 없음에서 오는 본질적인 괴로움'을 의미하기에, 욕망을 차단함으로써 이 본질적인 괴로움에서 벗어나고자 하는, 수행자들에게 반드시 필요한 수련 과정이라고 정한 것이지 그것이 해탈에 이르는 필수 원칙은 아닌 겁니다.

이미 부처님 생전에 육식에 대한 논란이 발생한 바 있었는데, 한 제자가 "탁발(수행자가 음식을 빌어먹는 행위)을 하다 보면 보시한 음식에 육류가 포함되는데 이를 어떻게 해야 하느냐?"고 묻자, 부처님은 "자기 자신을 위해 죽은 고기라는 것을 알면서 그 고기를 먹는 것은 잘못이나 만약 자기를 위해 죽이는 것을 보지 않았고, 듣지 않았으며, 고의로 죽였다는 의심이 없는 깨끗한 생선과 고기는 먹어도 좋다고 허락한다."고 밝힌 것이죠. 🐻

그래서 초기 불교에 가까운 상좌부불교(a.k.a 소승불교)가 주류인 동남아시아에서는 육식을 용인하고 있으나, 이후 성립한 대승불교에서는 동물 역시 부처가 될 수 있는 존재인 만큼 언젠가 부처가 될 중생을 잡아먹는 것은 윤회 윤리에 어긋난다고 생각해 극단적인 반(反)육식주의가 등장했고, 이때의 불경이 중국을 거쳐 한국, 일본에 들어와 육식은 절대 안 된다고 이해해왔다는 사실을 알게 됩니다. 일본은 과거부터 결혼한 승려가 많기도 했지만, 1872년에 메이지 정부가 공식적으로 승려의 결혼과 육식을 허용합니다. 🐻

이처럼 당시 일본 불교계는 영국에서 시작된 불교학을 통해 그간 중국에서 번역한 한문 불경에서는 알 수 없었던 인도 불경 원전의 새 해석에 매료되어 서구로 유학을 떠나며 세계 불교학의 주류로 성장합니다. 반면 우리나라 불교계는 '팔만대장경' 편찬 이후, 경전 공부보다는 참선, 즉 마음 공부에 주력하는 선종(禪宗) 위주로 이어진 데다가, 조선시대에 이르러 숭유억불(崇儒抑佛) 정책으로 더 위축된 상황이었습니다.

일본 불교는 1876년 강화도조약이 체결된 1년 뒤인 1877년에 정토종(淨土宗) 오쿠무라 엔신(奧村圓心)이 부산에서 첫 포교를 시작했고, 조동종(曹洞宗), 일련종(日蓮宗) 등 여러 일본 불교 정파들도 조선에 진출해 불교를 통한 친일파 양성에 나섭니다. 이는 당시 유럽 제국들이 가톨릭, 프로테스탄트 등 기독교 목사와 전도사를 앞세워 식민지 침탈의 첫발을 내디딘 것을 그대로 배워서 일본 역시 메이지유신 이후 아시아 대륙 침탈을 위해 일본 불교를 앞세운 것이죠. 🐻

하지만 여전히 일본 불교에 대한 조선인들의 불신이 심하자 이들은 조선 불교계에 협력의 손을 내밉니다. 즉, 1895년에 조선으로 건너온 일본 일련종 사노 젠레이(佐野前勵) 스님이 박영효(朴泳孝) 등 조선 고위관리를 만나 승려의 도성 출입 금지를 해제해줄 것을 청원한 겁니다. 이에 청일전쟁에 승리한 일본의 눈치를 볼 수밖에 없던 고종이 1895년 4월 24일에 이를 윤허하니, 태종이 왕명으로 승려의 도성 출입을 금지하고 세종이 이를 규정화하여 500여 년 가까이 한양성 출입을 금지당했던 조선 불교계의 염원을 대신 해결해준 것이죠.

이처럼 오랜 숙원이 풀리자 당시 조선 스님들이 그 진의를 모른 채 사노 젠레이에게 칭송과 감사를 전하게 되고, 그후로는 일본 불교가 조선 백성들에게 직접 전파되는 계기가 됩니다. 🐻

이처럼 조선 불교가 위기에 몰린 상황에서 일본에 건너간 한용운은, 비록 일본 신도(神道)와 혼재되긴 했지만 사회에 뿌리 깊게 정착된 일본 불교의 현실을 보면서 조선 불교가 우리 민족에게 대중화되기를 간절히 바라게 됩니다. 이에 1910년, 두 차례에 걸쳐 스님의 결혼 허가를 주장하게 되는데, 대한제국 멸망 전에는 중추원에, 경술국치 이후에는 일제 조선총독부 데라우치 마사타케(寺內正毅) 초대 총독에게 '건백서(建白書)' 편지를 보내 "가장이라는 짐을 이해하지 못하면서 중생들의 마음을 이해한다는 것은 불가능하다."고 설파합니다.

평생 항일투쟁에 나선 그가 조선총독부 총독에게 호소한 것이 이해가 안 될 수도 있습니다. 하지만 그가 중추원과 총독부에 호소한 것은, 불교 개혁을 위해 어쩔 수 없이 권력의 힘이 필요했기 때문이었겠지요. 이는 당시 그의 행적을 봐도 이해할 수 있습니다. 국비장학생 중 다수가 일본 유학을 간 뒤 친일파로 변절했지만, 한용운은 일본 유학 당시 측량학도 공부해 측량기계를 갖고 귀국해 서울 청진동에 '경성 명진 측량강습소'를 개설하고 강의하면서, 조선인들이 억울하게 토지를 빼앗기지 않게 하기 위해 노력할 정도로 애국애족의식은 투철했습니다. 🐻

그는 앞서 소개한 대로 출가하기 전 이미 결혼하여 1904년에 아들 한보국(韓保國)을 낳았지만 아내가 임신한 상황에서 출가하면서 자연스럽게 이혼한 상황이었기에, 가장이라는 현실적 고민 역시 스님이라면 반드시 경험해봐야 할 가치라고 여겼을 겁니다.

하지만 주변 불교계 인사들은 그의 결혼 허용 요청에 대해 너무나 차갑게 대했고, 그래서 한용운은 1930년대에 가서야 아들이 있음을 겨우 고백했다고 합니다. 실제로 그는 1919년에 처음으로 아들 한보국을 만나지만, 이때는 독립투사로서 맹렬히 활동하던 때라 찾아온 아들을 그저 덤덤히 돌려보냈다고 합니다. 한용운의 아들은 아버지의 냉랭한 반응에 마음에 큰 상처를 입고, 이후 사회주의사상에 빠져 6.25전쟁 중 월북하고 맙니다. 🐻

1913년에 발표한 《조선불교유신론》
(출처 _ 동국대 불교학술원 불교기록문화 유산 아카이브)

이 같은 슬픈 가족사에도 불구하고 젊은 불교 개혁가로 알려지기 시작한 한용운은, 1910년에 모순과 부패가 만연한 우리나라 불교의 낙후성과 은둔성을 비판하며 개혁을 위한 실천적 지침서인 《조선불교유신론(朝鮮佛教維新論)》을 백담사에서 탈고하지만 발표 직전 경술국치를 맞게 됩니다. 일본은 조선총독부를 설치하자마자 조선 사찰의 모든 주지는 총독이 직접 임명토록 해 친일 승려가 교단을 장악하게 만듭니다. 또한 똑똑한 젊은 승려들을 총독부 장학생으로 선발했는데, 1920년대에는 126명이 일본으로 유학을 가게 되니, 이는 자비로 일본에 공부하러 간 조선인 유학생 수와 맞먹을 정도였다고 합니다. 이들 대부분은 일본 승려들처럼 결혼을 하고 주요 사찰의 주지로 임명받아 출세하니, 해방 후 오랜 기간 불교 내에서 자정운동(自淨運動)이 일어나게 되지요. 🐻

그런 암울한 상황에서 1911년 1월, 친일 승려 이회광(李晦光) 일파가 한국의 원종(圓宗)과 일본 최대 종파인 조동종과의 합병을 선언하자, 한용운은 분연히 일어나 순천 송광사(松廣寺), 동래 범어사(梵魚寺)에서 승려 궐기대회를 개최해 한일불교동맹 조약을 분쇄하고, 3월 15일 원종의 변절에 대응한 임제종(臨濟宗)을 창립해 송광사에 종무원을 두고 전국에 격문을 돌려 큰 호응을 받으며 한국 불교의 거두로 주목받게 됩니다.

하지만 한계를 느낀 한용운은 1911년 8월에 만주로 건너가 독립군 양성학교를 준비하던 이회영(李會榮), 이시영(李始榮) 6형제를 만나는 등, 독립을 위한 방법을 모색하고 돌아오는 길에 만주 통화현 굴라재 고개를 넘다가 일진회 친일파로 오인한 독

립군의 총에 맞는 비극이 일어납니다. 🐻

　다행히 관통력이 낮아 총알이 목에 박혔고, 피를 많이 흘려 혼절했다 깨어난 후 중국인 마을까지 걸어간 한용운은, 병원에서 마취 없이 수술을 받으면서도 신음소리 한번 내지 않았다고 합니다. 이에 그를 치료한 의사는 "살아있는 부처"라고 감탄했고, 수술비도 받지 않았다죠. 하지만 총알이 뼈에 박혀 이후 평생동안 고개가 앞으로 기울어지고 머리를 흔들거리는 체머리 증상으로 고생했고, 결국 1944년 뇌졸중으로 사망하는 한 원인이 됩니다. 🐻

　1913년에 준비한 《조선불교유신론》을 발표해 불교계의 혁신과 현실의 삶에 참여하기를 주장하며 조선 불교의 독립성을 추구한 한용운은, 1914년 4월에는 한자와 산스크리트어로 써 있어 일반인들이 알기 어려운 팔만대장경의 핵심 부분만 쉽게 주제별로 우리말로 풀어 쓴 《불교대전(佛敎大典)》을 간행하니, 이는 라틴어로 써 있어 일반인이 읽지 못하던 《성경》을 독일어로 번역한 루터(Martin Luther)의 종교개혁과 맞먹는 성과였습니다. 🐱

　그후로도 불교를 대중에게 쉽게 알릴 방도를 찾아 1917년에는 명나라 홍자성(洪自誠)이 지은 《채근담(採根譚)》을 번역해 발행하고, 1918년에는 종합교양잡지 〈유심(唯心)〉을 발간하는 한편, '승려에게서 대중에게로', '산간에서 길가로'라는 표어를 내걸고 대중 전파에 힘씁니다. 당시 그는 잡지를 통해 조선 불교의 세계화를 위해 미국, 중국 등 해외에도 법당을 설립하자고 주장했고, 군사적으로나 경제적으로나 일본에 대항하기 위해서는 조선 인구 1억 명이 필요하다고 역설했다고 하니, 인구 감소로 위기감이 높아지고 있는 지금의 우리에게 시사하는 바가 큽니다. 🐨

1914년 불교청년회 회장으로 취임한 후 조선총독부에 종교 기관에 대한 사찰 폐지를 요구하는 사회 참여 활동을 하는 중에도 승려로서 정진에도 힘쓰니, 1917년 12월 3일 설악산 오세암에서 바람에 물건 떨어지는 소리를 듣고 깨달음을 얻어 〈오도송(悟道頌)〉을 남긴 일화도 유명합니다. 1919년에는 최린(崔麟), 오세창(吳世昌) 등과 3.1운동을 주도적으로 준비하고, 민족대표 33인으로 성명서에 참여한 한용운은 마지막에 공약 삼장 추가를 제안합니다.

〈공약 삼장〉

하나. 今日(금일) 吾人(오인)의 此擧(차거)는 正義(정의), 人道(인도), 生存(생존), 尊榮(존영)을 爲(위)하는 民族的(민족적) 要求(요구)이니, 오즉 自由的(자유적) 精神(정신)을 發揮(발휘)할 것이오, 決(결)코 排他的(배타적) 感情(감정)으로 逸走(일주)하지 말라.

하나. 最後(최후)의 一人(일인)까지, 最後(최후)의 一刻(일각)까지 民族(민족)의 正當(정당)한 意思(의사)를 快(쾌)히 發表(발표)하라.

하나. 一切(일체)의 行動(행동)은 가장 秩序(질서)를 尊重(존중)하야, 吾人(오인)의 主張(주장)과 態度(태도)로 하야금 어대까지던지 光明正大(광명정대)하게 하라.

하지만, 33인의 순서를 어떻게 할 것인가 서로 의견이 엇갈리다가 결국 나이순으로 서명을 하니, 당시 우리나이 41세로 젊은 축에 속한 한용운은 31번째로 서명합니다. 그후 자진해서 체포당해 중부경찰서로 끌려갔다가 남산 총감부로 이송되어 가혹한 조사를 받고 서대문형무소에 수감됩니다.

이때 한용운은 다른 지도자들에게 '옥중 투쟁 3대 원칙'을 제안하니, '첫째, 변호사를 대지 말 것, 둘째, 사식(私食)을 취하지 말 것, 셋째 보석(保釋)을 요구하지 말 것'이었다고 하지요. 🐻

그는 손병희(孫秉熙) 등 다른 민족대표 7인과 함께 핵심인사로 지목되어 당시 보안법 최고형인 3년형을 선고받는데, 일제는 3.1운동이 가져온 파급 효과에 충격받아 1925년에 보안법 위반 최고형을 사형으로 높입니다.

1919년 서대문형무소 수감 당시 사진.
저 당당한 눈을 보시라! (출처 _ 독립기념관 홈페이지)

시집《님의 침묵》초판본
(ⓒ한국민족문화대백화사전)

참회서를 쓰면 사면하겠다는 일본 경찰의 유혹을 뿌리치고 1921년 12월에 가석방될 때까지 혹독한 옥중 생활을 견딘 한용운은 1922~23년에는 물산장려 운동과 민립대학 설립 운동에도 참여했으며, 이후 옥중 생활과 다양한 활동으로 심신이 지친 상황에서 오세암으로 들어가 88편의 시를 모은 시집《님의 침묵》을 탈고하고 1926년에 발표합니다.

유일한 이 시집에는 고등학교 국어 시간에 배우는 〈님의 침묵〉은 물론 〈알 수 없어요〉, 〈이별은 미의 창조〉, 〈나룻배와 행인〉, 〈사랑하는 까닭〉, 〈복종〉, 〈수의 비밀〉 등을 수록했는데,

1929년 수감 당시 서대문형무소 수형기록표에 붙은 사진 (출처 _ 독립기념관 홈페이지)

일제의 검열을 피하기 위해 마치 사랑하는 연인들의 서정시처럼 굉장히 여성적으로 썼으나 다양한 해석을 할 수 있는 은유적 표현으로 날카로운 주제 의식을 드러냈습니다.

그후 1927년 신간회 창설 시 발기인으로 참여해

중앙집행위원이자 경성지회장으로 활동했지만 사회주의자들의 반목으로 결국 1931년에 해체됩니다. 그 사이 1929년 광주학생운동의 진실을 알리기 위한 민중대회를 준비하다가 체포되어 또다시 서대문형무소에 수감됩니다. 🐻

이후 1930년 5월에 20여 청년 불교도들이 결성한 불교계 항일비밀결사단체 만당(卍黨) 당수로 추대되면서 호를 기존의 만해(萬海) 대신 만해(卍海)를 사용하기 시작했으며, 국내는 물론 일본 동경에까지 지부를 설치하고 활발한 활동을 전개합니다. 한편, 잡지 〈불교〉를 인수해 2년간 200편이나 되는 글을 싣지만 재정난으로 결국 1933년에 폐간되고, 독립운동을 했다는 이유로 1937년에 다시 체포되었고, 만당 조직마저 전국 각지에서 대대적인 검거가 실시되어 와해되고 맙니다. 🐻

이 같은 격동의 한가운데에서 심신이 지친 한용운은 지인으로부터 소개받은 간호사 유숙원에게 1933년에 새장가를 듭니다. 하지만 일제의 요주의 인물이자 불교계의 이단자 신세이던 그에게 돈이 있을 리가 없었겠지요. 그때까지 암자에 기거하지 않을 때는 북촌 셋방살이 신세이던 그를 딱하게 여긴 백양사(白羊寺)의 벽산스님이 성북동 땅을 기부하고, 조선일보 방응모 사장, 동아일보 송진우 사장, 〈불교〉 잡지를 인쇄하던 대동인쇄소 홍순필 사장이 건축비를 지원해주고, 중동학교 수학교사 최규동이 설계해 지은 5칸 집을 '심우장(尋牛莊)'이라 이름지으니, 북

심우장 앞 만해 동상 (©트로이목마)

향집이 된 건 없는 돈으로 산 집터가 북쪽 기슭이라 어쩔 수 없었던 것이죠.

새로 지은 집이었지만 늘 냉골에 축축했다는 그 집에서 1934년 9월 1일 56세 나이에 딸 한영숙을 낳지만, 일본 치하에서 호적을 만들 수 없다며 결혼 등록도 안 했던 터라 출생신고를 하지 못해, 딸 한영숙은 정규 교육을 받지 못합니다. 🐻

하지만 한용운은 틈날 때마다 딸에게 글을 가르쳤다고 하니 말년의 그에게 딸은 큰 기쁨이었겠지요.

한용운은 이때의 고마움을 잊지 않고 그의 첫 소설 〈흑풍(黑風)〉을 1935년 〈조선일보〉에 연재한 데 이어 〈죽음〉, 〈후회〉, 〈철혈미인(鐵血美人)〉, 〈박명(薄命)〉 등을 저술하지만, 다음해

베를린 올림픽에서 손기정 선수의 금메달 시상식 사진 속 일장기 삭제 사건으로 인해 모든 신문이 폐간되면서 그의 소설 연재도 중단되고 맙니다.

그가 이처럼 늦은 나이에 파격적인 행보를 한 데에는 형식에만 치우친 교조적인 우리 불교 분위기에 반대하면서 스님도 자손을 낳아 대대로 불교를 사회 속에 뿌리내려야 한다는 절박한 심정이지 않았을까 합니다.

이는 마치 신라에 도입된 불교가 백성들에게 받아들여지지 않자 원효대사가 신라 왕실의 힘을 빌리기 위해 요석공주와 결혼하여 설총(薛聰)을 낳았던 것과 다를 바 없어 보입니다.

이후에도 한용운은 1936년에 단재 신채호(申采浩) 선생의 묘비를 세웠으며, 1937년에는 무장독립장군 김동삼(金東三)의 장례를 대신 치러줍니다.

일송 김동삼(1878~1937, 본명 김긍식)은 나라가 망하자 1910년에 안동의 가산을 다 팔고 뜻을 같이한 청년 20여 명과 일가족을 이끌고 만주로 망명하여 신흥무관학교 설립에 기여하고, 서로군정서 참모장으로서 무장독립투쟁을 전개하는 등 만주 지역 독립운동 리더였지만, 1931년 일본 경찰에 체포되어 6년간 옥고를 치르다가 서대문형무소에서 순국합니다. 이에 총독부는 시신을 찾아가라고 했지만 보복 조치를 두려워해 친척, 친구 등 그 누구도 나서지 않자 한용운이 직접 그의 유해를 업고 심우장으로 모시고 와 대성통곡하며 5일장을 대신 치러준 것이죠. 한용운이 다른 이들 앞에서 눈물을 보인 것은 이때가 처음이었다고 하네요. 🐻

이 장례식 에피소드는 2015년 심우장에서 공연된 창작 뮤지컬 '심우'로 재부각되었는데, 내용은 독립운동가의 영웅적 삶보다는 주변 가족들의 희생적인 삶에 더 초점을 맞추었다고 합니다.

실제로 지금도 우리 주변에는 독립유공자 유족들이 경제적으로 무척 어렵게 사는 경우가 많은데, 이들을 제대로 대우하는 것이 우리 사회가 해야 하는 최소한의 도리라고 생각합니다.

이후 중일전쟁을 시작하며 만주에 이어 중국 북경, 남경, 상해에 이르기까지 일본군이 파죽지세로 승전하고 조선 통치가 더욱 악랄해지자 민족대표들도 하나둘 친일파로 변절하는 등 독립을 체념하는 분위기로 흐릅니다. 하지만 한용운은 줄기차게 1940년 창씨개명 반대운동, 1943년 조선인 학병 출정 반대운동을 전개하며 저항을 이어가던 중, 1944년 초 어느 추운 날 심우장 마당의 눈을 쓸다가 뇌졸중으로 쓰러진 뒤 그해 6월 29일에 사망합니다. 🐻

일부에서는 당시 창씨개명을 하지 않아 식량 배급을 받지 못해 영양실조로 사망했다고 주장하지만, 이 역시 가리지날. 말년까지 주변 지인들의 도움을 받아 밥도 굶지 않았고 술도 종종 마셨다고 하네요.

사망 후 유족들은 일본인이 운영하던 홍제동 화장장이 아닌 조선인이 운영하던 초라한 미아리 화장장에서 화장하고 망우리 묘지에 안장했는데, 해방 후 1962년에 건국공로훈장 대한민국장(제25호)이 추서된 뒤 국립현충원으로 옮기자는 주변의 권유에도 따님은 "아버님 말고도 많은 독립지사들이 망우리 묘지에 묻혀 계신데 우리 아버지만 옮겨 갈 이유가 없다."고 반대했으니, 위대한 독립운동가의 따님다운 결정이셨네요. 🐻

《알아두면 쓸데 있는 유쾌한 상식사전》 시리즈의 다른 책을 읽은 분이라면 위인들의 일생 중 지나치게 미화된 부분의 역사적 진실을 설명한 부분을 보셨을 텐데, 그 어떤 위인도 그 시대를 살아가면서 크고 작은 실수나 오류를 범하지 않은 이가 없었으며, 그런 사실이 절대로 그분의 명성에 흠결이 되지는 않는다고 생각합니다. 오히려 있는 그대로의 모습을 알게 되면 더욱 인간적이고 생생한 감동을 느낄 수 있지 않을까요? 🐻

현재 만해 한용운의 유적은 전국 곳곳에 있습니다.

그분이 말년을 보내다 돌아가신 서울 심우장을 비롯해, 충남 홍성에는 생가가 복원(정면 3칸, 측면 2칸, 홍성군 결성면 성곡리 491)되고 그옆에 만해문학체험관이 세워졌으며, 홍성군청 근처에는 한용운 선생 동상이 세워져 있습니다. 또한 경기도 남한산성 입구에도 만해기념관 있는데, 원래 1981년부터 전보삼 교수가 모은 한용운의 유품과 관련 자료를 심우장에서 전시하다가

충남 홍성 한용운 생가 (출처 _ 독립기념관)

자리가 좁아, 조선 8도 승려들이 축성하고 교대로 승병이 지킨 호국정신이 깃든 남한산성으로 1990년에 이전한 것입니다.

설악산 백담사에도 1992년에 만해의 〈오도송〉을 새긴 시비(詩碑)가 세워지고, 1997년에는 만해문학박물관도 건립되는 등, 곳곳에서 그분의 위대한 정신과 업적을 새

남한산성 만해기념관 (출처 _ 대한민국역사박물관)

기고 있습니다. 그저 〈님의 침묵〉을 쓴 승려이자 독립운동가라는 설명만으로는 부족한 민족의 선구자이자 실천하는 양심이셨던 한용운 선생님의 진면목을 이제라도 제대로 알아주었으면 합니다. 🐼

이상으로 1부에서는 역사 및 유명 인물 관련 가리지날 유적 이야기를 해드렸는데요. 2부는 조금 가볍게 이색적인 관광지 소개로 이어 가겠습니다.

궁예의 꿈이 서려 있고 한때 강원도에서 두 번째로 큰 도시였지만 6.25 전쟁 격변기에 옛 시가지가 완전히 사라진 뒤 안보 관광지로 다시 주목받는 철원, 전국을 방랑하던 천재 시인 김삿갓이 원치 않았던 2차 방랑을 하다가 마지막에 정착해 종종 구경하러 갔다던 화순적벽, 김일성 별장으로 많이 알려졌지만 원래 주인이 따로 있었던 강원도 고성 화진포의 성 외에 이색 별장들, 그리고 서울에서 뜻밖에 석굴암 부처님을 만나볼 수 있는 보문사 등등, 알고 보면 사연 많은 곳들을 둘러봅니다.

2부

숨겨진 사연이
숨쉬는 여행지를
찾아서

01

강원 철원
- 궁예의 꿈과 실향민의 슬픔이 남은 현장

철원평야 (출처 _ DMZ생태평화공원 홈페이지)

우리나라 역사 중 가장 역동적이었던 시기를 꼽으라고 하면 7세기 후반 삼국통일 시기와 10세기 초반 후삼국시대를 들 수 있을 겁니다. 후삼국 시절 가장 강력한 나라를 세웠지만 이후 과대망상 미치광이가 되어 신하들과 부인마저 죽이고 왕건에 의해 쫓겨나 백성들에게 맞아 죽었다는 궁예가 세웠던 도읍, 철원은 참으로 반전 매력이 가득한 곳입니다.

우리는 으레 강원도는 높은 산이 연이어 나타나는 곳이라고 생각해 궁예가 철원을 수도로 삼은 것부터 잘못된 결정이었다고 여기는 경우가 많은데, 실제로 가보면 생각이 달라질 겁니다. 🐻

철원은 오래 전 화산이 폭발해 흘러넘친 마그마가 넓게 퍼져 생긴 분지로 토질이 비옥하고, 평지 사이로 한탄강이 흐르고 있어 지평선을 볼 수 있을 정도로 평탄하기에 산이 많은 강원도라는 선입견이 사라지는 곳입니다. 또한 철원(鐵原)이라는 이름이 '철로 둘러진 둘레'라는 뜻이듯 주변을 둘러싼 산에 철광석이 많아 무기 생산을 위한 핵심 자원인 철을 쉽게 구할 수 있는 곳이었기에 능히 수도로서 입지가 좋습니다. 🐻

철원은 서울에서 동쪽이 아니라 북쪽으로 의정부, 포천을 지나 1시간 30여 분 만에 도착할 수 있어 경기도 권역이며, 실제 말투도 거의 서울, 경기와 동일하지요.

지역 설화로만 전해지는 궁예의 참모습

역사는 승자의 기록이라고 하죠. 왕조의 마지막 임금은 아둔하고 비도덕적인 인물이어서 다른 나라에 정복당하는 것이 하늘의 이치라는 유교적 역사관에 입각해, 궁예(弓裔)는 천하에 나쁜 놈이 되어야만 했습니다. 그래서 미치광이가 더 이상 나라를 다스려서는 안 된다는 다른 신하들의 추대로 어쩔 수 없이 왕건

(王建)이 궁예를 몰아냈다고 기록해 정당한 권력 이양이라고 주장했던 것이죠. 🐻

게다가 예전에 드라마 '태조 왕건'에서 등장한 궁예는 금색 안대를 쓴 채 "누가 기침 소리를 내었는가?"라며 신하들을 죽인 폭군으로 그려져 대중들에게 나쁜 이미지가 더욱 확대된 측면도 있습니다. 역사드라마는 극적 재미를 위해 기존 기록보다 더 과장하거나 왜곡하는 경우가 많은데, 역사에 별 관심이 없으면 대부분 그것이 진짜 역사라고 착각하기 마련이지요. 🐻

하지만 철원과 인근 지역에서 천년 이상 내려온 여러 설화나 일부 역사서에 남은 기록을 보면, 궁예는 꽤 괜찮은 개혁 군주였던 것 같습니다.

지금부터 우리가 잘 모르는 궁예의 참모습을 알아봅시다.

우선 궁예는 신라 왕자가 아닙니다. 궁예의 출생 신화는, 《삼국사기(三國史記)》에 신라 헌안왕(憲安王)이 버린 왕자인데 담장 밖으로 던진 아기를 받던 시녀가 실수로 눈을 찔러 한쪽 눈이 멀었다고 나와 있어 대부분 역사적 사실이라고 생각하지요. 하지만 실제 다른 역사 기록 중 동일한 내용을 지금껏 찾지 못하고 있어 헌안왕 또는 경문왕(景文王) 아들이라고 추정만 할 뿐입니다. 사실 궁예가 애꾸눈 왕자가 된 이야기는 고대 인도 마가다왕국 아사세 왕자 설화를 그대로 따온 것이기에 실제 역사가 아닐 겁니다. 🐨

궁예가 절에서 학문을 닦을 때 이 이야기를 알게 된 뒤 스스로 본인의 출생 신화로 가공했거나, 아니면 고려시대 사가(史家)들이 후대에 역사를 기록하면서 후삼국을 통일한 것은 하늘의 뜻이어야 하니 왕건이 양위 받은 직전 국가의 임금이 버려진 신라 왕자였다는 식으로 미화를 해야 더 정통성이 있다고 여겨 기록했을 가능성이 큽니다. 신채호 선생은 《조선상고사(朝鮮上古史)》 총론에서 "궁예가 신라 왕자라는 것은 고려 왕조가 정통성을 위해 나중에 만든 이야기 아니겠느냐."며 처음으로 궁예의 탄생에 대해 의문을 제기했습니다. 🐻

궁예는 혼란한 신라 말기에 당초 기훤(箕萱)의 수하에 들어갔다가 강원도 원주에서 세력을 키우던 양길(梁吉)의 수하로 들어간 뒤 영월, 영주, 울진을 거쳐 명주(강릉)에 이르러 독립합니다. 《삼국사기》에는 이때 궁예는 전리품이 생기면 부하들과 무사공평하게 나누고 친구들을 잘 대하는 인물이라는 호평이 남겨져 있습니다. 이처럼 인간적인 리더였던 궁예는

국사 교과서에 표기된
후삼국 나라 명칭
(출처 _ 정보공장-티스토리)

이후 양길의 세력을 흡수하여 충북, 강원, 경북 북부를 아우른 뒤 임진강을 따라 개성까지 내달려 왕건 가문까지 수하로 삼은 후, 드디어 901년 송악(개성)에서 새 국가를 세우니 역사서에서

는 '후고구려'라고 기록하고 있지만, 실제로는 '고려'라고 칭했습니다.

앞에 '후(後)'가 붙는 국호는 대부분 역사가들이 앞선 국가와 동일한 이름이기에 헷갈리지 말라고 붙인 겁니다. 궁예는 과거 강성했던 고구려의 뒤를 잇겠다는 의지로 옛 국호를 되살린 것인데, 실제로 고구려는 장수왕(長壽王) 이후 '고려'라고 나라 이름을 줄였기에 궁예는 '고려'라는 나라 이름을 부활시킨 것입니다. 하지만 이후 마진(摩震), 태봉(泰封)으로 국호를 계속 바꿨고, 왕건이 궁예를 쫓아낸 후 다시 '고려'라고 나라 이름을 되돌린 것이죠.

김부식이 《삼국사기》를 쓸 당시에는 우리나라가 왕(王)씨 왕조 '고려'였기에, 앞서 고주몽(高朱蒙)의 '고려', 궁예의 '고려'와 헷갈리지 않기 위해 고(高)씨 고려는 초기 국호인 '고구려', 궁예 고려는 '후고구려'라고 썼던 겁니다. 마찬가지로 견훤(甄萱)도 다시 '백제'라 칭했지만 '후백제'라고 후대 역사가들이 구분한 겁니다. 중국 기록에도 "후당 황제가 925년에 견훤에게 백제왕의 작위를 내렸다."고 적혀 있어요. 🐻

비록 시작은 송악(개성)에서 했지만 본인의 주 세력권이 충청, 강원이었던 궁예로서는 기존 호족 세력이 약하면서도 많은 이들이 살 만한 터를 찾다가, 호족들이 관심을 갖지 않던 철원에 새 수도를 건설하기로 결심하고 왕건을 철원 태수로 보내는 한편, 각지의 호족들에게 철원평야 한가운데에 내성 7.7킬로미터, 외성 12.7킬로미터의 거대한 성벽을 세우고 대궐(궁예도성)을 만들도록 지시해 그들의 경제력을 고갈시킵니다.

현재 철원성과 궁예도성은 비무장지대의 정중앙에 위치해 탐사가 진행되지 않고 있으며, 6.25전쟁 당시 격전지였던 터라 일제강점기 시절 사진으로 촬영된 석등마저 사라지고 없는 상황이라고 합니다. 🐻

비무장지대 중간에 걸친 궁예도성 위치
(출처 _ 대한민국 정책 브리핑)

DMZ에 갇히고, 군사분계선(MDL)으로 나눠진 태봉국 철원도성

6.25전쟁 이후 군사분계선이 가로로, 경원선 철도가 세로로 양분된 도성은 DMZ안에 쏙 들어간 형태가 되었습니다.

일제강점기 때 찍은 궁예도성 석등, 지금은 사라지고 없다
(출처 _ 국사편찬위원회)

철원 지역 설화에서는, 궁궐터를 찾던 당시 풍수지리설의 대가인 도선대사가 "자신이 주변을 둘러볼 터이니 그동안 궁예대왕은 땅에 엎드려 기다리라."고 했는데, 궁금증을 이기지 못한 궁예가 고개를 드는 바람에 학이 날아가 금학산에 알을 낳아 당초 힘을 받아야 했던 고암산 봉우리가 고개를 이천 쪽으로 휙 돌렸다고 합니다. 이에 궁예는 고암산을 달래어 진산으로 삼아 궁궐을 조성하지만 이번에는 금학산이 삐쳐 3년 동안 싹이 자라지 못하게 저주를 했다고 하지요.

그래서일까요? 신라 5소경(小京) 중 하나이던 서원경(청주)

일제강점기 때 찍힌 궁예 묘와 사당, 지금은 북한 땅인 강원도 세포읍 (출처 _ 국립중앙박물관)

사람들을 이주시켜 자신의 지지세력으로 삼아 새 세상을 꿈꾸던 궁예의 염원과 달리, 도읍을 철원으로 옮기자마자 3년간 흉년이 계속되어 민심마저 나빠지자 이 같은 불만에 편승해 왕건 등 기존 호족 세력이 궁예를 몰아내고 맙니다. 기습적인 호족 반란군에 밀린 궁예와 그의 군대는 철원 남쪽의 성을 보루로 삼아 버티지만 승산이 없자 후퇴했는데, 궁예가 후퇴하던 경로를 따라 지금도 지명이 남아 있다고 하죠.

부인을 찾아갔으나 이미 세상을 떠난 것을 알고 망연자실하며 도성을 바라보던 산은 '국망봉(國望峰)', 두 군대가 서로 대치하며 엿보던 '여우고개', 왕건 군이 급습한 '야전골', 궁예가 패해서 도망가던 '패주골'은 지금의 '파주골'로 이름이 바뀌었고, 파주골 옆의 성동리산성은 하룻밤 만에 백성과 군사들이 힘을 모아 한탄강에서부터 돌을 옮겼다고 하지요. 하지만 궁예는 전세가 기울자 "너희들은 살아남으라."며 군사들에게 해산을 명하니, 울음 소리가 사흘 동안 메아리 퍼져 이후로 '울음산', 즉 지금의 '명성산(鳴聲山)'으로 이름이 바뀝니다. 🐻

그후 궁예는 계속 피신하다가 평강 땅에 이르러 드디어 계곡에서 강으로 몸을 던지지만 물에 빠지지 않고 꼿꼿하게 서서 죽으니, 백성들이 그의 시신을 수습해 금으로 도금한 뒤 태봉전이라는 사당에 모시고 궁예왕이라 부르며 제사를 지냈다고 합니다.

이 사당은 그후로도 1천 년간 남아 경원선 첫 기차가 이 부근을 지나가다가 움직이지 않아 궁예 묘에 제사를 지내니 그제야 기차가 통과할 수 있었다는데, 최남선(崔南善)이 1924년에 발간한 금강산 여행기《풍악기유(楓嶽記遊)》에 철원에서 천년 넘게 전해진 궁예왕의 구전 설화를 기록한 바 있습니다.

20세기 철원의 흥망성쇠

궁예로부터 나라를 빼앗은 왕건은 자신의 본거지인 송악으로 도읍을 옮겨 개경이라 칭하니, 철원은 그후로 잊혀 갔습니다. 그러던 중 일제강점기에 철도가 부설되면서 철원은 다시금 화려하게 부활합니다. 🐨

일본은 조선을 병합한 뒤 1914년 8월, 경성(지금의 서울)에서 원산까지 잇는 경원선 철도를 만들었고, 1931년에는 그 중간에 위치한 철원역에서 금강산까지 가는 금강산관광전철을 완공하니, 철원은 교통의 요지가 됩니다.

실제로 한반도 전체를 놓고 보면 철원이 정중앙에 위치했기에 당시 최신 이동수단이던 철도의 중간 연결 도시로 설정한 것이죠. 그래서 경부선과 호남선이 갈라진 충남 회덕이 대전이라는 대도시로 발전할 수 있었듯, 마찬가지로 철원도 강원도에서 두 번째로 큰 도시로 급성장하게 됩니다. 🐻

당시 조선총독부는 철원 북쪽에 봉래호 저수지를 만들고 전국에서 농사 이주민을 모집해 인구가 9만 명까지 증가했고, 각종 농수산물의 중간 집산지로 번성합니다. 해방 후에 철원은 38도선 이북에 위치해 있어 북강원도의 도청소재지가 되면서 1946년에는 철원 중심지에 북한노동당 철원군 지부(흔히 노동당사)를 건축하고 새로 다리를 놓는 등, 인프라 개발에 심혈을 기울입니다.

철원 노동당사 (출처 _ 문화재청)

그렇게 제2의 전성기를 누리던 철원은 6.25전쟁이 터지고 난 뒤 다시 폐허가 됩니다. 🐻

1950년 10월 1일, 38선을 넘어 북진하던 국군과 UN군은 압록강을 건너 밀고 내려오는 60만 중공군에 밀려 1.4후퇴를 하던 상황에서 미군은 공산군이 철원을 활용할 수 없도록 주민들을 남쪽으로 피난시킨 뒤 철원 중심지역을 완전히 파괴합니다.

서태지와 아이들 3집에 수록된 곡 '발해를 꿈꾸며' 뮤직비디오 촬영지
(출처 _ seotaiji-archive.com)

그래서 노동당사는 건물 골조만이 남았고 옛 철원의 중심이 이자리였음을 알려주고 있습니다. 노동당사 건물에 들어가면 벽 곳곳에 포탄과 총탄 자국이 여전히 남아 있는데, 6.25전쟁 중 가장 처절했던 철의 삼각지 격전의 흔적을 무심히 보여주고 있으며, 1994년 서태지와 아이들의 3집 수록곡 '발해를 꿈꾸며' 뮤직비디오 배경으로 나오면서 다시 주목을 받았지요. 🐻

이후 전쟁이 끝난 뒤 철원의 남쪽은 대한민국 영토가 되지만 구철원 시가지는 민간인 통제구역이 되면서 철원에 살던 이들 대부분은 고향집에 돌아가지 못했고, 미군이 지은 구호주택이 있던 갈말읍, 동송읍, 서면 와수리 지역은 신철원이라 불리며 지금의 철원 중심지가 되었습니다. 🐻

또한 당시 북한이 1948년부터 남침용으로 반쯤 만들다가 중단한 다리는 전쟁 중 국군과 미군이 반대쪽에서 이어붙이기 시작해 1958년에 완성합니다. 자세히 보면 중간을 기점으로 교각 디자인이 각기 다르고 건설 역사가 특이하다 보니, 애초에 한탄교라고 붙인 이름 대신 이

남과 북이 반반씩 만든 승일교
(출처 _ 문화재청)

승만과 김일성이 같이 만든 다리라고 하여 '승일교(承日橋)'라고

월정리역
(출처 _ 철원군 문화관광 홈페이지)

철마는 달리고 싶다 (©Philip Kopetzky)
(출처 _ 위키피디아)

불렸지만, 아무래도 부담을 느낀 탓인지 현재는 6.25전쟁 당시 영웅적으로 활약하다 전사한 박승일(朴昇日) 대령의 이름을 따서 '승일교(昇日橋)'라고 한자를 고쳤다고 하네요.

　철원역 남쪽 월정리역에는 6.25전쟁 당시 폭격을 맞아 부서진 증기기관차 잔해가 남아 '철마는 달리고 싶다'며 옛 철원의 영광을 알려주고 있습니다. 🐻

안보교육의 생생한 현장

철원에는 임꺽정이 살았다던 고석정(孤石亭), 한국의 나이아가라 폭포라고는 하나 실제로 보면 너무 소박한 직탕폭포, 한탄강 래프팅 등 아름다운 자연도 있지만, 무엇보다 강렬한 경험은

'DMZ 안보견학코스' 관광이라고 추천하고 싶네요. 🐻

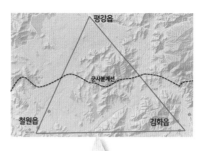

철의 삼각지
(출처 _ 방위사업청 공식 블로그)

6.25전쟁 당시 교통의 요지이자 최적의 방어 지형이어서 김일성이 끝까지 지키려고 했던 터라 최대 격전지가 되었던 철의 삼각지(철원, 평강, 김화) 한복판이었던데다 제2땅굴이 발견되기도 해, 국토 방위의 최전선인 철원의 현재를 가장 잘 나타내고 있다고 생각합니다.

지금은 이 투어가 여러 이유로 중단되고 있지만, 다시 재개된다면 꼭 한번 체험해보길 권해드립니다. 예전에는, 주중에는 자가용을 이용하는 개인 관광만, 주말에는 셔틀버스 단체 관광만 가능했으며, 철의 삼각전적지 관광사업소에서 접수해야 하고 개인 관광 시에는 하루에 4번, 시작 시간에 맞춰 차량번호와 신분증을 제출한 후 선두 차량을 따라 이동해야 했습니다.

* DMZ 안보견학

(홈페이지 : https://www.cwg.go.kr/tour/index.do / 전화번호 : 033-450-5559)

견학코스는 고석정 → 제2땅굴 → 철원평화전망대 → 철원두루미관 → 월정리역 → 노동당사 순으로 3시간이 소요됩니다. 대부분의 경로가 민간인 출입통제구역 및 군사지역이어서 긴장감이 절로 느껴질 정도입니다. 이와 유사한 DMZ 안보투어로는, 파주 임진각에서 출발하는 파주 DMZ 투어도 있습니다. 검문소를 지나 제3땅굴과 도라전망대를 가볼 수 있지요.

한탄강 고석정(좌) (ⒸJjw) (출처 _ 위키피디아)
제2땅굴(우) (출처 _ 철원군 문화관광 홈페이지)

철원평화전망대(좌) (출처 _ 철원군 문화관광 홈페이지)
철원두루미관(우) (출처 _ DMZ생태평화공원 홈페이지)

어떠신가요? 역사적으로 사연이 많은 철원에 가보고 싶지 않으세요? 🐻

잠시 개인적인 이야기를 하나 드리자면, 처음에 이 책을 구상

할 때는 철원은 포함되지 않았습니다. 2022년 추석 때 저희 집에 오신 아버지께서 다음 책의 주제가 뭐냐고 물으시기에 덜 알려지고 잘못 알려진 국내 여행지를 소개하려 한다고 하니 아버지의 고향인 철원도 소개하느냐고 물으셨습니다. 그래서 이미 여러 답사 책에 궁예도성, 승일교, 고석정 등이 자세히 나와 더 쓸 것이 없을 것 같다고 했더니, 찾아보면 아직 쓸 것들이 남아있을 거라고 하셨죠.

다른 어르신들은 시골에서 수십 리 길을 걸어서 학교에 가셨다지만 본인은 동철원역에서 금강산관광전철을 타고 1개 역을 가서 철원역에서 내린 뒤 다시 기차로 갈아타고 초등학교를 다녔다며, "그런 경험을 해본 이가 얼마나 있었겠냐, 구철원, 신철원 이야기도 넣어 달라."고 하셨지요. 그때가 아버지와 만나는 마지막날이 될 줄은 꿈에도 몰랐습니다. 🐻

6.25전쟁 때 피난 내려와 어린 시절의 철원 풍경을 가슴 속에 간직하고 사셨던 아버지께서 갑작스러운 심정지로 운명을 달리하신 뒤 유품을 정리하던 동생이, 아버지께서 쓴 시를 하나 찾았다고 알려왔습니다. 문학 청년이셨던 아버지께서 어느 날 문득 옛 추억에 잠겨 쓰시고는 서랍에 넣어두셨나 봅니다. 🐻

제 아버지께서 노래한 철원의 가을 풍경에 대한 시를 소개하며, 철원 편을 마무리할까 합니다.

〈석양〉 _ 조연환

황금 벼 물결치는 철원 동송

넓은 황금 들녘 넘어 금학산 해넘이

석양이 몹시 황홀한데

철새와 기러기 긴 행렬이

금빛 타고 반짝 빛내며 북으로 가네.

잊지 못할 석양의 황홀함이여!

● 철원역사문화공원 / 소이산 모노레일 (강원도 철원군 철원읍 금강산로 262)

아버지께서 학교 다닐 때 기차를 갈 아타셨던 철원역 재현 (©트로이목마)

2022년 7월 철원군은 노동당 사 주변 옛시가지 중심부에 철 원역사문화공원 조성해 6.25 전쟁 이전 옛날 철원의 모습을 재현해 당시 철원 주민들의 생 활상을 한눈에 볼 수 있도록 했 습니다. 공원 내 옛날 모습 그

대로 복원한 철원역에는 소이산 정상까지 올라가는 모노레일이 운영 되고 있습니다. 5분 만에 소이산 정상에 올라가면 드넓은 철원 평야와 백마고지가 훤히 보이는데, 가을 추수철에 가면 황금빛 장관을 보실 수 있습니다. 🐻

● 한탄강 래프팅

한탄강 래프팅
(출처 _ DMZ생태평화공원 홈페이지)

한탄강은 영월 동강과 더불 어 래프팅을 즐기기에 좋은 곳입니다. 오리지날 래프팅은 노 하나를 들고 나무 뗏목을 타고 강을 따라 내려가는 것이

었다지만, 고무 보트를 타고 내려가면서 온몸으로 느끼는 물의 흔들림에 쾌감을 느낀다고 하지요. 각 업체들에 따라 5~10킬로미터의 다양한 코스가 있으니 미리 확인하고 가시기 바랍니다.

래프팅 마니아들이 가장 좋아하는 순담계곡 구간은 침식된 현무암 지대가 협곡을 이루어 마치 그랜드캐년 같은 느낌을 준다고 합니다. 뭐 규모 면에서 도저히 상대가 안 되긴 합니다만. 🐻

● **도피안사 (강원도 철원군 동송읍 관우리)**

도피안사 대적광전과 삼층석탑
(출처 _ DMZ생태평화공원 홈페이지)

통일신라 말기에 세워져 한동안 민간인 통제구역 안에 있던 도피안사(到彼岸寺)는 최근 자유롭게 방문이 가능해졌습니다.

도피안사에 가봐야 하는 이유는, 도피안사 대적광전(大寂光殿) 내에 '철조비로자나불(국보 제63호)'이라는 유명한 불상이 있기 때문입니다. 높이가 91센티미터인 이 불상의 등에 새겨진 글을 통해 신라 경문왕 5년(865년) 1월에 1,500명의 일반 신도(거사)가 힘을 합쳐 만들었음이 알려져, 뚜렷하게 제작 연도를 알 수 있는 몇 안 되는 보물입니다. 🐻

도금을 벗겨낸 지금의 철조비로
자나불 (출처 _ 문화재청)

도금이 씌워진 이전의 철조비로
자나불 (출처 _ 위키피디아)

당시 서라벌의 불상이 풍만하고 근엄한 인상이었던 것에 비해 갸름한 얼굴에 입가에 살짝 미소를 띠고 있어 이후 고려시대 지방 호족들의 자유분방한 불상으로의 변화가 시작되고 있음을 보여주지요.

또한 이 불상은 우리나라에서 보기 드물게 철로 만들어졌습니다. 부처님은 물론이거니와 앉은 대좌까지 모두 철로 만들어진 경우는 이 불상이 유일하다고 합니다. 보통 불상은 돌이나 동으로 만들거나, 나무를 조각하거나, 흙을 빚어 만드는 것이 일반적입니다. 철로 만들기는 어렵고 주조 과정에서 틀의 이음매로 인해 자잘한 흔적이 남기에 거의 시도하지 않다가, 9세기 중엽부터 등장해 고려시대까지 이어지는 철불의 거의 초기 형태라는 점에서도 가치가 높습니다. 그래서 전쟁 중 건물이 불에 탔음에도 철로 만들어진 불상은 온전히 보존될 수 있었지요. 🐻

하지만 많은 다른 철불들은 일제강점기 말기에 무기를 만들기 위해

공출되어 녹여졌다고 하니 안타깝습니다. 🐨

게다가 이 불상은 양손을 가슴까지 올려 오른손으로 왼손의 검지를 감아 쥔 형태의 수인(손 모양)을 가진 비로자나불상으로 그 모양새로도 희소성도 높습니다.

그런데 이 사찰의 이름인 '도피안'은, 어리석고 미혹한 마음을 돌이켜 진리의 깨우침을 얻고 온갖 얽매임도 끊어내 이상세계에 도달한다는 뜻을 갖고 있는데, 이 이름을 가지게 된 유래가 신비롭습니다.

풍수지리에 밝았고 궁예를 도와 철원 궁터를 찾았던 도선국사가 불상을 철원 안양사에 봉안하기 위해 길을 가던 중 그만 불상을 잃어버렸다고 합니다. 그래서 황급히 불상을 찾던 중 도피안사 자리에서 불상을 발견하고 이곳에 암자를 세우니 지역 신도들이 힘을 모아 철불을 만들어 모셨다고 하네요. 🐨

너무 작위적인 것 같다고요? 그러면 〈불교신문〉 2020년 3월 4일자, '도피안사 재건'에 대한 신비한 기사는 어떠신가요?

> "6.25전쟁 당시 전각이 모두 불타고 민간인 통제구역이 되어 완전히 잊혔던 도피안사가 한 군인의 꿈에 되살아났다고 합니다. 1959년 육군 15사단장 이명재 장군의 꿈에 불상이 나타나 땅 속에 묻혀 답답하다고 하소연했다고 합니다. 이튿날 이 장군은 전방 순찰을 나갔다가 갑자기 갈증을 느껴 민가에 들렀는데, 안주인이 꿈에서 불상과 함께 보았던 그 여인이었다네요. 이에 이 장

군은 그 여인의 안내를 받아 불타 없어진 도피안사 터를 찾아 땅 속에 있던 철불을 찾아내어 군인들과 함께 도피안사를 복원하고 불상을 모셨다고 합니다. 그후 1985년 조계종으로 이관되어 추가 건물을 세워 오늘에 이르고 있다고 합니다."

한동안 이 불상에는 일제강점기부터 해방 후, 1988년까지 여러 차례 금이 도금되었고, 가느다란 눈동자도 그려졌습니다. 불상을 더 돋보이게 하려 한 행위였지만 철불 자체의 아름다움을 훼손한 것이라는 지적에 따라 2007년에 다시 금을 벗겨내고 보존 처리와 투명 코팅 작업까지 마쳐 본연의 아름다움을 보여주고 있습니다. 🐨

02

전남 화순
- 가출당한 김삿갓의 마지막 사랑, 화순적벽

전남 화순에는 아는 사람은 알지만 모르는 사람은 전혀 모르는 화순적벽이라는 절경이 있습니다. 적벽(赤壁)? 소설 《삼국지(三國志)》에서 유비와 손권 연합군이 천하통일을 눈앞에 두었던 조조의 100만 대군을 무찌른 적벽대전이 떠오르신다고요? 맞아요. 조선 중종 시절 문신이자 1519년 기묘사화로 인해 화순에서 10여 년간 유배 생활을 하던 최산두(崔山斗, 1483~1536)가 이곳을 둘러본 뒤, "중국의 적벽만큼이나 절경이구나!" 하여 화순적벽이라 부른 것이 유래이니까요. 🐻

화순의 숨은 절경, 화순적벽

전남 화순군을 흐르는 창랑천 유역에
는 약 7킬로미터에 이르는 절벽들이
이어져 있으니 이 지역들을 묶어 '화순
적벽'이라 부르고 있습니다. 강물 위
로 산허리를 뚝 자른 듯 나타나는 이들
절벽은, 중생대 백악기 시절 쌓인 사암
(沙巖), 이암(泥巖), 응회암(凝灰岩) 등 다

화순적벽 중 노루목적벽
(출처 _ 화순군적벽투어 홈페이지)

양한 퇴적층이 가지런히 층을 이루고 있어 자연의 신비를 잘 드
러내고 있기에, '무등산권 유네스코 세계지질공원'으로 선정되
어 보존되고 있어요. 🐻

　다만 최산두, 김삿갓 등이 가장 절경이라고 칭송했던 노루목
적벽(이서적벽)은 1985년 동복댐이 건설되면서 25미터 정도가
물속에 잠겨 거대한 절벽이 절반 이상 물속에 잠긴 상태로 볼
수밖에 없고, 보산리적벽 또한 상수도 보호구역으로 지정되어
일반인의 출입이 금지되고 있습니다. 🐻

　이에 일반인 출입이 자유로운 물염적벽 맞은편 물염정 정자
옆에 김삿갓 동상과 시비를 세워 그를 기리고 있지요. 그러던
중 2014년 광주광역시와 화순군이 협약을 맺고 사전 예약을 통
해 제한된 인원의 노루목적벽 관광을 허용하면서 큰 화제를 모

물염정 정자 (©한국민족문화대백과사전)

은 바 있고, 이후 동복댐 관리를 화순군에서 전담하기로 하면서 화순군이 화순적벽 관광을 주관하고 있습니다.

코로나19 여파 및 겨울철 관람 중단 등으로 일정이 자주 변하니 관광을 희망하는 분은 예약 홈페이지를 확인해야 합니다. 현재는 2가지 코스(화순 코스, 이서 코스)로 운영 중이네요. 🐨 (화순적벽 투어 예약 홈페이지 tour.hwasun. go.kr)

방랑시인 김삿갓이 마지막에 정착한 화순

화순은 조선의 방랑시인 김삿갓이 마지막으로 정착한 곳이었는데, 노루목적벽 경치를 세 번이나 보러 갔다고 하니 그가 평생을 돌아다니면서 가장 좋아한 절경이 아니었나 합니다.

그런데……, 사실 김삿갓이란 이름은 가리지날입니다. 네? 실망이라고요? 본명이 김병연(金炳淵, 1807~1863)인 건 다 아는

사실 아니냐고요? 🐻

　그게 아니라, 그가 방랑하던 당시 사람들이 그의 이름을 물었을 때, "내 이름은 김삿갓이오."라고 하지 않았다는 거죠. 그는 "난 김립(金笠)이오."라고 소개하고 글에도 그리 서명했는데, 이 '립(笠)'이라는 글자가 '삿갓'이라는 의미이므로, 지금에 이르러 김삿갓이라고 순 한글로 고쳐 부르는 겁니다. 🐻

　그리고 그의 일생은 우리가 흔히 아는 내용보다 더 구구절절하긴 합니다. 일단, 우리가 흔히 알고 있는 김삿갓의 가출(?) 스토리는 이렇습니다.

　김병연이 16세 때 영월 관아에서 열린 향시(지방관 주관 과거 예비 시험)를 치르러 갔는데, 그날 시제로 "홍경래의 난 때 반란군에 항복한 김익순을 논박하라."가 나오자 출제자의 입맛에 맞게 김익순의 죄상을 낱낱이 나열한 뒤 "우리 동국 역사에 길이 웃음거리로 남으리라."고 준엄하게 꾸짖는 명문장을 써서 급제합니다. 이에 기쁜 마음으로 집으로 돌아가 과거 시제와 본인의 답을 설명하자 그 자리에서 어머니가 주저앉아 통곡하며, "김익순이 너의 할아버지다."라는 충격적인 진실을 알려줍니다. 이에 마치 영화 '스타워즈'에서 다스베이더로부터 "내가 니 애비다."라는 말을 들은 루크 스카이워커 마냥 넋이 나간 김병연은, 그 길로 방랑에 나서 죽을 때까지 평생 전국을 떠돌면서 약자를 배려하고 못난 양반과 관리들을 디스하는 시를 남기다가 어느 시골길에서 쓰러져 죽었다.

강원도 영월에 있는 난고 김삿갓 주거지 (©Aspen Laurel Zoysia Jasper) (출처 _ 구글이미지)

하지만……, 그의 실제 일생은 많이 달라요. 🐻

우선 김삿갓의 출생지는 영월이 아니라 지금의 경기도 양주시 회암동입니다. 하지만 그가 어린 시절부터 영월에서 살게 된 배경은 그의 할아버지 김익순의 대형 사고 때문입니다. 🐻

김익순(金益淳, 1764~1812)은 무과 급제하여 1811년 홍경래의 난이 일어날 당시 평안도 선천부사로 재직 중이었는데, 압도적인 반란군의 위세에 눌려 홍경래 군에게 항복하고 벼슬을 받지만, 홍경래 군대가 불리해지자 홍경래의 참모, 김창시의 목을 잘라서 관군에 다시 투항하지요.

이에 당초에는 조정에서 포상까지도 논의되었지만 이후 조사 과정에서 김익순이 김창시의 목을 자른 것이 아니라 다른 이가 김창시를 죽였는데 돈을 주고 시신을 산 뒤 자기가 적장을 죽였다고 거짓 보고한 사실이 드러나고 맙니다. 이는 곧 임금을 속인 대역죄가 되므로 친가, 외가, 처가 가족 중 16세 이상 남성은 사형을 당하고 남은 가족도 노비로 전락할 수 있는 대형 범죄였지만, 당시 순조를 등에 업고 세도정치를 구가하던 신(新) 안동 김씨(장동 김씨) 가문의 실세 김조순(金祖淳)과 18촌 관계였기에 본인 목만 잘리고 가족은 조선 최고의 오지 중 하나인 영월로 강제 추방당하는 선에서 마무리됩니다. 따라서 1807년에 태어난 김삿갓은 만5세 무렵인 1812년에 영월로 강제 이주한 것이죠. 🐻

또한 널리 알려진 과거시험 에피소드와 달리 실제로는 과거를 치른 적이 없다는 주장이 있습니다. 🐻

과거에 응시하려면 본인이 누구인지 신분을 밝혀야 하는데, 증조부, 조부, 아버지 및 외조부 이름을 모두 답안지에 표기해야 하므로 할아버지 성함이 김익순인 것을 모를 수 없다는 겁니다. 또 실제로 과거시험장에서 '김익순을 논박하라'는 시제가 나왔다면 시험을 포기했으면 했지 자기 할아버지를 비난하는 글을 썼다는 것은 당시로서는 이치에 안 맞다는 거죠.

출세를 위해 가짜 이름으로 써도 되지 않나 싶지만, 철저한 신분제 사회이던 조선은 모든 백성에게 신분을 나타내는 호패(號牌, 지금의 주민등록증)를 갖고 다니도록 했으며, 인구 센서스 조사를 확실하게 했기에 유럽의 근대국가보다 훨씬 더 먼저 전 국민에 대한 직접 통치와 세금 징수라는 그 어려운 걸 해냈던 것이죠. 🐻 그래서 일부 인사들이 조선시대를 비난하며 '조선

봉건시대'라고 칭하는 건 잘못된 거예요. 봉건제도는 고대 중국, 중세 유럽, 일본 막부에서 지방 영주, 호족이 자기 지역을 장악해 세금을 징수하고 국가에 일부 떼어주는 형태인데, 조선은 완벽하게 중앙집권화하여 모든 지방에 관리와 군관을 보내어 직접 세금을 다 챙기고 군대를 징발하는 시스템이었기에 봉건제도를 시행한 적이 없어요. 게다가 부임하는 지방관은 출신 지역으로는 발령내지 않아 경상도 출신인 성이성(成以性)이 전라도 암행어사로 가는 등 지역 유지와의 결탁을 철저히 막았습니다. 그래서 심지어 임진왜란, 병자호란 같은 국난 시기에도 각 고을마다 착실히 공물을 거둬 꼬박꼬박 늦지 않게 진상품을 보낼 정도였으니, 과거시험장에서 본인의 조상을 속인다는 건 불가능한 일이었습니다. 🐻

이에 김익순을 꾸짖었다는 그 글은 김삿갓이 쓴 것이 아니라 다른 이가 써서 김삿갓에게 보여주었다는 일화가 와전된 것이라는 주장이 가장 그럴 듯합니다. 즉, 김삿갓이 방랑시인으로 유명해지고 난 뒤 평안도에 갔는데, 당시 그 지역에서 글 잘 짓기로 소문난 노진(盧稹)이라는 선비가 김삿갓의 유명세에 질투를 느끼고 그에게 술을 따르며 본인이 지은 시를 읽어봐 달라고 요청했고, 그 문장이 바로 김삿갓이 과거장에서 썼다고 알려진 김익순을 꾸짖는 글이었다고 하네요. 이에 김삿갓이 글을 쭉 읽은 뒤 피를 토하고, 그 길로 평안도를 떠난 뒤에 두 번 다시 평안

도를 찾지 않았다는 이야기가 전해집니다. 🐻

또다른 기록으로는, 김삿갓은 20세에 가출하기 전 결혼했는데 아무리 몰락했어도 안동 김씨 세도가 출신인지라 맞아들인 부인 황씨 역시 이름 있는 양반 가문이었고, 가출 전 이미 큰아들도 낳은 상황이었다고 합니다. 그러던 중 자신의 사촌이 향시에 급제했으나 할아버지 일로 인해 취소되는 상황을 보고 과거시험으로 출세할 수 없음을 깨닫고 한양으로 올라가 안동 김씨 친척들에게 벼슬자리 하나 천거해 달라고 청탁도 해보지만, 다들 "김익순의 행적은 가문의 수치"라며 냉정히 거절하자 결국 자신의 신세를 한탄하다가 가족을 놔둔 채 방랑 길에 올랐다고 하네요. 🐻

그는 큰 삿갓을 눌러쓰고 전국을 유랑하면서 세상을 조롱하고 표리부동한 양반을 풍자하는 기막힌 시를 쓰면서 입소문이 나기 시작했는데, 심지어 당시 세도가인 풍양 조씨 가문의 함경도 관찰사 조기영(趙翼永)의 폭정을 비판하는 시를 남기기도 했으니 일반 백성들이 좋아할 수밖에요. 🐻

그런데 당시에는 삿갓이 대유행이어서 삿갓 쓴 방랑 양반이 많았다고 합니다. 그들 중에는 김삿갓의 명망이 드높자 자기가 김삿갓이라며 술 얻어 마신 가짜도 많았다고 하고, 전국 시장마다 삿갓이 절찬리에 판매되었다고 합니다. 🐻

그런데 왜 당시에 삿갓 쓴 방랑자가 많았을까요? 이는 19세기 세도정치로 인해 암울했던 시대 분위기 때문입니다. 당시 조선이 곧 끝장날 것이라는 말세 분위기가 팽배해 절망한 청년이 많았다고 합니다. 그럴 수밖에 없는 것이, 안동 김씨, 풍양 조씨 등 일부 가문이 권력을 독점하면서 가문 빽이 있거나 뇌물로 벼슬을 살 경제력이 없는 집안 출신은 출세할 수 있는 기회를 원천적으로 봉쇄당한 상황이었기에, 능력은 있으나 여건이 안 되는 이들이 시국을 한탄했지요. 그래서 이 같은 상황을 어떻게든 타개하려는 이들은 서학을 접하고 자발적으로 천주교를 받아들이면서 조선 사회의 모순점을 고치고자 했지만 모진 종교 박해를 받게 됩니다. 🐻

중국을 갈라 먹는 서양 제국을 풍자한 삽화 (ⓒ헨리 마이어(Henry Meyer) 作, 1898) (출처 _ 위키피디아)

적극적 개화파가 아닌 온건한 유학자들도 세계의 중심이라 믿어 온 중국이 아편전쟁, 태평천국의 난, 의화단의 난 등을 통해 서양 제국에게 허무하게 붕괴되고 있다는 소식이 연이어 들려오니, 곧 우리나라도 서양 오랑캐에게 짓밟힐 것이라는 위기감이 엄습했다고 합니다. 그러니 이런 저런 이유로 산으로 들어가 은둔하거나 정처없이 유랑하는 이들이 늘어난 것이지요. 🐻

또한 일부 서얼이나 중인 중에는 검계(劍契)로 불린 도적떼로 뭉쳐 부잣집으로 쳐들어가 사람을 죽이고 재물을 약탈하는 일이 빈번해집니다. 이에 권세 있는 양반들은 집성촌을 만들고 포수 등 용병을 고용하여 총을 들고 마을을 방어하는 상황으로 악화되지요. 🐻

안중근 의사 역시 황해도 해주 안씨 집성촌에서 자라면서 집안 어른에게 사격을 배웠는데, 그가 16세 되던 해에 동학농민운동이 일어나자 관군의 요청을 받아 안씨 집안 자경단이 진압 작전에 참여했고 안중근이 뛰어난 사격술로 농민군을 격퇴하면서, 원래 임진왜란 의병장 곽재우의 별명이던 천강홍의장군(天降紅衣將軍, 하늘에서 내려온 붉은 옷 장군)이라 칭송받았던 시절도 있었죠. 게다가 패퇴한 해주 동학농민군 청년지도자는 김구 선생이셨으니……. 당시 총구를 서로 겨누었던 그 두 분이 위대한 독립운동가로 우뚝서게 되고, 이후 김구 선생님이 안중근의 동생 딸을 맏며느리로 삼고, 친일 행각을 하던 안중근의 둘째 아들에 대해서는 암살 명령을 내리는 상황으로 이어지니, 그 두 집안의 심오한 인연은 참으로 많은 생각을 하게 만듭니다. 🐼

그런데 제가 무슨 얘길 하다가 19세기 암울한 시대상을 설명하고 있지요?

아, 맞다. 김삿갓 이야기 중이었지……. 🐻

다시 김삿갓 이야기로 돌아와서, 김삿갓은 평생 정처없이 걸다가 길에서 숨졌다고 알려져 있지만 실제로는 중간중간 돈이 떨어지면 한동안 한 마을에 정착해 훈장 알바를 하며 숙식을 해결했다고 합니다. 또한 가끔 영월 집에 들러 부부간의 사랑을 확인하여 둘째 아들과 딸을 낳았을 뿐 아니라, 가출 12년 후 첫 아내가 죽자 소식을 듣고 돌아와 장례를 치른 후, 얼마 안 지나 두 번째 장가를 가기까지 합니다. 와우! 대단해요. 🦉

하지만 두 번째 결혼 후 얼마 지나지 않아 또다시 방랑을 시작했다고 하는데, 매번 아버지의 행방을 확인해야 했던 자녀들은 이만저만 고역이 아니었을 겁니다. 두 아들은 그가 갈 만한 고을 주막마다 다니며 "제발 집에 돌아오라."는 편지를 뿌렸고 김삿갓이 종종 맡겨진 편지를 읽고 답장도 했다고 하니, 당시 물건 도·소매, 수출·입은 물론 숙박 및 음식점(주막)과 어음 경제에 이르기까지 민간경제 인프라를 장악한 보부상 전국 네트워크가 얼마나 정교했는지 놀라울 뿐이에요. 🦉 구한말 조선을 방문했던 외국인들도 놀란 조선 보부상의 조직력과 신용 어음 네트워크 내용은 제6권 '우리말·우리글 편'에 자세히 썼으니 참고하세요. 🐻

이후 42세에 이르러 체력의 한계를 느낀 김삿갓은 영월 집으로 돌아와 정착하려 하지만, 경제력도 없고 그동안 아내와 자녀에게 소홀했기에 뒤늦게 돌아온 가장이 달갑지 않나 봅니다. 그래서 가족에게 구박을 받자 김삿갓은 다시금 유랑을 떠나니,

가출당했다고 해야 하나요? 🐻

김삿갓 : "부인. 입이 심심한데 술과 안주를 좀 내오시구려."

부인 : "아니. 벼슬을 못 하면 돈이라고 벌어 오시구랴. 집에 무슨 쌀이 있는 줄 아쇼?"

김삿갓 : "아니. 가장이 술 한잔 좀 하자는데 어디서 성화요?"

자식들 : "아버지가 안 계실 때가 우리집이 더 화목했어요. 좀 참으세요."

김삿갓 : "아니. 네놈들까지? 야. 더러워서 못살겠다. 내가 집을 나간다. 나가!"

부인과 자식 : "네~, 멀리 안 나가요. 남아일언중천금. 낙장불입입니다~."

전남 화순 동복면 김삿갓 종명지에 세워진 동상
(출처 _ 남도여행길잡이 홈페이지)

결국 그는 처음에는 자발적인 방랑이었지만, 말년에는 가족에게 추방당한 셈이었으니 팔자가 기구하긴 합니다. 하지만 원인은 결국 본인 탓이니 누굴 원망하겠어요?

그렇습니다. 이 글을 읽고 있는 남편들은 말년에 쫓겨나지 않으려면 평상시에 아내와 자녀에게 잘합시다. 🐻

그후 13년간 본의 아닌 가출 길을 떠난 김삿갓은 말년에는 힘에 부쳐 더 이상 돌아다니지 않고 전남 화순군 동복면에 수년간 정착해 하염없이 화순적벽 풍경을 바라보았다고 하지요.

그러던 어느 날 평소 잘 알고 지내던 안초시 집에 놀러갔다가 쓰러졌고 그의 사랑방에서 치료받다가 숨지니, 그의 유언은 "안초시, 춥구려. 어머니가 보고 싶소. 저 등잔 불을 좀 꺼주시오……."였다고 합니다. 🐻

이후 소식을 들은 아들이 강원도 영월에서 화순까지 찾아가 아버지 묘에서 통곡한 후 시신을 수습하여 영월로 모시고 가서 고향인 영월군 김삿갓면 와석리에 새로 묘를 만들었고, 시간이 흘러 영월 금강공원에는 그의 시비(詩碑)가, 그가 살던 집터에는 박물관이 들어서게 된 것이죠.

하지만 김삿갓의 이야기는 이게
끝이 아니니……, 시대를 잘못 만
나 본인과 가족 모두를 힘들게 했
던 김삿갓이지만 그의 탁월한 글
솜씨와 명성은 이후 가문을 되살리게

강원도 영월에 묻힌 김삿갓
(출처 _ 한국관광공사 홈페이지)

됩니다. 모아 놓은 재산이 없었기에 자
식들은 막노동을 하며 어렵게 살았고 둘째 아들 김익균(金翼均)
의 둘째 아들인 김영진은 출가하여 승려가 되어 있었는데, 소문
을 들은 고종이 그를 불러 딱한 사정을 듣고는 김익순의 죄를
사면해주고 관직까지 내려주니, 그때까지 김삿갓의 인기가 얼
마나 대단했는지 알 수 있는 대목입니다.

이처럼 사후에도 임금의 마음까지 움직였던 김삿갓의 명성
은 지금도 여전하니, 20세기 한국 가요사에도 큰 족적을 남깁니
다. 응? 김삿갓이 무슨 상관이 있냐고요? 🐻

어허~. 뭘 모르시는 소리! 인기 록그룹 '옥슨80'의 리드싱어
였다가 솔로로 데뷔한 홍서범이 1989년에 부른 최초의 한국 랩
가요 제목이 바로 '김삿갓'이에요. 🐻

1980년대 미국에서 흑인 랩이 유행하기 시작하지만, 당시에
는 '우리나라 말로는 빠른 랩을 할 수 없다'는 이상한 논리가 주
류였는데, 가수 홍서범이 첫 도전에 나선 겁니다. "김삿갓, 김삿

갓, 김김 삿갓삿갓"이라는 후렴구가 여전히 제 기억에 남아 있지만, 당시에는 그다지 성공하지 못했죠. 심지어 처음에는 방송사들이 이 생소한 랩 송을 듣고는 "음정이 불안하다."며 방송 부적합 판정을 내릴 정도였어요. 어처구니없게도 '대한민국 최고의 가요 음반'으로 누구나 인정하는 가수 유재하 〈1집 앨범〉에 대해서도 "가창력이 떨어진다."며 TV 방송 출연은 물론 라디오 방송에서 트는 것조차 금지하던 시절이었으니까요. 🎙

이후 1991년에 신해철이 본인 솔로 〈2집 앨범〉에서 노래 중간에 랩을 가미한 곡 '재즈 카페'로 다시금 한국 랩 음악의 불씨를 살렸고, 드디어 1992년 가수 서태지와 아이들의 데뷔곡 '난 알아요'가 가요 역사에 다시없을 초대박을 치면서 우리말로도 빠른 랩이 가능하다는 것을 입증해냅니다. 이후 랩 음악이 우리 음악에서 당당히 한 축을 차지하게 되니, 지금 우리나라 래퍼들은 우리말 랩의 길을 열어준 김삿갓 할배에게 경의를 표해야 합니다. 🐻

그러고 보니 우리나라 랩 음악의 개척자인 홍서범, 신해철, 서태지 모두 록밴드 출신이라는 공통점도 있네요. 록과 랩 모두 기존 사회 질서에 저항하던 젊은이들이 만든 음악이니, 그 시대 정신 역시 김삿갓과도 이어진다고 봐야겠지요? 🐻

앞서 김삿갓의 무덤이 영월군 김삿갓면에 있다고 했는데, 2009년에 영월군 하동면에서 정식으로 면 이름을 김삿갓면으로 바꿨고, 현재 영월군은 생가, 기념비, 공원 등을 조성해 그의 업적을 기리고 있습니다. 비록 다수의 유물이 이미 사라진 뒤여서 아쉽긴 합니다만, 감삿갓 이름만은 계속 아름답게 이어져 나갈 겁니다. 🐻

● 운주사 (전남 화순군 도암면 천태로 91-44)

운주사 탑들 (©트로이목마)

천여 년째 누워 있는 운주사
와형석조여래불 (출처 _ 문화재청)

신라 말기 도선대사가 창건했다는 운주사(雲住寺)는 조선 초기까지도 불상 1천 좌와 탑 1천 기가 있었다고 합니다. 🐼

도선은 우리나라 국토의 모양을 배로 간주하여 배의 중심인 이곳에 기운을 더해 나라를 강성하게 하겠다며 단 하룻밤 사이에 1,000개의 불상과 불탑을 만들었다는 전설이 전해지고 있습니다. 또 하나의 전설은 나라를 잃은 백제 유민들이 모여 하룻밤 사이에 1,000개의 불상과 탑을 세우면 미륵불이 나타나 백제가 부흥한다고 믿어 밤새 만들었는데, 마지막으로 누워 있는 두 부처님만 일으켜 세우면 되는 찰나에 그만 닭이 울어 백제가 부흥하지 못했다는 아련한 이야기도 있습니다.

하지만 1980년대 전남대 팀의 조사 결과, 탑과 불상의 조성 연대는 11~13세기 고려 중기로 판명 나 도선대사 시절 만든 것은 아니라고

하네요. 🐻

이 거대한 사찰은 임진왜란과 정유재란을 거치며 큰 피해를 당해 불상과 탑만 남아 있다가 1918년에야 대웅전, 요사채, 종각 등을 중건했으며 석불 90여 좌와 석탑 21기가 남아 있습니다. 특히 이 사찰 뒷산에는 땅에 누운 한 쌍의 거대한 와불(臥佛, 길이 12미터, 너비 10미터)이 있어 '부부 와불'이라 불리고 있는데, 이 불상을 일으켜 세우면 세상이 바뀌고 1천 년 동안 태평성대가 온다는 믿음이 이어져 왔다고 합니다. 🐻

03

강원 고성
- 화진포의 성이 김일성 별장으로
불리기까지

강원도 고성은 현재 대한민국에서 가장 북쪽에 위치한 행정구역입니다. 경상남도에도 고성이 있는데 한글로만 같고, 한자로는 강원도 고성은 古城(높은 성)이며, 경남 고성은 固城(외로운 성)으로 달라요.

아름다운 해수욕장이 많은 강원도 고성에는 우리나라 현대사에 큰 아픔을 남긴 3명의 별장이 모여 있답니다.

가장 먼저 김일성 별장이라 불리는 '화진포의 성(城)' 바로 옆화진포 해수욕장부터 소개합니다. 🐻

화진포 해수욕장

1.7킬로미터 길이의 모래사장을
자랑하는 화진포 해수욕장은,
민간인이 자유롭게 출입 가능한
해수욕장 중 가장 북쪽에 위치
해 있습니다. 수만 년 동안 퇴적
된 조개 껍질과 바위 조각이 쌓
여 바스락 소리가 나는 모래로 이

화진포 해수욕장 (ⓒ이현은)

루어져 있으며, 7월말 ~ 8월초 극성수기를 제외하면 한적한 편
입니다.

위치가 휴전선 근처인 만큼 오랫동안 민간인 출입금지구역이
었다가 1973년부터 해수욕이 가능해졌는데, 최근 백사장 한가
운데에 계단을 하나 설치했더니 '천국의 계단'이라 불리며 인스
타그램 핫스팟으로 떠올랐고, 물이 맑고 바다 경사가 완만한 편

이어서 서핑을 즐기는 사람도 늘
어나고 있다고 하네요. 🐻

수영하러 오지 않더라도 사계
절 울창한 소나무 숲과 바로 뒤
넓은 호수와 함께 갈대밭 위로
수천 마리 철새가 날아다니는 풍

화진포의 천국의 계단
(출처 _ 한국관광공사 홈페이지)

광개토대왕의 무덤이라
는 전설을 가진 금구도
(출처 _ koreasanha.net)

구금도 (출처 _ 화진포 정보화마을 홈페이지)

경도 꾸준한 사랑을 받고 있고, 오토캠핑장도 마련되어 사계절 내내 찾는 이가 많아졌습니다. 해당화가 흐드러지게 피어서 화진포라 불린다는 이 해수욕장 소개 문구마다 빠지지 않는 내용이, 바로 개미가 없는 것이 이 해수욕장의 특징이라는데……, 왜 개미가 없는지 그 이유는 아무리 찾아도 안 나오네요. 그런데 말입니다~, 저는 그 어떤 해수욕장에서도 개미를 본 적이 없어요. 🐻

또 방파제 근처에 둥그런 섬이 하나 보이는데, 금빛 거북이 모양을 닮았다고 해서 '금구도(金龜島)'라고 부릅니다. 그런데 민간설화에서는 광개토대왕의 무덤이 바로 저 금구도라고 해요. 🐻

고성군에서는 안내판도 만들고 역사적 사실임이 증명되면 복원하겠다고 합니다. 이는, 삼국통일을 이룬 뒤 이제 남은 건 왜놈들의 침략뿐이라며 바다에 장사지내면 용이 되어 신라를 지키겠다고 한 문무왕릉과 비교되지만, 굳이 광개토대왕이 드넓은 영토

를 놔두고 동해 바다 섬에 무덤을 만들 필요가 있었을까요? 🐻

화진포의 세 별장 : 김일성 별장, 이승만 별장, 이기붕 별장

화진포에는 우리나라 현대사의 유명한 인사들이 한때 휴양을 즐겼던 세 별장이 존재하니, 고성의 자연환경이 얼마나 아름다운지 잘 나타내주고 있습니다. 🐻

화진포의 성(城)(일명 김일성 별장)

그중 가장 먼저 소개할 곳은 화진포 해수욕장 바로 옆 언덕에 위치한 '화진포의 성(城)'입니다.

김일성 별장으로 유명한 화진포의 성 (©이현은)

마치 뭔가 '마법의 성' 같은 이상한 이름을 가진 이 저택은 김일성 별장으로 더 유명하고, 옛날 어르신들과 갔을 때 이곳을 가리키며 "김일성이가 자기네만 호화롭게 놀 거라고 만든 별장인데 우리가 6.25 때 진격해 여길 빼앗았으니 얼마나 통쾌하냐."고 하셨는데, 실은 이 별장을 지

131

은 사람은 김일성이 아닙니다. 🐻

이 건물은 셔우드 홀 박사가 의뢰해 독일인 건축가 베버가 만들었습니다. 응? 셔우드 홀(Sherwood Hall) 박사는 누구냐고요?

학창 시절, 겨울이 되면 결핵 퇴치 기금 마련을 위해 대한결핵협회가 만든 크리스마스 씰을 사라고 해서 반강제로 떠맡은 기억이 있으실텐데요. 그 씰을 처음 만든 사람이 바로 셔우드 홀 박사입니다. 🐻

당시 겨울마다 강매당하던 추억이 떠오르신다고요? 워워~, 일단 주먹쥔 손은 펴시고요. 🐻

잘 모르시겠지만, 셔우드 홀 박사는 존경받아 마땅한 분입니다. 캐나다 국적인 셔우드 홀 박사는 1893년 11월 10일에 조선 한양에서 태어났습니다. 🐻

어머니 로제타 홀 여사와 아들 셔우드 홀, 딸 에디스 홀 (출처 _ 위키피디아)

그의 부모님이 의료 선교사로 조선 땅에 와 있었던 거죠. 의사 부부인 아버지 윌리엄 제임스 홀(William James Hall), 어머니 로제타 셔우드 홀(Rosetta Sherwood Hall) 여사 사이에서 태어난 그는, 캐나다 토론토 의대를 졸업하고 1922년에 의사인 메리언 버텀리(Marian Bottomly)와 결혼한 후, 1924년에 뉴욕 홀츠빌서퍼크 결핵요

양소에서 결핵 전문의 자격을 획득한 뒤,
1925년 8월에 의료 선교사로 다시 식민
지 조선 땅으로 돌아옵니다. 🐻

서우드 홀이 결핵을 전공한 이유는 당
시 조선 땅에서 결핵이 창궐해 무수히 많
은 이들이 제대로 치료받지 못한 채 사망
하고 있었기 때문입니다. 서우드 홀의 어
머니가 미국 볼티모어 여자의대에서 의사
자격을 취득하도록 도와 한국 최초의 여
의사가 된 박에스더(1877~1910)조차 결핵
으로 사망했기에 결핵 퇴치가 가장 시급하
다고 여긴 겁니다. 🐻

그는 1926년 7월부터 황해도 해주구세
병원 원장으로 부임한 뒤 1928년 10월에
한국 최초의 결핵요양병원인 해주구세요
양원을 설립합니다. 또한 어린 시절 그가

한국 최초의 여의사, 박에
스더 (출처 _ 위키피디아)

Esther and Yousan Pak, Dr. Rosetta Hall.

사진 왼쪽 박에스더, 가운
데 로제타 홀, 두 아이는
셔우드와 이디스
(출처 _ mehansa.com)

이모라 부르며 따랐던 박에스더처럼 여성 의사를 양성하고자
1928년에 경성여자의학교도 건립하는 등 활발한 활동을 전개
하면서, 결핵 치료 비용을 마련하기 위해 1932년에 해주구세요
양원에서 크리스마스 씰을 처음 발행합니다.

크리스마스 씰은 1904년 덴마크의 우체국 직원이었던 아이

1932년 우리나라 최초의
크리스마스 씰
(출처 _ seal-society.org)

1953년 대한결핵협회의
첫 크리스마스 씰
(출처 _ 대한결핵협회 홈페이지)

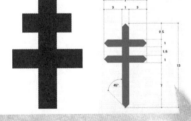

로렌 십자가(좌) (출처 _위키피디아)
대한결핵협회 복십자(우) (출처 _ 대한결핵협회)

나르 홀뵐(Einar Holbøll)이 "크리스마스 카드에 동전 한닢 비용의 씰을 붙여 결핵 퇴치에 도움을 주자."며 소소한 기부 캠페인으로 첫선을 보인 뒤 큰 반향을 불러일으켰고, 뒤이어 유럽, 미국에 이어 선교사들을 통해 아시아, 아프리카로 전파되던 중이었습니다.

또한 크리스마스 씰에 쓰이는 복십자 마크는 1902년 미국폐결핵협회에서 십자군처럼 결핵균을 무찌르자며 잔다르크(Jeanne d'Arc)의 상징인 '로렌 십자가' 마크를 변형한 것이 기원이라고 하네요. 이에 아이디어를 얻은 셔우드 홀이 한국의 상징인 숭례문을 모티브로 복십자 마크를 넣은 첫 씰을 발행한 이후 1940년까지 매년 씰을 발행했으나, 1941년에 일본 헌병에게 스파이 혐의로 체포되어 추방당하며 씰도 중단됩니다.

그후 6.25전쟁이 끝난 후

대한결핵협회가 다시 1953년 11월 6일에 크리스마스 씰을 발행한 뒤로 매년 발행해 결핵 퇴치 기금으로 잘 활용했지만, 정부가 나서서 관공서와 학교에서 강매에 가까운 판매를 시행해 학창 시절 반감을 많이 산 것도 사실입니다. 🐻 최근에는 편지, 카드 발송이 줄어들다 보니 크리스마스 씰 판매도 부진하고, 우표 수집가도 줄어들면서 판매가 지지부진해 스티커, 열쇠고리, 카카오톡 이모티콘 등 다양한 대안이 나오고 있다고 하네요.

이처럼 20세기만 해도 결핵은 많은 나라에서 어린이를 사망에 이르게 한 큰 질병이었지만 이제는 많이 감소했기에 많은 분들이 결핵을 흘러간 옛 추억 속의 병으로 기억하지만, 실제로는 여전히 우리나라는 결핵 후진국입니다. 2016년 기준으로 우리나라의 10만 명당 결핵 발생률은 77명으로, OECD 국가 평균 11.7명에 비해 월등히 높으며, 매년 2,000여 명 이상이 여전히 결핵으로 사망하고 있어요. 🐻

그나저나, 셔우드 홀은 의료 선교사였던 부모를 따라 늘 검소하고 단촐한 생활을 이어 갔다는데, 왜 이런 호화로운 별장을 만들었을까요? 🐻

1937년 일본이 중일전쟁을 일으키면서 원산 항구를 군사 항구로 쓰기 위해 일반인 접근금지 구역으로 선포하고, 원산 해수욕장에 있던 외국인 휴양촌도 폐쇄하면서 이들 외국인들에게 고성 화진포에 새 휴양촌 부지를 제공하기로 합니다. 이에 휴양지 이전 실행위원이었던 셔우드 홀 박사가 화진포에 답사왔다가 언덕 위에서 바라다본 화진포 호수가 마치 스위스 루체른 호수를 연상시킨다며 이 호수를 바라보는 별장을 짓기로 결심합니다. 하지만 당시 조선 건축가 중에는 암벽 위에 서양식 별장을 지을 수 있는 사람을 찾기가 어려워 수소문 끝에 독일인 건축가가 마침 조선에 있다는 사실을 알게 됩니다. 그래서 셔우드 홀 박사가 만난 이가 베버(Weber)라는 독일 건축가였는데, 놀랍게도 그는 히틀러의 공포정치를 피해 한반도로 피난 와 있었다고 합니다. 🐱 도대체 베버가 어떻게 조선까지 왔는지 그후 어

헛!
웬 독일 스타일의 성이!
그냥 작은 오두막 정도
생각했는데…

별장
어떠세요?

히틀러의
공포정치를 피해
한반도로 도망쳐 온
독일 건축가, 베버

셔우드 홀
박사

떻게 되었는지는 관련 자료가 없네요. 🐻

베버는 셔우드 홀 박사가 어떤 인물인지 알고 있었기에 설계비는 받지 않는다며 재료비와 건축 기간 동안의 생활비만을 요청했다고 합니다. 이에 셔우드 홀 박사는 그를 전적으로 신임해 모든 일을 그냥 맡겼다는데, 완공된 뒤 찾아와 크게 놀랐다고 합니다. 작은 오두막집을 얘기했는데 웬 작은 독일 스타일의 성이 떡~ 하니 서 있었던 거죠. 🐻

푸른 소나무 숲속의 회색 성은, 거대한 들창에 벽난로가 거실에 있고 옥상에서는 화진포의 전경이 다 보이는 아름다운 별장이었습니다. 하지만 예상보다 많은 재료비와 공사비가 들어간 탓에 결국 자식들의 학업비 목적으로 사둔 평양 토지를 팔아서 비용을 지급했다고 하네요. (그러기에 진즉에 설계도라도 보셨어야죠, 이 양반아~. 🐻)

이처럼 본의 아니게 큰돈 들여 1938년에 완공한 별장은 평소에는 외국 선교사들의 예배당으로 썼는데, 정작 셔우드 홀 박사 가족이 휴양차 이 별장을 이용한 날은 며칠 되지 않았고, 1941년에 추방당한 뒤에는 주인이 없는 터라 해방된 후 북한 영토가 되어 셔우드 홀 박사가 더 이

야외 계단에 전시 중인
김정일의 어린 시절 사진
(출처 _ 고성군청 홈페이지)

상 가지 못하게 됩니다. 🐻

주인이 사라진 이 별장을 북한 정권은 귀빈 휴양소로 활용하니, 김일성 가족도 종종 이곳을 이용했기에 훗날 김일성 별장이라 불린 겁니다. 지금 그곳을 찾아가면 여러 전시 자료 중 김정일이 계단에 앉아 있는 사진도 걸려 있어요. 🐻

6.25전쟁 때 고성 남쪽까지 우리 국군이 진격해 대한민국 영토가 되면서 반대로 김일성이 이 별장을 이용하지 못하게 되었고, 2005년 3월에야 훼손된 채 남아 있던 이 건물을 옛 모습으로 복원해 셔우드 홀 박사의 일생과 남북 화합 교류를 위한 전시관으로 활용하고 있습니다.

외국인선교사 묘원에 안장된
셔우드 홀 박사 (©트로이목마)

그런데 셔우드 홀 박사는 그후 어떻게 되었냐고요? 그는 1941년에 추방당한 뒤 1963년 은퇴할 때까지 인도로 가서 계속 결핵 퇴치 의료봉사를 하다가 은퇴한 뒤 캐나다로 돌아가는데, 우리 정부는 그의 공적을 기려 1984년에 국민훈장 모란장을 수여합니다. 셔우드 홀 박사는 1991년에 사망하는데, 그의 유언은 "자신을 한국 땅에 묻어달라."는 것이었다고 합니다. 🐻

이에 서울 양화진 외국인선교사 묘

원에 안장되니 그의 부모님, 셔우드 홀의 쌍둥이 자녀, 그의 여동생까지 셔우드 일가 6명이 함께 잠들어 있습니다.

이들 가족 이야기를 조금 더 해보면, 셔우드 홀 박사의 아버지인 윌리엄 제임스 홀(1860~1894)은 1891년에 조선에 들어와 평양 선교기지 개척 책임자가 되어 평양에서 환자들을 돌보다가, 청일전쟁이 벌어진 1894년에 발진티푸스에 감염되어 34세의 젊은 나이에 사망해 가장 먼저 양화진 묘역에 묻혔는데, 두 번째로 묻힌 그의 딸 이디스 마가렛은 불과 세 살에 이질에 걸려 평양에서 죽었다고 합니다. 남편이 사망할 당시 임신 7개월 태아였던 이디스마저 잃고 망연자실하던 로제타 홀 여사를 위로하던 '조선의 바울' 김창식(金昌植, 1857~1929) 전도사는, "딸을 남편 옆에 묻고 싶다."는 로제타 홀 여사의 얘기를 듣고 직접 지게에 이디스의 사체를 얹어 걸어서 한양까지 가서 양화진에 있는 아버지 윌리엄 제임스 홀의 묘 옆에 안치해주었다고 합니다. 🐻

이후 김창식은 김기범(金基範)과 함께 1901년 5월 14일 서울 상동교회에서, 미국 감리교회로부터 최초의 개신교 한국인 목사로 안수를 받아 평양에 남산현교회를 세우고 북한 전역을 발로 뛰며 전도함으로써, 1866년 미국 상선 제너럴셔먼호를 불태우며 서양 외국인에게 가장 강력히 저항하던 도시 평양은 1907년 평양 대부흥운동을 통해 '동방의 예루살렘'으로 불리며 서구

언론에 대서특필될 정도로 기독교인이 급증합니다.

또한 김창식 목사의 외아들 김영진(金永進) 역시 결핵 전문 의사가 되어 셔우드 홀 박사와 함께 해주구세병원에서 결핵 퇴치에 앞장서니, 2대에 걸쳐 셔우드 일가와 아름다운 인연이 이어졌다고 합니다. 🐻

그렇게 기독교가 평안도 일대에 활발히 전파되던 중, 해방 후 소련군이 38도 이북을 차지하고 공산당이 집권하면서 종교의 자유를 탄압하니, 일가족이 몰살당하는 가운데 살아남은 기독교 청년들이 남한으로 내려와 서북청년단이 탄생하게 된 겁니다. 지금은 이 단체의 악행만 널리 알려지다 보니 정치 깡패로만 알고 있는 경우가 많은데, 이미 북한에서 공산주의자들에게 가족을 잃었던 이들이라 남한 내 좌익 세력에게 그 원한을 되갚은 것이죠. 🐻

평양 대부흥회가 시작된 장대현교회에 모인 신도들 (출처 _ 한국평양장대현교회 홈페이지)

그런데 이러한 비극 속에 역사적 아이러니가 있으니, 김일성의 아버지, 김형직(金亨稷) 또한 기독교인이자 반공주의자였다는 거죠. 🐻

1894년 평양에서 태어난 김형직은 기독교 학교인 숭실학교(現 숭실대학교)를 다니던 신앙심 깊은 기독교인이라 미국인 선교사 넬슨 벨(L.

Nelson Bell)이 중매를 해준 강반석(康盤石)을 만나 1911년에 결혼한 뒤 1912년에 큰아들 김성주(이후 김일성(金日成)으로 개명)를 낳았고, 1919년에는 만주로 이전해 한의원을 할 때도 공산주의자들에게는 약을 팔지 않고 치료도 해주지 않다가 원한을 사서 1926년에 공산주의 단체에게 암살당했습니다.

그런데 아들은 공산주의자가 되어 기독교인을 탄압하고, 이제는 백두혈통이라며 김일성의 증조할아버지 김응우(金膺禹)가 22세 때 미국 상선 제너럴셔먼호를 불지르는 데 앞장섰다고 주장했지만, 김응우는 지주 이평택(李平澤) 집안 묘지기였을 뿐입니다. 또 자신의 아버지는 3.1독립운동의 실질적 리더로서 일본 경찰을 피해 만주로 피신했다가 얼어죽었다며 반(反)외세, 항일 독립운동에 헌신한 집안이라고 대대적으로 선전했죠.

북한 정권을 지탱하는 주체사상이란 것도, 기독교 교리를 80퍼센트 이상 가져와 야훼 하나님 대신에 김일성으로 대체했으니, 북한은 알고 보면 사이비 기독교에 기반한 김씨 왕국인 셈입니다. 🐻

이런 상황인데 어찌된 셈인지 2023년 4월부터 강원도 고성군이 관광상품으로 더 부각한다면서 기존의 '화진포의 성(김일성 별장)' 표기 대신 '김일성 별장'이라고 단독 표기로 바꿨다고 합니다. 잠시 김일성에게 빼앗겼던 별장이 이제는 원래 이름마저 빼앗기게 되었습니다. 🐻

다만 고성군은 대한결핵협회와 서우드 홀 문화공간 조성 사업을 위한 업무 협약도 진행 중인데, 기존 화진포의 성 인근에 별도의 전시관을 세운다고는 하지만, 역사적 근원을 밝혀 '김일성 별장' 대신 '화진포의 성'으로 명칭을 다시 복원하고 해당 건물의 역사와 북한 정권의 아이러니를 널리 알리는 현장으로 활용했으면 합니다.

이승만 별장

이승만 대통령 별장
(출처 _ 한국관광공사)

이승만 대통령 화진포 기념관
(출처 _ kangwondo.net)

화진포에는 이승만(李承晩) 초대 대통령 별장도 존재합니다. 화진포의 성에서 3킬로미터 정도 떨어진 이 별장은, 1954년에 단층 석조 건물로 건립되었습니다. 북한으로부터 고성을 수복한 기념으로 지었다는데, 화진포 호수가 잘 보이는 이곳을 1954년부터 1960년까지 이승만 대통령이 프란체스카 여사와 종종 이용했다고 하네요.

현재는 화진포의 성, 이기붕 별장과 함께 역사안보전시관으로 지정되어 이승만 대통령 당시 집무실, 침실, 거실을 재현해 놓았고, 부부가 사용하던 침대, 낚시도구, 옷, 안경, 장갑, 여권, 편지 등 유품 50여 점이 전시되어 있습니다. 별장 뒤 '이승만 대통령 화진포 기념관'에도 각종 휘호, 도서, 소품 등을 전시하고 있는데 건물 크기도 작고 전망도 호수만 보여 인기가 시들하다고 하네요. 아무래도 화진포의 성이 건물의 위치나 규모가 더 좋고, 김일성이 이용했다고 하는 호기심이 더 크게 작용하겠지요. 🐻

이기붕 별장

이기붕 별장
(출처 _ 한국관광공사 홈페이지)

화진포의 성 근처에는 이기붕 별장도 있습니다. 그런데 이기붕(李起鵬)이 누구냐고요? 대한민국 제1공화국의 부통령이었습니다. 🐻

　그는 미국 유학 시절 이승만을 만난 인연으로 대통령 비서실장에 이어 1954년부터는 2인자가 되어 막강 한 권력을 누렸으나, 부정선거를 자행해 자유당 정권이 끝장나는 단초를 제공한 인물입니다. 다만 이 별장은 새로 지은 건물은 아니고, 1920년대에 외국인 선교사들이 사용하던 건물로 해방 이후 서우드 홀 별장처럼 공산당 간부용 휴양소로 사용하던 것을 휴전 이후 이기붕의 부인 박마리아 여사가 개인 별장으로 썼다고 하네요. 박마리아 역시 외국 유학 후 이화여대 부학장, YMCA 회장을 맡으며 프란체스카 여사와의 친분으로 막강한 권력을 누리던 인물이었지요. 하지만 이들 부부는 1960년 4.19혁명이 일어난 지 9일째 되던 날 큰아들 이강석(李康石)이 쏜 총을 맞고 모든 가족이 사망하니, 그후 이 별장은 오랜 기간 방치되다가 1999년 7월에 역사안보전시관으로 재개장했습니다. 다만 건물도 작고 바다나 호수가 보이지 않아 인기가 제일 없다고 하네요. 🐻

이상으로 아름다운 자연을 가진 고성에 남겨진 사연 많은 세 별장을 살펴보았네요.

04
서울
- 사연이 담긴 사찰 이야기
(보문사, 봉은사, 길상사)

서울을 방문하는 외국인이나 외지인들에게는 흔히 경복궁 등 조선의 궁궐, 명동과 강남의 화려한 쇼핑거리, 홍대, 이태원 등 젊은이들의 핫스팟과 롯데월드, 에버랜드, 서울랜드 등의 다양한 테마파크가 널리 알려져 있지만, 서울 도심에서 만나는 이색적인 사찰들도 한번 소개해볼까 합니다. 🐻

서울 보문사의 석굴암

신라의 천년 수도 경주에는 세계적인 문화유산이 많습니다. 그 중에서도 석굴암의 신비는 세계 그 어느 석불보다도 찬연히 빛

나지요. 🐻

그런데 말입니다. 서울에서도 석굴암을 볼 수 있다는 사실을 아십니까? 🐻

보문사 입구 (©조홍석)

서울 성북구 보문동에 위치한 보문사(普門寺)는, 한국불교 정화 개혁 시기에 비구니 스님의 독립적인 권리와 능력을 보장하기 위해 1972년에 세계에서 유일한 비구니 종단으로 출범한, 대한불교보문종의 총본산 도량입니다.

보문사는 지하철 6호선 보문역 1번 출구로 나와 300미터 정도 곧장 걸으면 나옵니다.

이 동네 명칭이 보문동이고, 도로명이 보문로, 근처 지하철역이 보문역인 것은, 다 이 절의 명칭에서 유래한 겁니다. 근데, 사실 지도를 찾아보면 우리나라에 '보문사'라는 이름의 절은 무수히 많이 있긴 해요. 🐻

서울에 위치한 보문사는 고려 예종 시절인 1115년 당진국사가 비구니 스님들의 수련장으로 창건해 지금까지 비구니(여승)를 위한 사찰로 이어져 왔으며, 국가의 안녕과 왕실의 번성을 기원해 왕실의 보호를 받아 조선 영조 23년인 1747년에 첫 중건하고 순조 시기 만세루를 새로 짓고 고종 시절에 좌우 승당을 추가로 수리했는데, 이때 왕실의 시주도 받고 후궁과 상궁 등 궁인들과 사대부까지 불사에 동참했다고 할 정도로 궁중 여인들의 사랑을 받았습니다. 🐻

이후 1928년과 해방 후에도 지속적인 건물 증축이 이루어졌다고 하네요. 그래서 다양한 건물이 어우러져 있는데, 일부 오래된 건물은 일반 사찰과 색상이나 조형이 다르다고 느껴지는데 이는 고려시대 양식을 그대로 유지해 왔기 때문이라고 합니다. 특히 보문사

보문사 가람 배치도, 1번이 석굴암, 3번이 팔각 구층사리석탑, 14번이 극락보전(과거의 대웅전) (출처 _ 보문사 홈페이지)

대웅전은 서울 지역 불교 건축물 중 가장 오래된 건축물이며, 원래는 극락보전(寺極樂殿)이라 불렸으나 일제강점기에 새로 보수하면서 대웅전으로 현판이 바뀌었다는 사실이 2017년에 영조 시절 상량문이 발견되면서 밝혀지죠. 그래서 다시금 현판을 극락보전으로 바꿔 달았습니다.

또한 여러 문화재를 보유하고 있는데, 조선 전기 성종 2년, 1472년에 발간한《묘법연화경(妙法蓮華經)》책자는 보물로 지정되었고, 고종 시절 그린 조선 후기 방식의 붉은색을 많이 쓴

'영산회상도(靈山會上圖)', 부처님께 귀의한 인도와 중국의 신들을 그린 '신중도(神衆圖)', 지장보살과 저승의 심판관을 그린 '지장보살도(地藏菩薩圖)'는 서울시유형문화재로 지정되어 있습니다. 🐻

보문사 석굴암 입구 (ⓒ조홍석)

보문사 석굴암 내부 (ⓒ조홍석)

이처럼 역사와 건축 면에서도 의미가 있는 보문사에는 숨겨진 명소가 있으니, 바로 보문사 석굴암입니다. 🐻

사찰 가장 안쪽에 경주 석굴암을 재현한 보문사 석굴암은, 1970년 8월에 착공해 1972년 6월에 준공했는데, 일부 세부 구조는 다르다고 합니다만 3.8미터 높이의 거대한 석불을 직접 볼 수 있다는 점에서 가볼 만합니다. 🐻

원래는 유리창 앞에서만 내부를 볼 수 있는데, 특별히 스님께 잠시만 내부를 보여 달라고 부탁해서 옆문으로 잠깐 들어가보는 것도 추천드립니다. 사진으로는 표현이 불가능한데 비록 최

근에 만든 석굴이라지만 아래에서 올려다보는 부처님의 모습은 충분히 감동적입니다. 🐻

이 석굴암을 만든 은영스님은 보문사를 다시 일으킨 스님이자 보문종을 창종한 분인데, 인생이 파란만장하시더군요. 1910년에 태어나 아홉 살 나이에 계룡산 동학사(東鶴寺)로 출가해 1920년에 주지 긍탄스님을 따라 보문사로 올라왔지만, 절에서 일하던 자가 전답을 다 팔고 달아나버려 긍탄스님과 함께 탁발로 연명하는 동냥중 생활을 하다가 밥과 나물 장사를 하는 지경에 이르렀다고 합니다. 🐻 그렇게 모은 돈과 주변 시주금을 모아 다시 대웅전을 중창하고 1936년부터 불교 강좌를 열어 많은 비구니를 배출한 끝에, 1945년에 보문사 주지로 취임해 잃었던 절 부지를 다시 되찾죠.

이후 1만 평의 부지를 확보하고 사찰 건물을 재건하면서 호국충효, 남북통일, 국태민안을 기원하며 경주 석굴암을 보문사 경내에 재현했다고 합니다. 또한 1979년에 조성된 팔각구층사리석탑인 '묘보탑(妙寶塔)'은 스리랑카에서 받아 온 부처님의 치아정골사리가 봉안되어 있다고 하며, 절 뒤편 산신각 출입문 오른쪽으로는 산으로 올라갈 수 있는 산책로가 있습니다. 🐻

서울 시내에서 느끼는 경주 석굴암의 향기, 특별하지 않나요? 🐻

빌딩 숲에 둘러싸인 천년 고찰, 봉은사

빌딩 숲에 둘러싸인 봉은사
(©jgmarcelino) (출처 _ 위키피디아)

서울 코엑스 북쪽에 자리한 봉은사(奉恩寺)는 특히 해외 관광객들로부터 찬사를 많이 받는 사찰입니다. 코엑스 복합 단지와 대형 아파트 단지 사이에 위치한 호젓한 사찰이 너무나도 이색적이기 때문일 텐데요.

봉은사는 오해를 많이 받는 사찰이기도 합니다. 2010년 기독교 청년들이 밤에 몰래 땅밟기를 하며 절이 무너지라고 예배를 해 문제가 되었는데, 이들은 "왜 서울 한복판에 이런 큰 절이 있느냐, 이건 특혜다."라고 주장했지요. 하지만 봉은사는 최근에 지어진 절이 아니라 794년 신라 원성왕(元聖王) 시절 연회국사가 창건해 1200여 년이나 된 사찰로서, 창건 당시에는 그저 이곳이 신라 북쪽 시골이었는데, 시절이 바뀌어 빌딩 숲 한가운데에 덩그러니 남아 있게 된 겁니다. 🐻

원래 이름은 견성사(見性寺)였으나 조선시대 들어 성종의 무덤 '선릉'을 지키는 능침사찰이 되면서 절 이름을 '은혜를 받든

다'는 의미의 봉은사로 바꾸었고, 다른 평지 사찰들이 유생들의 방화 등으로 인해 몰락하는 와중에도 조선의 유교를 완성했다고 유림의 추앙을 받는 성종의 무덤을 지키는 능침사찰이었기에 지금까지 무사히 지켜질 수 있었습니다. 절의 입구를 알리는 일주문은 원래 삼성역 남쪽 지금의 대명중학교 자리였고, 봉은사 뒤편 경기고등학교 부지는 물론 코엑스, 옛 한국전력 부지까지 다 합해 10만여 평이 봉은사 토지였을 정도로 거대한 사찰이었지요. 🐻

1925년 을축대홍수 때에는 청호 주지스님이 절의 재산을 털어 배를 구입해 잠실 인근 곳곳에 고립된 주민들을 구조하고 절에 임시 수용하는 선행을 펼치기도 했습니다.

또한 이 절은 조선 전기 시행된 승과(僧科) 과거시험장으로 활용되어 서산대사(西山大師), 사명대사(四溟大師)가 이곳에서 과거시험을 통과했다고 합니다. 🐻

봉은사에는 2개의 보물과 18개의 서울시유형문화재

봉은사 대웅전 목조석가여래삼불좌상, 왼쪽부터 아미타불, 석가모니불, 약사여래 (©조홍석)

가 있는데, 이중 가장 눈여겨볼 곳은 대웅전 내 '목조석가여래삼불좌상(보물 제1819호)'입니다. 1765년 제조된 기록이 남아 있으며 일반적인 대웅전의 배치 방식인 가운데 부처상과 좌우 협시보살이 보좌하는 형태가 아니라 왼쪽부터 아미타불, 석가모니불, 약사여래 순으로 배치해 세 분의 부처님이 함께 모셔져 있어 대웅전의 권위가 대단하다고 할 수 있습니다. 🐻

추사 김정희의 마지막 글씨,
봉은사 판전 현판 (©조홍석)

또한 여러 건물 중 판전 현판에 써진 금색 글자는, 과천에 살던 추사 김정희가 죽기 3일 전에 쓴 마지막 글자로, 마치 아이가 쓴 듯한 천진난만한 글씨체가 여러 의미로 해석되고 있기도 합니다.

코엑스 등 주변의 번잡한 분위기와 달리 경내에 들어서자마자 고요함이 느껴지는 봉은사의 호젓한 분위기는, 종교와 상관없이 바쁜 일상 속 여유를 한껏 느끼게 해줍니다. 🐻

요정에서 사찰로 변신한 길상사

서울 성북동에 위치한 길상사(吉祥寺)는 원래 대원각이라는 대형 요정이었다가 1997년에 사찰로 바뀐 곳입니다. 🐻

기슭에 새워진 까닭에 길상사 경내에는 작은 하천이 흐르고 있어서 봄부터 가을까지 시냇물 소리가 계속 들리고, 천주교 신자인 최종태 조각가가 성모마리아를 닮은 관세음보살

길상사 극락전 (©조홍석)

상을 세웠는데, 혜화동성당의 성모마리아 상이 자매처럼 닮아 묘한 느낌이 듭니다. 🐻

과거에는 지하철 4호선 한성대입구역에서 내려 하루 한두 번 다니는 셔틀버스를 타지 못하면 30여 분 걸어서 올라가야 했으나, 2015년 4월부터 성북02번 마을버스가 바로 절 입구를 지나가 접근성이 한결 좋아졌습니다. 🐻

1950 ~ 1980년대 정·재계 거물들이 드나들던 대원각은 삼청각, 청운각과 함께 3대 요정으로 불렸고, 영화나 드라마에서 보던 고급 기생집의 모델이 될 정도로 유명했는데, 이 요정을 소

유했던 김영한이 말년에 불교에 귀의하며 요정을 사찰로 바꾼 것이지요.

김영한(1916~1999)은 가난한 집에서 태어나 어린 나이에 팔려가다시피 결혼했는데, 남편이 일찍 사망하자 먹고살기 위해 열여섯 나이에 진향(眞香)이라는 이름의 기생이 되었다고 합니다. 당시 그녀를 가르친 이는 조선 왕실에서 궁중아악과 가무를 가르치던 하규일(河圭一)이었기에, 그녀는 뛰어난 궁중무 가무 실력과 잡지 〈삼천리〉에 수필을 낼 정도로 문학성이 있는 기생으로 이름을 알립니다. 1953년에는 중앙대 영어영문학과를 졸업하고 사업 수완을 발휘해 1955년에 성북동 기슭 백인기의 별장이던 터를 사들여 대원각을 세워 요정 정치의 막후 실력자가 되었다고 합니다. 🐻

하지만 명예와는 먼 삶을 살면서 인생의 의미를 곱씹다가 법정스님의 《무소유(無所有)》를 읽고 감명받아, 1987년부터 법정스님에게 대원각 7,000평을 시주하며 절을 세워 달라고 간청합니다. 무려 싯가로 1,000억 원에 이르는 기부를 계속 거부하던 법정스님은 결국 1995년에 청을 받

시주 길상화(吉祥華)의 공덕비가 모셔진 사당 (ⓒ조흥석)

아들어 처음에는 절 이름을 대법사로 등록했는데, 1997년에 조계종 송광사(松廣寺)의 말사로서 길상사라는 이름이 새로 지어졌고 김영한 씨에게 염주 한 벌과 길상화(吉祥華)라는 법명을 줍니다. 🐻

1999년에 김영한 씨가 "나의 유해를 눈이 오는 날, 길상사 경내에 뿌려 달라."고 유언을 남기고 사망한 뒤 화장해 길상사 곳곳에 뿌렸고, 극락전에 영정을 모시고 절 내에 사당과 함께 공덕비를 세워주었다고 합니다.

법정스님 또한 2010년 이 사찰 가장 위쪽 암자 진영각(眞影閣)에서 입적하니, 지금은 법정스님 유물전시관으로 활용되고 있습니다. 그분의 친필과 발간한 각종 서적, 낡을 대로 낡은 승복 등 검소한 일상을 잔잔히 보여주는 유품들이 전시되어 있고,

법정스님 유물전시관으로 쓰이는 진영각
(©조홍석)

법정스님 유골이 모셔진 뜰 (©조홍석)

진영각 오른편 유골이 모셔진 뜰에는 예쁜 꽃이 피어 있었습니다.

특이한 사실은, 법정스님이 출가한 사찰이자 우리나라 불교 사찰 중 가장 많은 16명의 국사를 배출해 불법승(佛法僧) 삼보사찰 중 '승보(僧寶)사찰'로 손꼽히는 송광사가 신라 말기 혜린(慧璘) 선사가 창건할 당시 최초의 이름이 길상사였으니, 그는 길상사에서 출가해 동일한 이름을 가진 또다른 길상사에서 입적하셨다는 겁니다. 🐻

또 법정스님이 입적하기 전 입원했던 병실에 여러 정치가들이 난을 엄청 많이 보내왔다고 하는데, 이건 사실 스님께 큰 실례가 되는 행위였어요. 법정스님을 유명하게 만들고 길상사가 세워지게 한 《무소유》의 내용이 뭔고 하니, 한동안 법정스님이 난초 키우는 재미에 많은 난 화분을 가꾸셨는데 어느 날 이런 난초 사랑도 결국 소유에 집착하는 그릇된 마음인 것을 깨닫고 난 화초를 모두 치워버렸다는 것이 핵심이었으니……, 가장 보내지 말았어야 할 선물이 바로 난이었던 겁니다. 🐻

어쨌거나 복잡한 마음을 다스리고 명상에 잠기고 싶으신 분이면 방문해보길 추천합니다. 저는 낙엽이 떨어지는 비오는 가을이 무척 좋았습니다. 🐻

2부에서는 숨겨진 사연이 숨쉬는 여행지를 알아보았습니다. 뒤이어 3부에서는 오랜 기간 빛을 보지 못한 역사 속 여러 여성들의 흔적이 남아 있는 유적을 소개해보겠습니다.

우리 역사에서 이름 석 자를 남긴 여성은 매우 드뭅니다. 위인의 어머니이거나 군주의 딸인 경우 등을 제외한 일반적인 여성의 삶은 더더욱 기록이 남아 있지 않습니다.

이에 조선시대에 가장 천한 신분이던 기생의 슬픈 사연을 따라가다 보면 우리 역사의 한 단면도 엿볼 수 있겠죠. 낯설지만 감동을 주는 만향, 경춘의 사연과 춘향전의 유래, 그리고 마지막 기생의 흔적을 찾아보았습니다.

3부

아름다운
이름을 남긴
이들을 찾아서

충남 홍성
- 늦게 퍼지는 향기, 만향의 슬픈 사연을 찾아서

슬픈 사연을 한아름 안고 있는 홍성

이름없는 이들의 슬픈 사연으로 처음 소개할 여행지는 충청남도 홍성(洪城)입니다. 강원도 횡성이나 홍천은 어딘지 알겠는데 홍성은 잘 모르신다고요? 잘 모르긴 하죠. 🐻

충청남도 홍성군은 북으로는 서산시, 남쪽으로는 보령시 사이에 위치한 곳으로 인구 9만여 명이 살고 있으며, 꼭 가볼 만한 관광지라 할 곳도 없고 여러 '문화유산 답사기' 등에도 거의 소개되지 않는 지역이긴 합니다. 🐻

충남 홍성군의 가장 첫 번째 슬픈 사연은, 이 지명 자체가 일제강점기에 강제로 바뀐 지명 중 가장 면적이 큰 지역이라는 점

입니다. 🐻

원래 이 지역은 삼국시대에는 운주(運州)로 불리다가 고려 초기인 현종 9년(1018년)에 홍주(洪州)로 이름이 바뀌었는데, 예전에는 제법 큰 고을이었다는 사실을 이 지명 뒤에 붙은 '주(州)'자를 통해 알 수 있어요. 왜냐하면 '주(州)'는 아주 큰 고을에만 붙던 명칭이기 때문이에요.

홍주로 명칭을 정한 1018년은 고려 왕조가 대대적으로 행정구역을 개편한 시기인데, 경상도와 전라도라는 지명이 처음 등장한 해이기도 해요. 당시 구역을 나누면서 해당 지역에서 가장 큰 두 고을의 첫 글자를 따서

홍성군청 건물 앞을 당당히 지키는 홍주아문 (출처 _ ncms.nculture.org)

도 명칭을 정했으니 경주(慶州)와 상주(尙州) 첫 글자를 딴 경상도(慶尙道), 전주(全州)와 나주(羅州)의 첫 글자를 딴 전라도(全羅道)라 이름을 붙인 것이죠. 이후 1395년 조선 태조 4년에 행정구역 개편으로 경기도(京畿道)와 분리되어 충청도(忠淸道)라 불리게 된 이유도 역시, 이 지역에서 가장 큰 두 고을인 충주(忠州), 청주(淸州) 앞 글자를 따서 만들었기 때문이에요. 조선시대 충청도의 4대 고을(四大牧)은 충주, 청주, 공주(公州), 홍주였고, 영조 시절에는 네 고을 모두 6만 명 내외였다고 합니다. 그래서

충주나 청주에서 반란이 일어나면, 청홍도(청주 + 홍주), 홍충도(홍주 + 충주), 공홍도(공주 + 홍주)로 바뀌 불리기도 했을 정도로 도내 4개 고을의 비중이 비슷했다네요. 🐻

하지만 지금의 홍성군은 북쪽 서산시, 남쪽 보령시보다 인구가 적은 상황이 되었음에도, 이런 역사적 연유로 인해 2006년 홍성군 북부와 예산군 남쪽을 합쳐 만든 내포신도시가 충청남도청 소재지로 결정되어 2013년부터 충남의 행정 중심지가 되었지만, 타 지역 사람들은 대부분 잘 모르고 있어요. 🐻

이처럼 큰 고을이던 홍주는 고려, 조선시대를 거치며 여러 차례 행정구역이 바뀌는 와중에도 천여 년 가까이 이름을 유지했지만, 1914년에 조선총독부가 주인 없는 토지를 일본 정부 소유로 바꾸기 위해 전국 토지 조사를 전개하면서 여러 지역을 통폐합하고 기존 지명을 바꾸는 행정구역 개편을 단행하면서, 홍주와 결성(結城)을 합쳐 홍성으로 바꿔버립니다. 🐻

이들이 천년간 이어져 온 홍주 이름을 바꾼 이유가 뭔지 아세요? 일본 발음으로는 공주(公州)와 홍주(洪州) 모두 '고우슈우'라 발음되어 헷갈린다는 것이었답니다. 어이~ 이봐. 그 바람에 지금까지 우린 홍성이랑 횡성(橫城)이랑 홍천(洪川)까지 다 헷갈린단 말이야! 🐻

게다가 홍주에서 활발한 의병활동으로 반일항쟁이 뜨거웠던 터라 그 땅의 기운을 죽이려는 의도도 있었다는 견해도 있습니다. 🐨 실제로 일제강점기 독립운동에서 큰 활약을 펼친 김좌진 장군, 만해 한용운 등 항일운동가 역시 홍성군이 고향이에요. 🐻

이에 홍성군은 '역사 바로 세우기' 차원에서 2018년에 홍주 지정 1000년을 맞아 지명을 홍주로 복원하려 했으나, "내포신도시 개발로 인구가 10만 명이 넘으면 시로 승격될 것이니 홍주군, 홍주시 두 번 바꾸지 말고 한 번에 고쳐서 비용을 아끼자."며 시 승격과 동시에 홍주시로 개칭하기로 하고 일단 연기했지만 아뿔싸……! 인구가 늘어나지 않아 지금도 지지부진한 상황이라고 합니다. 역사를 바로 세워야 하는데 언제나 비용이 문제네요. 🐻

사랑이 이뤄지는 명소로 소문난 '만향의 묘'

서론이 길었네요.

홍성에서 여러분께 소개해드릴 첫 여행지는, 춘향전의 실제 모델이란 착각이 들 정도로 정절을 지키고, 천리 길을 걸어와 생을 마친 한 여인의 자그만한 무덤 '열녀 난향의 묘'입니다.

그런데……, 비석에 새긴 난향(蘭香)은 가리지날 이름입니다. 그녀의 실제 이름은 만향(晚香)이에요. 비록 실제 이름이 아닌 기명(기생 이름)이지만요. 조선 말기, 연인들이 몰래 찾아와 사랑의 언약을 하면 이루어진다고 주변에 소문났던 만향의 묘 이야기가 궁금하지 않으세요? 🐻

사랑의 큐피트로 소문났던
열녀 만향의 묘 (©트로이목마)

그녀의 슬픈 사랑 이야기는 이렇습니다.

때는 바야흐로 1702년 4월 따스한 어느 봄날. 함경도 최대 고을 함흥에 신임 관찰사 황흠(黃欽, 1639~1730) 대감이 부임하게 되면서 과거시험을 준비하던 25세 아들 황규하(黃奎河, 1678~1718)가 아버지와 함께 함흥에 옵니다. 지금으로 치면 도지사 직책인 종2품 고위공무원 아버지를 따라온 고시준비생 아들에게 많은 여인들이 호기심을 가지고 지켜봤겠지요. 하지만 이 도련님은 그만 함흥 관기(官妓) 만향의 미모에 푹 빠져버립니다. 조선 국가공무원 고시 N수생으로서 심신이 지쳐 있던 청년 황규하는, 기생 만향과 신분의 벽 따위는 아랑곳하지 않고 알콩달콩 비밀 데이트를 즐겼고, 결국 장밋빛 미래를 약속했다고 합니다. 👀

조선 후기 때는 사회기강이 문란해지면서 돈과 권력으로 신분을 바꿀 여지가 많았기에 권력을 가진 양반이 마음에 둔 기생이 속한 관청에 돈을 찔러주면 양인으로 신분을 바꿔주고 소실로 삼을 수 있었죠. 그래서 만향은 장밋빛 미래를 꿈꾸었겠지요.

하지만 그녀의 꿈은 어긋나고 맙니다. 황규하의 아버지 황흠 관찰사가 불과 부임 1년 반 만인 1703년 11월에 정2품 한성부 판윤(漢城府判尹, 지금의 서울특별시장)으로 발령받으니, 황규하는 그녀에게 "다시 돌아오겠다."는 약속을 하고 아버지를 따라 한양으로 떠나버리고 맙니다. 🐻

황규하 : "어쩌나, 아버지가 한성부판윤으로 발령났네."

만향 : "그럼 저는 어쩌란 겁니까?"

황규하 : "대치동 족집게 특강 듣고 합격해 데리러 오리다."

만향 : "꼭, 필히, 반드시, 머스트 돌아오셔야 합니다."

황규하 : "오빠 믿지?"

그렇게 황규하와 기약없는 이별을 한 후 만향은 홀어머니를 모시며 님이 다시 오길 기다렸지만, 그녀의 미모에 반한 수많은 나리들이 그녀에게 수청을 들라고 강요합니다. 이에 결국 만향은 마음의 상처가 깊어져 어느날 밤 우물에 뛰어들어 자살을 시도하는데……, 놀랍게도 우물 물이 모두 빠져나가 만향은 혼절한 채 밤을 넘겼다고 합니다.

다음날 아침 물을 뜨러 온 마을 사람들이 두레를 내렸는데 물이 떠지지 않자 이상히 여겨 우물 속을 들여다보고는 깜짝 놀랍니다. 만향이 상처 하나 없이 우물 바닥에 누워 있었던 것이지요. 🐻 이에 만향을 건져내자 다시금 우물에 물이 차기 시작하니, 이 신비한 광경에 관한 소문이 급속하게 퍼지면서 자살하려던 이유가 알려지자, 관리들이 더 이상 그녀에게 수청을 요구하지 않았다고 합니다. 🐻 원래 조선의 관기 기생은 귀빈이 오셨을 때 각종 노래와 춤 등으로 기쁘게 해드리기 위해 조직한 국가 지정 연예인 신분이기에 수청을 강요하는 것은 엄연히 불법 갑질이거든요. 그래서 나리들이 몸을 사린 것이죠. 🐻

함흥성 전경이 담긴 〈북관별과도 (北關別科圖)〉 (출처 _ 국립중앙박물관)

그후에도 어머니를 극진히 섬기던 만향에게 또다

른 기적이 일어납니다. 함흥성 내에 큰 불이 일어나 천여 가옥이 불에 탔는데, 만향의 집만은 사나운 불길이 피해 가니 사람들은 만향의 절개와 효심에 하늘이 감동한 것이라며 감탄해 마지않았다고 하지요. 에이~, 설마 그럴 리가 싶죠? 앞서 이야기한 내용들은 그저 구전되어 온 설화가 아니에요. 🐻

영조 시절인 1757 ~ 1765년에 각 읍의 정보를 모아 발간한 《여지도서(輿地圖書)》 '함흥부 읍지 열녀 편'에, 당시 만향의 사연이 조정에 알려져 정문(旌門, 효자나 열녀 집 앞에 세우던 붉은 문)을 세웠다고 기록되었고, 이후 1866년에는 아름다운 풍속을 널리 알리고자 전국

각 읍의 지도와 상세 정보를 수록한
〈여지도서〉(ⓒ한국민족문화대백과사전)

각지의 일화를 기록한 《희조일사(熙朝逸史)》에도 함경 관찰사의 기록으로 남아 있던 내용입니다. 🐻

이처럼 함흥에서 꿋꿋이 절개를 지키며 은둔 생활을 하던 만향은 그만 어머니를 여의고 마는데, 그때까지도 황규하로부터 아무런 연락이 없자 어느 날 그를 만나야겠다는 결연한 결심을 품고 한양까지 먼 길을 떠나게 됩니다.

그 남자의 사정, 그 여자의 순정

그런데……, "I'll Be Back!"을 외치며 한양으로 간 문제의 남자, 황규하에게는 어떤 일이 있었을까요?

아버지를 닮아 총명했던 그는 부모의 뜻에 따라 안동 권씨 집안 규수와 결혼하게 됩니다. 글쎄요……, 설령 황규하가 미래를 약속한 아가씨가 있다고 이야기를 꺼냈다고 하더라도 고관대작의 아들이 기생이랑 한 약속을 그 어느 부모가 들어주었을까요? 등짝 스매싱을 맞고 끝났을 겁니다. 아니면 그가 나쁜 남자여서 곧장 잊어버렸을 수도요. 🐻

이후 황규하는 아들을 낳았고 만향과 헤어진 뒤 10년 만인 1713년, 35세 나이에 드디어 과거시험에 합격해 홍문관, 사헌부 집의, 춘추관 수찬관 등 3년간 다섯 차례 승진하며 실력을 인정받았지만, 어머니가 돌아가시자 병도 치료하고 어머니 묘를 지키겠다며 가족은 한양에 남겨둔 채 고향인 홍주 홍동면 원천리로 낙향하죠. 하지만 2년 뒤인 1718년에 병으로 숨을 거두니, 그의 나이 불과 40세였습니다. 아버지 황흠 대감이 그후로도 91세까지 이조판서를 지내며 장수한 것에 비하면 너무 짧은 생애였지요. 🐻

그리고 얼마 뒤 만향이 드디어 그 마을에 나타난 겁니다. 만향은 함흥에서 천리 길을 걸어 천신만고 끝에 한양에 도착했지만, 이미 그가 결혼을 했고 충청도 홍주로 낙향했다는 청천벽력 같은 소식을 듣게 되죠. 그럼에도 그의 얼굴이라도 보겠다고 홍성으로 왔을 때는 온 발이 부르터 피범벅이 된 몰골이었다네요. 🐻

하지만 그녀의 그런 노고마저 헛되게, 마을 주민에게서 그가 이미 이 세상 사람이 아니라는 이야기를 듣고는 그 자리에서 혼절하고 말지요. 기가 막힌 만향이 사연을 털어놓으며 황규하의 무덤을 지키도록 해 달라고 간청하니, 그녀를 딱하게 여긴 마을 사람들이 움막을 지어주고 시묘살이를 하도록 도와줍니다.

이에 산소 옆을 지키며 매일같이 통곡하던 며칠 뒤, 더 이상 곡소리가 들리지 않자 이를 의아하게 여긴 마을 사람들이 황규하의 묘에 찾아갔는데……, 그들이 본 것은 나무에 목을 맨 만향이었습니다. 이에 이 절절한 사랑을 안타까이 여겨 황규하의 묘 옆에 만향의 무덤을 만들어 쌍분을 만들어주었고, 저승에서라도 부부의 연을 맺게 하려는 마지막 배려였겠지요. 아마도 만향은 사랑하던 님 옆에 나란히 있게 되어 행복했을 겁니다. 🐻

하지만 그 기쁨은 오래가지 못했으니, 30년 뒤 황규하의 부인이 사망하자 황규하의 아들이 경기도 고양에 모신 어머니 묘소와 합치기 위해 아버지의 관을 이장하러 온 것이죠. 마을 주민들은 만향의 관도 같이 이장해 가기를 요청하지만, 아들로서는 도저히 받아들일 수 없었습니다.

결국 황규하의 관만 운구하던 날, 사람들이 안타까워하며 지켜보던 중 또 한 번 믿지 못할 광경이 펼쳐집니다. 만향의 무덤에서 무지개가 솟아올라 상여를 뒤따라가는 게 아닙니까? 🐻 이에 마을 사람들은 만향의 영혼이 무지개로 변해 황규하를 따라간 것이라 여기게 됩니다. 🐻

이후 만향의 무덤이 있는 언덕은 '무지개 말랭이(언덕)'라 불리게 되고, 아름답고도 슬픈 사랑 이야기가 입에서 입으로 전해지니, 이후 '만향의 묘 앞에서 사랑을 맹세하면 사랑이 이뤄지고 이 맹세를 어기면 벌을 받게 된다'고 전해져 젊은 연인들이 몰래 찾아와 무덤 앞에서 맹세를 하고는 했다네요.

> 썸남 : "자기야. 사랑을 맹세하면 이뤄진다는 조선판 인스타 핫스팟 만향의 묘에 가자."
>
> 썸녀 : "어머. 나는 아무것도 몰라~. 오홍홍홍."
>
> 썸남 : "일루 와. 오라버니 믿지?"
>
> 썸녀 : "오빠. 배신하면 어찌되는지 알지? 만향처럼 무지개 귀신이 되어서도 저주할 거야!"

이처럼 고향 함흥에서 효심 가득한 열녀로 기록되었지만 이후 비극적으로 끝난 만향의 생애는, 인근 지역에서만 전해져 오던 중 민속학자 이능화(李能和)가 채록해 1927년에 발간한《조선해어화사(朝鮮解語花史)》를 통해 알려지게 되는데, 그가 정리한 기생 일화 중 만향이 가장 극적인 사례로 평가받고 있어요.

현재 그 묘는 다행스럽게도 중원마을 창원 황씨 집안 사람들이 매년 제사를 지내고 있을 뿐 아니라, 1993년에는 제단과 비석을 세워 오늘에 이르고 있다고 합니다.

그런데……, 이 만향의 무덤 앞 비석에 적힌 글씨에는 어찌된 일인지 앞서 소개했듯이 '열녀(烈女) 난향(蘭香)의 묘(墓)'라고 잘못 적혀 있어요. 🐻

기생들의 사연을 담은 〈조선해어화사〉 (ⓒ한국민족문화대백과사전)

이는 비석을 세울 당시, 기록이 남아 있는 걸 모른 채 그저 마을에서 예전부터 '평양에서 온 기생 난향'이라고 잘못 전해진 이야기만 듣고 만들었기 때문이라고 하지요. 아마도 북쪽 사투리를 쓰는 기생이었으니 세월이 지나면서 기생이 예쁘기로 유명했던 평양 출신이라고 오해했을 것이고, 이름 역시 발음이 비슷한 난향이라고 잘못 기억되었을 겁니다.

어떠신가요? 조선시대에 가장 낮은 계층으로 태어나 극적인 삶을 살다 간 한 여인이 뒤늦게나마 아름다운 이름을 알리게 되었으니, 비록 그녀의 본명은 전해지지 않으나 기녀로서 만든 이름, 만향(晚香), '늦게 퍼지는 향기'가 마치 자신의 운명을 미리 내다본 것 같다는 생각이 듭니다. 🐻

최근 홍성군 출신 예술인들이 이 아름다운 이야기를 널리 알리고자 2015년 김정헌 작가는《홍성의 전설이 된 함흥기생 만향》책자를 발간하고, 2018년 홍성 지역 극단 '치우미르'에서 '만향, 꽃잎 바람에 흩날려 옷깃 여미네'라는 연극을 무대에 올렸으나 아직까지는 널리 알려지지 않고 있네요.

또한 현재 그 묘소 주변에 소를 키우는 농장이 있어 분뇨 냄새가 나고 마을 주민이라고는 노인들만 남아 더 이상 묘소 관리가 어려운 상황인데, 군청의 도움마저 받지 못하고 있어 비석 문구를 고치는 것도 현실적으로 어려운 상황이라고 하네요. 🐻 이에 역사 바로 세우기 운동을 활발히 전개 중인 홍성군에서 숨겨진 지역 명소인 만향 묘소 관리를 지원해주고 그분의 넋을 다시 한번 위로해주시길 요청드려봅니다.

만향처럼 절개를 지킨 기생은 한둘이 아니었고 다행히 그 뜻을 살려 아름다운 이름을 전하는 유적이 늘어나고 있습니다.

그들을 찾아 이제 강원도 영월로 가보시죠.

┨ 충남 홍성에서 가볼 만한 곳 ┠

앞서 볼 곳이 별로 없다고는 했지만……, 오랜 역사를 자랑하는 만큼 홍성군에도 역사적 유적이 많습니다. 🐻

● 홍주읍성 (충남 홍성군 홍성읍 오관리 412-6)

홍주읍성 전경 (©해외문화홍보원) (출처 _ 위키피디아)

홍주성역사관에 비치된 1872년
홍주읍성 옛모습 지도 (©트로이목마)

홍성에서 가장 먼저 눈에 띄는 유적은 홍성군청을 둘러싼 홍주성입니다. 현재 정식 명칭은 지금의 행정구역을 반영해 홍성 홍주읍성(사적 제231호)이지만, 역사적으로 이 성은 홍주성이기에 그리 불러야 마땅합니다.

과거 후삼국시대 왕건(王建)과 견훤(甄萱)이 전투를 벌인 운주성(運州城)이 바로 이곳 홍성이었다고 하지요. 지금의 홍주성은 정확한 첫 축성 기록은 없으나 왜구를 막기 위해 고려말 조선 초기에 축성되어 여러 차례 증축되었으며, 임진왜란, 이몽학의 난, 천주교 박해, 동학농민전쟁, 항일 의병 전투 등 수많은 역사적 사건이 벌어진 곳입니다. 🐱

특히 을사늑약에 항거해 1905년 전국에서 궐기한 을사의병 중 일본군과 가장 치열하게 싸운 현장이 바로 이 홍주성입니다. 1906년 5월 20일, 이조참판을 지낸 민종식(閔宗植)이 주도한 600여 의병이 대포 2문을 앞세우고 홍주성을 점거하지만, 일본군은 한양 주둔군까지 동원하여 5월 31일에 반격하니 화력과 전술 차이를 극복하지 못해 결국 동문, 북문과 주변 성벽이 무너지자 퇴각할 수밖에 없었던 슬픈 역사의 현장입니다. 성곽 전체 길이는 1,772미터였고 일제강점기에 관아 건물들과 함께 성벽이 철거되었다가 현재 남쪽 810미터 성곽과 남문 홍화문(洪化門)이 복원되었습니다. 이 성곽을 따라 홍주성역사공원이 조성되어 있고, 공원 내 홍주성역사관(1월 1일, 설날, 추석, 매주 월요일 휴관)이 있습니다. 지금도 복원 중이라고 합니다. 🐻

● 홍주의사총 (충남 홍성군 홍성읍 대교리, 의사로 79, 사적 431호)

홍주의사총 (©korearoadtour) (출처 _ 위키피디아)

1949년 홍성군청과 홍성경찰서가 홍주성 북문 건너 월계천 공터에서 식목일 기념 식수 행사를 하던 중, 나무를 심고자 삽으로 판 자리에서 대량의 유골이 나와 모두 놀랐다고 하지요. 이에 확인해본 결과 1906년 홍주성 전투에서 일본군이 부상당했거나 항복한 의병을 대량 학살한 뒤 한데 묻은 곳이라는 사실을 알게 되었습니다. 시신을 수습하고 묘역을 단장하여 처음에는 900의총이라 불렸으나, 2001년 사적 제431호로 지정되며 홍주의사총으로 명칭이 확정되었고 묘 동쪽에 창의사 사당, 홍주의병기념탑을 세워 그분들의 넋을 기리고 있으니, 가슴 아픈 역사의 현장입니다. 🐻

● 조양문

조양문 (출처 _ 문화재청)

홍주성역사공원 바로 근처 사거리에 있는 홍주성 동문 조양문(朝陽門)은, 조선 초기 건축물로서 흥선대원군(興宣大院君)이 이름을 하사했다고 합니다. 당시 흥선대원군이 홍주를 시찰하면서 "이 아름다운 성문의 이름이 뭐냐?"고 물었는데 관리가 이름이 없다고 답하자 즉석에서 '아침 햇살이 들어오는 문'이라는 의미로 조양문이라고 이름을 지어주었다고 합니다. 그러고 보니……, 홍성은 예전부터 지역 브랜드 홍보에 약했나 봅니다. 🐻

당초 홍주성에는 동서남북 네 개의 성문이 존재했는데, 다른 세 성문은 일제에 의해 철거되었으나 조양문은 주민들의 극렬한 반대로 겨우 살아남아 지금에 이르고 있으며, 홍주성 전투 당시 일본군 포탄 자국이 아직도 선명히 남아 있다고 합니다.

● 김좌진 장군 생가 및 백야박물관 (충남 홍성군 갈산면 행산리 335-1)

김좌진 장군 생가(위) (출처 _ 홍성군청 홈페이지)
백야박물관(아래) (출처 _ 홍성군청 홈페이지)

청산리대첩에 빛나는 김좌진(金佐鎭) 장군 생가와 장군비, 백야기념관, 장군의 일생을 묘사한 동상들이 있습니다. 1991년부터 성역화 작업이 시작되어 기와집(정면 8칸, 측면 3칸)이 복원되고 전시관이 건립되었습니다. 매년 10월 25일 청산리전투 전승기념일에 추모제가 열린다고 합니다. 🐻

● 한용운 선생 생가 및 만해문학체험관 (충남 홍성군 결성면 성곡리 491)

만해문학체험관 (출처 _ 홍성군청 홈페이지)

1992년에 생가(정면 3칸, 측면 2칸)가 복원되었고, 그 옆으로 2007년에 '만해문학체험관'이 건립되어 60여 점의 유물이 전시 중입니다. 2023년 3월부터는 해당 지역을 재단장해 '한용운 생가지역사공원'으로 운영 중입니다. 다만 1985년에 먼저 세워진 한용운 선생 동상은, 홍성군청 근처에 있어 생가와는 거리가 제법 떨어져 있습니다.

어떠신가요? 여행지로 그다지 주목받지 않는 홍성에도 많은 이야기가 숨어 있네요. 결론은 "지역 홍보 좀 잘합시다, 홍성군!"입니다. 🐻

02

강원 영월
- 낙화암에 얽힌 사연들과 기생 경춘 이야기

앞서 만향의 묘처럼 슬픈 사연을 가진 유적이 몰려 있는 곳으로는 강원도 영월 낙화암을 손꼽을 수 있습니다.

영월 금강정과 낙화암 (©트로이목마)

웅? 낙화암은 부여에 있는 거 아니냐고요? 🐻

낙화암이라고 하면 대부분 백제가 멸망할 때 삼천 궁녀가 뛰어내렸다는 충남 부여 낙화암을 떠올리겠지만, 강원도 영월에도 낙화암이 있습니다. 영월 낙화암(落花巖)은 단종(端宗)이 승하했다는 소식을 들은 시녀 등 90여 명이 강으로 뛰어내려 붙여진 이름인데, 이 동강 절벽에는 그밖에도 구구절절한 사연을 가진 비석이 줄줄이 서 있습니다. 🐻

영월 낙화암을 보려면 영월군 금강공원 맨 안쪽까지 가야 합니다. 주차장을 지나 공원 산책로 초입에는 국토교통부 공모사업을 통해 에코스튜디오로 재단장한 광장을 지나 길이 갈라지는데, 오른쪽 길로 가면 2006년도 영화 '라디오스타' 박물관(옛 KBS 영월방송국)이 있고, 반대편 길로 가면 6.25전쟁 당시 순국한 국군장병 및 경찰 충혼탑에 이어 영

금강공원 종합안내판
(ⓒ트로이목마)

월 출신의 여러 인물들의 비석이 즐비하게 늘어서 있고, 그 끝에 낙화암이 나옵니다.

그 비석 중에는 단종을 따라 관직을 버리고 낙향한 군위현감 정사종(丁嗣宗) 충의비, 방랑시인 김삿갓의 호 '난고(蘭皐)'를 딴 난고시비(蘭皐詩碑)에 이어, 2003년 남극 세종기지에서 순직한 의사자 전재규(全在奎) 연구원 추모비가 있고, 더 가면 세종대왕 때 만들었다는 정자 금강정(錦江亭)이 나옵니다. 금강(錦江, 비단 강)은 동강의 또다른 이름이며, 이 정자로 인해 공원 명칭이 금

강공원이 된 것이죠. 🐻

이 정자 뒤로 낙화암에서 떨어진 단종의 시종, 시녀들을 기리는 민충사(愍忠祠) 사당이 있고, 산책로 끝부분에 낙화암이라는 표지석과 낙화암 순절비(殉節碑)가 나란히 서 있습니다.

그리고 그 옆에는 영조 시절 정절을 지키려 뛰어내린 16세 기생 경춘(瓊春)을 추모하는 '월기경춘순절지처(越妓瓊春殉節之處)' 순절비가 지금도 자리를 지키고 있으니, 참으로 사연이 다양하게 많은 유적들이네요.

그중, 세 가지 사연을 비석 순서에 따라 소개해볼까 합니다.

남극에 바친 청춘, 의사자 전재규 연구원 추모비

굉장히 오래된 유적처럼 보이는 전재규 연구원 추모비
(©트로이목마)

파란만장한 삶을 살다 간 김삿갓 난고시비를 지나면 2003년 남극 세종과학기지에서 동료 대원들을 구하려다 순직한 전재규(1976~2003) 연구원 추모비가 나옵니다.

남극은 그 어느 나라도 소유권을 주장할 수 없는 공용지역이지만, 세계 각국은 과학기지를 건설해 미래 자원 확보를 위해 치열하게 경쟁하고 있는 곳입니다.

우리나라는 1985년에 '남극해양생
물자원 보존협약(CCAMLR)'에 가입한
후 극지 연구를 시작합니다. 1988년에
남극 세종과학기지를 준공한 데 이어,
2002년에는 북극해에 있는 노르웨이
스발바르제도(Svalbard Is.)에 다산과학기
지를 세우고, 2014년에 남극에 두 번째
로 장보고과학기지를 건설하면서 세 극

2016년 새로 단장한
남극 세종과학기지 모습
(출처 _ ㈜우일 홈페이지)

지방 연구소에 연구원을 파견하여 기상, 지질, 해양 등 각종 연구
를 수행 중입니다. 🐻

그러던 중 2003년 12월 7일에 비극적인 사건이 발생합니다.
16차 월동대원 24명을 귀국시키기 위해 2대의 고무보트(세종
1, 2호)로 비행기 착륙이 가능한 칠레 기지에 이들을 데려다놓
은 뒤 복귀하다가 세종2호 보트가 블리자드(눈폭풍)와 마주친
겁니다. 이에 3명의 대원이 "인근 중국 장성기지로 가겠다."는
연락을 끝으로 더 이상의 통신이 안 되었다고 합니다. 본부에서
는 중국 장성기지에 연락해보지만 "한국 대원이 오지 않았다."
는 답변을 듣게 되죠. 이에 영하 20도에 바람이 거센 날씨였음
에도 4명의 대원이 이들을 구조하겠다고 세종1호 고무보트를
타고 찾아나섰다가 거친 파도에 그만 전재규 대원이 바다에 빠

지고 맙니다. 통신장비를 붙잡고 있느라 보트를 제대로 꽉 잡고 있지 못했다나요. 🐻

결국 험한 파도로 인해 바다에 떠다니던 구조대원들과 그의 시신은 러시아 구조대에 발견되었고, 처음 조난당한 세 대원이 탄 세종2호 고무보트는 칠레 공군 구조단이 구해주었지요.

사고 직전 전재규 대원 등이 출동하던 장면은 마침 남극 다큐멘터리를 찍던 방송사 취재팀에 찍혔는데, 그것이 그의 마지막 모습이 되고 맙니다. 🐻

이후 그의 유해 안장에 대해 또다시 논란이 생깁니다. 전재규 연구원은 국민훈장 석류장이 추서되고 부모님은 보상금 4억 원을 받지만, 그 금액을 전부 전재규 연구원의 모교인 서울대학교 (영월고 졸업 후 서울대학교 대학원 지구환경과학부 지구물리학 전공)와 소속기관인 한국해양연구원에 기증하면서 아들이 동료를 구하려다 사망한 의사자이니 국립현충원에 안장되길 바랐으나 정부는 기준에 맞지 않는다고 거절한 겁니다. 이에 영월의 한 사찰에 봉안되었다가 4년 뒤인 2007년에야 기준이 바뀌면서 비로소 국립대전현충원

국립대전현충원으로 옮겨진
의사자 전재규 (ⓒ국립대전현충원)

에 안장될 수 있었습니다. 🐻

이에 영월군은 영월 출신의 이 젊은 과학자를 추모하는 비석을 금강공원 내에 세워 그의 넋을 기리고 있습니다.

안타까운 점은, 전재규 대원의 사망은 막을 수 있는 비극이었다는 것입니다. 해외 다른 나라의 남극 과학기지들은 다 보유하고 있던 쇄빙선이 당시 우리나라 기지에는 없어서 그 험한 바다를 고무보트를 타고 다녔던 겁니다. 게다가 당시 운용 중이던 보트에 GPS 장비도 갖추고 있지 않아 실시간 위치도 파악이 안되는 열악한 상황이었다는 것이죠. 우리보다 경제 사정이 열악한 칠레, 우크라이나 등 외국 연구원들조차 대한민국 연구소의 인프라 현황을 도저히 이해하지 못했다고 합니다. 🐻

마침 남극 세종기지를 다큐멘터리로 찍던 방송사 영상을 통해 이런 열악한 상황에서 전재규 대원이 사망했다는 사실이 알려져 여론이 들끓자 그제서야 쇄빙선을 만들기로 결정해, 드디어 2009년에 우리나라 첫 쇄빙선이자 지금도 유일한 아라온호가 출항하게 되고, 한국해양연구원의 일부이던 극지연구부가 한국극지연구소로 승격됩니다. 🐻

그런데 현재 극지 과학기지가 3곳으로 늘어났지만 한 과학기지당 1척씩 쇄빙선을 보유하고 헬리콥터도 운영 중인 다른 국가와 달리, 여전히 아라온호 하나로 여름에는 북극으로 겨울에는 남극으로 왕복 운행하고 있습니다.

국내 최초이자 아직까지 유일한 쇄빙선 아라온호 (출처 _ 극지연구소 홈페이지)

전체 경제력으로는 세계 10위권의 선진국에 진입한 자랑스러운 대한민국이지만, 열악한 환경에서 고군분투하는 영역이 여전히 많습니다. 필요한 곳에는 충분한 인력과 예산을 지원함으로써 전재규 연구원처럼 억울하게 안타까운 생명이 희생되는 일이 없도록 계속 관심을 기울여주길 간절히 기원합니다. 🐻

민충사와 낙화암 순절비 : 동강에 몸을 던진 단종의 궁녀들

이제 영월 낙화암의 유래가 된 단종의 승하 소식에 절벽에서 뛰어내린 이들의 슬픈 사연을 이야기해야겠네요.

이곳이 낙화암이라 불리게 된 것은, 1457년 10월 단종이 승하했다는 소식을 들은 궁녀 등이 이 절벽에서 뛰어내렸기에 그 뜻을 기리기 위해서였습니다. 🐻

영월에서 전해지는 이야기로는, 단종이 영월로 유배될 때 궁녀와 관리인, 종인 등 6명이 몰래 따라왔다고 합니다. 궁궐에서 일하는 이들은 임금의 명 없이 임의로 다른 곳으로 갈 수 없었기에 엄연히 국법을 위반하는 죄를 범한 것이지요. 🐻

낙화암 순절비 (©트로이목마)

이들은 청령포에서 현지 주민들과 함께 단종을 모셨는데, 단종이 사약을 받을 당시 관풍헌에서 쫓겨나 있던 그들은 승하 소식을 듣고는 동강 절벽에 올라가 뛰어내렸다고 합니다. 당시 천민이던 무녀에 이르기까지 따라 죽은 이가 90명이나 되었으며, 그날 비바람이 불고 번개가 치는 등 하늘마저 슬피 울었다고 전해지고 있습니다. 🐻

다만, 《조선왕조실록》에는 이 시기 궁인들이 사라졌다는 기록이 없어 민간 전설이 아니냐는 의견도 존재합니다만, 왕실 족보에서도 기록을 삭제하고 시신도 방치할 정도로 외면했던 세조(世祖) 일파가 작성한 사료가 정확하다고 장담하기는 어려워 보입니다. 실제로 영월 주민들은 조선 조정이 외면하던 기간에도 단종의 무덤을 지켰고, 이 절벽에서 뛰어내린 이들의 넋을 기린 바 있기에, 비록 인원수는 오류가 있더라도 엄연히 존재했던 사실이 아닐까 합니다.

잘 아시다시피 당초 세조는 조카를 잠시 상왕으로 추대했다가 노산군(魯山君)으로 강등했기에 《조선왕조실록》 역시 처음에는 《단종실록(端宗實錄)》이 아닌 《노산군일기(魯山君日記)》라고 표기합니다. 이후 숙종 대가 되자 사림파가 주도권을 잡은 상황에서 과거 훈구파가 저지른 악행을 바로잡겠다며 노산군을 정식 군주로 복원, 추존하게 됩니다. 숙종 7년(1681년)에 노산대군으로 승격한 뒤, 결국 숙종 24년(1698년)에 단종으로 추대하니, 241년 만에 재평가가 이루어진 겁니다. 🐻

영월 민충사 (출처 _ 문화재청)

그리고 난 후 50여 년 뒤에는 낙화암에서 생을 마친 이들을 기리고자 낙화암 근처에 민충사 사당과 순절비를 세운 것이 지금에 이르고 있습니다. 민충사는 원래 단종을 따라 죽은 이들을 기려 주민들이 그들의 넋을 달래고자 만든 단(壇)이 있던 곳인데, 1749년 영월군수가 사당을 세우고 9년 뒤에 영조가 민충이라는 이름을 하사했다고 합니다. 지금도 매년 절기 한식(寒食)과 단종이 승하한 10월 24일에 제사를 올리고 있다고 하네요. 순절비 역시 이 시기에 건립되었을 것으로 여겨집니다.

동강에 몸을 던진 영월 기생, 경춘

단종의 승하 소식에 몸을 던진 비극이 일어난 후 315년 뒤, 또한 번의 비극이 낙화암에서 벌어지니, 앞서 소개한 난향만큼 슬픈 기생, 경춘의 사연이 비석으로 기록되어 있습니다.

영조 시절인 1756년에 태어난 경춘(瓊春)은 원래 임진왜란 때 의병장으로 활약한 고경명(高敬命)의 후손인 양반가의 딸, 고노옥(高盧玉)이었습니다. 하지만 8세 때 부모가 한꺼번에 돌아가시고 의지할 곳이 없어 결국 관아에 소속된 기생이 되는데, 10세 이전에 이미 동서고금의 경서를 읽을 줄 알았고 1년 만에 춤과 노래를 통달해 당시 영월 일대에서 화제가 되었다고 합니다. 🐼

그녀 나이 16세인 1772년, 영월부사로 부임한 이시랑(李侍郞)이 매우 아껴 그녀의 머리를 올려주었는데, 이후 그가 한양으로 복귀한 뒤 후임 부사 신광수(申光洙)가 그녀에게 수청을 요구하지만, 이에 불응하다가 수차례 볼기를 맞아 거의 죽을 지경이 되었답니다. 이에 더 이상은 버틸 수 없다고 여긴 10월 어느 날, 예쁘게 옷을 차려 입고 관아에 가서 "수일만 시간을 주신다면 병난 몸을 잘 고친 뒤 원하는 바를 들어드리겠다."고 말하고 시간을 번 뒤, 다음날 아버지 묘소를 찾아가 하직 인사를 하고 기방 동생들의 머리를 빗어주며 작별을 고했다고 하네요. 그리고 동강 낙화암 절벽 위에 올라가 노래 몇 수를 부른 후, 따라온 동생은 돌려보낸 뒤 강물에 뛰어들어 자결하고 맙니다. 뒤늦게 소식을 듣고 찾아온 집안 사람이 시체를 건졌는데 옷 속에 꿰맨 자리가 있어 뜯어보니 이시랑이 쓴 편지였다고 합니다. 🐻

월기경춘순절지처 비석
(ⓒ트로이목마)

현재 이곳 낙화암에는 그녀의 정절을 기리는 '越妓瓊春殉節之處(월기경춘순절지처)'라는 순절비가 세워져 있으니, 비석 첫 두 글자 월기(越妓)는 영월이 월주(越州)로도 불렸기에 영월 기생이라는 표현 대신 쓴 것이라 '월주(영월) 기생 경춘이 순절한 곳'이라는 의미입니다.

순절비는 그녀가 죽은 지 23년이 지난 정조 19년(1795년)에 강원도순찰사 손암 이병정(李秉鼎)이 이 이야기를 듣고 그녀의 절개를 높이 평가하며 자신의 봉급을 털어 비석을 세우게 하니, 평창군수 남희로(南羲老)가 비문을 짓고 영월군수 한정운(韓鼎運)이 글씨를 써 오늘에 이르고 있습니다.

또 그 옆에는 경춘의 생애를 묘사한 동상 셋이 최근에 세워졌는데, 영월의 또다른 명소로 부각시키려는 영월군의 노력이 엿보입니다. 다만, 당시 새겨진 비석에는 영월부사 이시랑과 연을 맺은 것으로 되어 있는데, 현재는 영월부사의 아들인 이수학(李秀鶴)과 연을 맺은 것

경춘의 일생을 묘사한 동상 (ⓒ트로이목마)

으로 알려지고 있어 어떤 것이 더 정확한 사실인지는 알 수가 없네요. 🐻

　17세 나이에 억울하게 죽은 단종과 절벽에 몸을 던진 시종, 시녀들에 이어 315년 뒤 16세 나이에 절벽에서 뛰어내린 경춘, 그후 230여 년 뒤 차가운 남극 바다에 못다한 꿈을 남긴 전재규 연구원의 한을 품은 채, 오늘도 동강은 말없이 흘러갑니다. 🐻

● **청령포** (강원도 영월군 남면 광천리 산 67-1)

탈출이 불가능한 육지 속 섬 청령포
(©조홍석)

삼촌에게 왕위를 빼앗기고 노산군으로 강등된 단종이 유배된 청령포(淸泠浦)는 영월을 대표하는 관광지입니다. 남쪽으로는 험한 절벽에 막혀 있고 동서북쪽은 서강이 둘러싼 육지 속의 섬 지형이라서, 차를 주차한 뒤 입장료를 내고 배를 타고 들어가야 합니다.

소나무 숲이 우거진 아름다운 풍경이지만 막상 단종이 기거했다는 거처에서 주변을 바라보면, 코앞에 빤히 육지가 보이는데 배 없이는 그 좁은 곳을 벗어날 수 없다는 사실에 숨이 턱 막히지요. 단종은 이곳을 육지고도(陸地孤島, 육지 속의 섬)라고 표현했을 정도로 천연의 감옥입니다. 세조가 단종의 복귀를 꾀하던 사육신(死六臣) 등을 무참히 처형한 계유정난(癸酉靖難) 이후, 단종이 두 번 다시 한양으로 오지 못하도록 선택한 곳이 왜 여기였는지 단번에 알 수 있는 거지요. 🐻

현재 이곳에는 단종이 거처했다는 처소, 시녀 등이 거처했던 사랑채 등이 복원되어 있는데, 다만 안타까운 것은 복원한 처소 안에 마네킹으로 사복을 입은 단종과 시녀 모형을 전시했는데 영~ 어색해 차라리 없는 편이 낫다고 여겨지네요. 🐻

천연기념물 관음송
(ⓒ조홍석)

단종이 승하한 영월 객사 관풍헌
건물 (ⓒ한국민족문화대백과사전)

거처 근처 낮은 언덕에 오르면 어머니를 그리워하며 단종이 직접 돌을 쌓아올렸다는 망향탑(望鄕塔)도 남아 있으며, 천연기념물 제349호로 지정된 관음송(觀音松) 소나무가 우람한 자태로 서 있습니다. 30미터 높이에 둘레가 5.2미터인 이 나무는, 현재 우리나라 소나무 중 가장 키가 클 뿐 아니라 나이는 600년이 넘는 것으로 파악되기에 단종이 머물렀던 당시에도 그 역사의 현장을 지켜본 터라 '단종의 울음 소리를 들은 소나무'라는 의미로 관음송이라 부르고 있습니다.

다만 많은 이들이 단종이 청령포에서 생을 마쳤다고 아는데 그건 가리지날! 1457년 6월에 유배온 뒤 두 달여 만에 홍수가 나서 청령포가 침수될 위기에 처하자 영월 객사인 관풍헌(觀風軒)으로 옮겨졌다가 그곳에서 10월에 사약을 받게 됩니다. 🐻

● 장릉(사적 제196호, 유네스코 지정 세계문화유산, 강원도 영월군 영월읍 영흥리 1086)

장릉 (출처 _ 문화재청)

영월에 와서 청령포만 보고 가는 경우가 많은데, 청령포에서 차로 5분 거리에 위치한 단종의 무덤인 장릉(莊陵)도 보기를 권해드립니다.

조선 임금의 묘소 중 서울과 경기권을 제외하고 유일하게 강원도 영월에 자리한 단종의 무덤인 장릉 또한 기구한 사연을 품고 있습니다.

당초 사약을 내린 세조는 "임금 자리를 탐낸 대역죄인이니 시신을 거두지 말라."고 명을 내렸다지요. 이때 영월 관아 호방이던 엄흥도(嚴興道)가 세 아들과 함께 강에 던져진 단종의 시신을 거두니, 참으로 목숨을 건 충절이었습니다.

영월에 내려오는 이야기로는 당시 시신을 업은 엄흥도와 아들들은 눈이 쌓인 언덕을 올라 어디에 무덤을 써야 할지 고민하던 차에 노루 한 마리가 양지 바른 언덕에 앉아 있다가 떠나는 것을 보고 그 자리가 길지(吉地)라 여겨 묘소를 마련한 곳이 현재의 장릉이라고 합니다. 🐻

다른 기록에는 엄흥도가 묘소가 훼손될 것을 우려해 관청에서 쉽게 찾지 못하도록 민가 무덤들 사이에 몰래 묘소를 마련했기 때문에 동

눈이 쌓이지 않는 양지 바른 저 곳에 모시겠습니다.

영월 장릉

→ 관아 호방, 엄흥도

단종

네 사람들이 그 무덤을 기억하고 기리고 있었다고 하나, 현재 장릉 주위에는 다른 무덤이 없는데 이는 1541년(중종 36년)에 부임한 영월군수 박충원(朴忠元)이 단종의 무덤을 수소문하여 주변을 정리했던 것으로 여겨집니다.

그동안 방치했던 단종의 묘소를 재단장한 데에는 믿기지 않는 이유가 있습니다. 실제 기록으로도 1540년부터 1년 사이 영월군수로 온 세 군수가 잇달아 죽었다고 나오는데, 영월 주민들은 단종의 혼령이 저주를 내리는 것이라 여겼다고 합니다. 이에 아무도 영월군수로 가려 하지 않았는데 두 달 뒤 드디어 용기 있는 자가 등장하니, 박충원이라는 분이 자청하여 영월군수로 부임한 뒤 단종의 능을 수소문해 제문(祭文)을 짓고 정성스레 제를 올린 후에는 6년간 별탈없이 지냈다고 합니다. 심지어 그 제문이 지금까지도 전해지고 있지요. 이외에도 단종의 넋이 태백산 신령이 되었다고 믿어 영월에서 태백산에 이르는 곳곳마다 단종을 수호신으로 삼은 서낭당이 10여 군데에 이르고 있을 정도입니다. 🐻

그후 1580년(선조 13년)에 이르러 상석과 표지석, 문인석, 석마 등 유물을 세워 위엄을 갖추게 되고, 1698년(숙종 24년)에야 단종이라는 묘호와 함께 장릉이라는 묘칭을 받아 정식 왕릉이 됩니다.

장릉은 경사진 언덕 위에 있어 제사를 모시는 정자각이 정면이 아니라 옆으로 비스듬히 자리해 왕릉의 격에 맞지 않아 당시 조정에서는 단종의 묘소를 한양 인근으로 이장하려 했으나, 지관(地官)이 이 장소 역시 명당이라 진언하여 그대로 두었다고 합니다.

또한 왕릉에는 문무백관(文武百官) 석상이 마주보고 배열해 있어야 하지만 장릉에는 문인석(文人石)만 존재합니다. 당초 선조 대에 석조 유물을 세울 당시만 해도 왕릉이 아닌 노산군 무덤이었기에 왕권의 절대적인 권력을 상징하는 무인석을 두지 않은 것이지만, 이후 숙종 대에 왕으로 복권된 뒤에도 작은 아버지의 무력에 굴복당하고 억울하게 생을 마감한 군주였기에 칼을 찬 무인석을 두어 영령의 심기를 불편하게 하지 않도록 그대로 두었다고 하네요. 🐻

● 난고김삿갓문학관 및 김삿갓의 묘 (강원도 영월군 김삿갓면 와석리 913)

삿갓 지붕을 씌운 난고김삿갓문학관
(출처 _ 난고김삿갓문학관 홈페이지)

좀 기괴한 김삿갓 조각상. 노홍철
인 줄……. (출처 _ 한국관광공사)

1982년 김삿갓의 진짜 묘로 판명된 이후 영월군은 그 인근에 김삿갓문학관과 생가, 시비(詩碑), 조각상 등을 모아 유적지로 조성했습니다. 다만 김삿갓의 생가 복원지는 앞서 설명드린 대로 그가 태어난 곳이 아닌 어린 시절 자란 곳이며, 일부 조각상은 그로테스크해 오히려 불편할 지경이긴 합니다. 🐻

● 별마로 천문대 (강원도 영월군 영월읍 동강로 99-86)

2001년 개관한 별마로 천문대는 해발 799.8미터 봉래산 정상에 위치한 민간 천문대로, 80센티미터 반사망원경 등 10여 대의 천체망원경을 보유해 국내 최대 크기라고 하며, 1년 중 맑은 날이 평균 192일에 달해 천체 관측지로는 최상의 조건을 갖추고 있습니다. 천체 관측을

위한 다양한 프로그램이 준비되어 있으며, 인기가 좋아 사전 예약(홈페이지 www.yao.or.kr 에서 할 수 있음)하지 않으면 11미터 지름의 플라네타리움 돔 내부에서 가상 밤하늘을 볼 수 있는 투영실과 실제 천체 관측(태양 관측, 별 관측) 프로그램 참여가 어렵습니다.

비록 예약을 하지 못했더라도 자동차로 산허리를 돌아가는 아찔한 도로로 정상까지 올라가면, 탁 트인 전망과 함께 맑은 날 밤에는 수많은 별을 볼 수 있기에 영월에 가신다면 방문해보길 추천합니다. 🐻

별마로 천문대(위) (ⓒ나영광)
별마로 천문대와 낙조(아래) (출처 _ 위키피디아)

● 영월 한반도 지형 (강원도 영월군 한반도면 옹정리 산180)

서강의 샛강인 평창강 끝부분에 자리한 한반도 지형은, 주차장에 차를 세운 뒤 10여 분 정도 600미터 거리의 완만한 산책로를 따라간 후 그곳 전망대에서 볼 수 있습니다. 실제로 보면 진짜 한반도 모양을 따라 돌고 있는 강을 볼 수 있어 참 신기합니다. 🐻

영월 한반도 지형 (©조홍석)

청령포와 마찬가지로 감입곡류천(嵌入曲流川)에 의해 강물이 둘러가는 형상인데, 물살이 강한 안쪽은 수직으로 깎여 절벽이 되는 반면 강 바깥쪽은 퇴적이 더 발달해 모래사장이 생기게 됩니다. 그런데 특히 이 지형은 전체 모습도 한반도와 닮았지만 동쪽은 절벽, 서쪽은 백사장이 있는 지형 구조 또한 한반도와 똑닮아 화제가 되는 곳이지요. 🐻

처음 이 전망대 위치를 찾아낸 이는 선암마을 주민 이종만 씨라고 합니다. 1999년 어느 날 마을 뒷산에 올랐다가 우연히 이 위치에서 기막힌 전망을 찾아내면서 유명해졌고, 현재 전망대가 위치한 봉우리를 원래 이름인 오간재 대신 종만봉이라고도 부른다고 합니다. 이 한반도 지형이 유명해지면서 영월군은 아예 서면이라 불리던 이곳을 한반도면으로 개칭했을 정도입니다. 🐻

● **고씨동굴** (강원도 영월군 김삿갓면 영월동로 1117)

임진왜란 때 고씨 일가족이 피신했다고 하여 고씨동굴로 불리는 이 동굴은, 1969년 천연기념물 제219호로 지정되었습니다. 4억 년 전부터 형성된 것으로 여겨지며, 길이는 6킬로미터, 4개의 호수와 3개의 폭포, 10개의 광장으로 이루어져 있습니다. 박쥐도 살고 있다는데 통

고씨동굴 (출처 _ 문화재청)

로가 좁고 수직에 가까운 계단도 있어서 반드시 안전모를 써야 합니다. 🐻

● **동강사진박물관** (강원도 영월군 하송리 217-2)

동강 사진박물관 (출처 _ ywmuseum.com)

국내 최초의 공립사진박물관으로 2005년 7월에 오픈했습니다. 1940년대부터 1980년대까지 국내 유명 다큐멘터리 사진작가들의 작품과 동강국제사진전 참여작 등, 사진과 클래식 카메라를 전시하고 있습니다.

영월군은 이밖에도 20여 개의 박물관을 유치해 다양한 볼거리를 제공하고 있습니다. 어떠신가요? 여러 유적과 볼거리가 다양한 영월이 더욱 궁금해지지 않나요? 🐻

03
고양, 남원, 봉화, 영주, 담양
- 춘향전의 유래를 찾아서

앞서 '만향'과 '경춘'이라는 슬픈 사연을 가진 기생 이야기를 해드렸는데요. 공교롭게도 이 두 기생의 끝 글자만 따면 '춘향(春香)'이 되네요. 🐻

가장 우리에게 익숙한 기생인 '춘향' 이야기는 숙종 말 또는 영조 초기에 저잣거리 판소리로 시작되었을 것으로 추정하며, 이를 토대로 만들어진 한글소설 《춘향전(春香傳)》이 사랑받아 왔는데, 가장 오래된 서적은 1754년본이며 초기 기록에는 기생으로 나오다가 후대로 갈수록 성(成)대감의 딸이라는 신분 업그레이드 버전이 많아진다고 합니다. 🐻

춘향전의 유래

춘향전 이야기의 유래는 여러 설이 존재합니다.

가장 오래된 기원을 찾자면, 고구려 22대 안장왕(安藏王, 498~531) 설화에까지 다다르지요. 🐻

장수왕(長壽王)의 증손자인 안장왕이 태자 시절에 장사꾼으로 변장하고 당시 백제 최북단 영토인 개백현(皆伯縣, 지금의 경기도 고양시)에 염탐하러 갔다가 백제 군인에게 쫓기게 되었다고 합니다. 급한 마음에 어느 저택으로 숨어들었는데, 알고 보니 그 집은 큰 부자인 한씨 집이었고 한씨의 딸, '주(珠, 구슬)'를 만나 사랑에 빠지게 되었다네요. 안장왕은 자신이 고구려 태자임을 밝히고 조만간 개백현을 정벌하러 오겠다고 언약을 하고 떠납니다.

하지만 개백현 태수가 한씨의 딸이 미인이라는 소문을 듣고 그녀를 첩으로 맞이하려 하지만 한씨 딸은 미래를 약속한 남자가 있다며 거절해 옥에 갇혀 사형 위협을 받던 중, 드디어 안장왕이 왕위에 올라 을밀(乙密) 장군과 5천여 선발대를 잠입시켜 태수 생일잔치 마당에서 한씨 미녀를 죽이려던 찰나 구해냈다고 합니다. 🐻

당초 《삼국사기》에는 한씨 미녀라고 간단히 두 번 나오지만, 단재 신채호는 《해상잡록(海上雜錄)》 기록을 인용해, 《조선상고

사》에 위와 같이 상세히 기록을 남겼는데 춘향전과 거의 유사한 스토리 구조임을 알 수 있어요. 🐻

경기도 고양시에도 이때 한씨 미녀가 봉우리 정상에서 봉화를 올려 고구려군을 맞이했다고 해서 고봉산(高烽山)이라 이름지었다는 설화가 내려오고 있으며, 조선시대 때는 이 지역 명칭이 고봉산에서 유래한 고봉현(高烽玄)이었다가 지금은 고양(高陽)시가 된 겁니다. 이에 고봉산 산책로에는

고양시 고봉산 안내판에 소개된 한씨 미녀, 한구슬전과 춘향전 비교 (©트로이목마)

'한구슬과 안장왕 이야기'라는 안내판이 설치되어 있습니다. 일산(一山)신도시 역시 이곳에 산이라고는 고봉산 하나뿐이라 한뫼라고 불리던 마을 이름을 한자로 쓴 것이죠. 🐻

지자체 소셜미디어 중 유명한 고양시 SNS에서는, 고양이 탈을 쓰고 "고 고 고양이 고양 고양 고양시~"라며 고양이와 연계해 고양시를 널리 알리고 있지만, 실제 고양시라는 이름의 유래는 이처럼 아름다운 러브스토리였네요. 🐻

이 오래된 설화에 더해 조선 후기에 상세 디테일이 추가되었다고 보여지는데, 가장 유력한 설은 인조 시절 암행어사인 성이성(成以性, 1595~1664)이 이몽룡의 원형이라고 합니다. 🐻

광한루원 춘향관에 전시되어 있는 춘향 영정 (©트로이목마)

그는 아버지 성안의(成安義)가 남원 부사로 부임한 뒤 5년간 재직할 때 기생과 사랑에 빠진 적이 있지만, 17세 때 아버지가 광주목사로 승진해 떠나면서 그 기생과 헤어졌고, 이후《춘향전》과는 다르게 16년이 지난 33세에 과거에 급제하여 여러 요직을 거친 후, 1639년 44세에 호남 암행어사로 파견되어서야 남원을 방문해 그 기생을 수소문했지만 결국 찾지 못했다고 하지요. 이에 성이성은 광한루(廣寒樓)를 찾아가 "난간에 앉으니 밤새 내린 서리와 함께 눈빛이 뜰에 하얗게 깔려 대나무 숲이 희었다. 나는 소년 시절의 일을 생각하며 밤늦도록 잠들지 못했다."라고 그의 암행어사 일지를 기록한《호남암행록(湖南暗行錄)》에 남겨 놓았습니다.

또한《춘향전》에서 이몽룡이 탐관오리 변학도를 비판한 시로 유명한 "금준미주천인혈(金樽美酒千人血, 금잔의 맛좋은 술은 천 백성의 피요), 옥반가효만성고(玉盤佳肴萬姓膏, 옥쟁반의 맛난 안주는 만백성의 기름이니), 촉루낙시민루낙(燭淚落時民淚落, 촛농이 떨어질 때 백성들이 눈물 쏟고), 가성고처원성고(歌聲高處怨聲高, 노래 소리 높은 곳에 원망 소리도 높더라.)"는, 실제로 성이성이 지은 시라고 조경남(趙慶男)이 쓴 《난중잡록(亂中雜錄)》에 기록되어 있으니 거의 확실하다고 볼 수 있습니다. 당시 성이성은 탐관오리이던 충청도 석성현감의 잔치 현장에 거지 행색을 하고 들어가 이 시를 지었다고 하니, 춘향전의 하이라이트 암행어사 출두 장면 역시 실제 사실에 기인한다고 볼 수 있겠네요. 🐻

　결국 앞서 소개한 만향, 경춘처럼 부임한 아버지를 따라온 명문가 아들이 젊은 혈기에 기생과 사랑에 빠진 경우가 꽤 많았음을 알 수 있는 거지요. 🐻

성도령에서 이도령으로

그후 남원에서 이 러브스토리가 판소리로 만들어질 때는 성도령이라고 했으나, 창녕 성씨 후손들이 청백리로 칭송받은 성이성 대감이 젊은 날 기생과 사랑에 빠졌던 흑역사가 알려지는 것이 부끄러워 이를 못하게 막자, 결국 이몽룡이라는 가상 인물로 바꾸면서 대

1613년 세워진 성이성 생가, 계서당 종택(경북 봉화) (출처 _ 문화재청)

신에 춘향의 아버지가 성대감이어서 성춘향이라고 한다며 성(成)씨를 남겨두었다는 이야기가 전해지고 있습니다. 🐻

이몽룡의 실제 모델이라는 성이성이 태어나고 무덤도 있는 경북 영주시 문단리에는 '이몽룡 인문학 둘레길'이 존재하며, 그가 어린 시절 살았던 경북 봉화면 물야면 가평리에는 성이성 생가인 '계서당 종택(溪西堂 宗宅)'이 400여 년째 존재하는데, 지금도 그분의 후손이 살고 있는 이 고택을 봉화면에서 이몽룡 생가라고 소개하고 있지만 그다지 알려져 있지는 않지요. 🐻

춘향전 완판본, 목판본
(출처 _ 디지털남원문화대전 홈페이지)

다만 우리가 흔히 알고 있는 《춘향전》은 판소리 '춘향가'의 완판본(完板本, 전주 판본)인데, 여기서는 끝까지 정절을 지킨 춘향이 정실부인이 되어 3남 3녀를 낳았고, 이몽룡은 좌의정까지 올라 정경부인 칭호를 받았다는 아름다운 결말로 끝맺습니다. 하지만 실제 기생이 양반 정실부인이 될 수는 없었고, 제일 잘되어야 양인 신분의 첩이었기에 경판본(京板本) 등, 120여 다른 버전은 좀 더 현실적인 슬픈 결말이 많다고 합니다.

예를 들어 기다리던 춘향이 자살하거나, 고문으로 이미 죽은 뒤 이몽룡이 도착했다거나, 춘향이 이몽룡을 따라 한양에 올라갔지만 이미 정실부인이 있는 것을 알고 자살한다거나, 이몽룡이 바람을 피워서 자살하거나, 정부인을 인정하고 첩으로서 오순도순 형님 동생하며 살아간다는 지극히 아침드라마스러운 줄거리도 있었다는데, 21세기에 들어서까지도 영화 '방자전'처럼 새롭게 해석하기도 하지요. 🐻

옛 소설들이 다양한 판본으로 존재하는 것은, 당시 저작권이라는 개념이 없었기 때문이기도 합니다. 조선 후기 영·정조 시절이 되면 각 고을마다 5일장 시장이 발달하면서 시장에 물건 사러 온 이들에게 맛깔나게 이야기를 들려주며 돈을 받는 전기수(傳奇叟)라는 이야기꾼이 등장하는데, 이들이 이야기를 들려준 뒤 자신들이 직접 쓴 이야기책을 팔았거든요. 그러니 처음 남원에서 《춘향전》이 나온 뒤 다른 지역으로 전파되면서 각 전기수마다 자신만의 이야기로 조금씩 바뀌어나갔고, 결국 세월이 흘러 한양 저잣거리에서 팔린 경판본은 춘향이 부푼 마음을 안고 이몽룡을 따라 한양에 올라왔건만 정실부인이 있는 것을 알고 자살하거나, 첩으로서 현실에 타협하는 지극히 사실적인 새드엔딩 버전으로 바뀌었던 겁니다. 🐻

우리나라 소설 중 최초로 외국어로 번역된 소설 《춘향전》

이미 조선시대에 큰 인기를 끈 《춘향전》은 우리나라 소설 중 최초로 해외에 널리 알려진 작품이기도 합니다. 일본에서는 1882년에 일간지에 번역 연재되어 큰 인기를 끌었다고 하지요. 1992년에도 《신춘향전》이라는 무협 판타지 스타일의 만화로 제작되어, 변사또라는 괴물에게 붙잡힌 춘향을 구하러 가는 이몽룡의 괴물 퇴치 모험 이야기로도 나온 바 있습니다. 중국 서유기도 《드래곤 볼》로 만드는 나라이니 그러려니 해야겠지요. 🐻

116년 전 프랑스에서 발행된 춘향전 (ⓒJocelyndurrey)
(출처 _ 위키피디아)

특이한 것은, 1892년 프랑스에서 춘향(春香, 봄향기)이란 이름을 그대로 번역한 《향기로운 봄(Printemps Parfume)》이라는 제목으로 우리나라 소설 중 처음 번역 출간되었는데, 번역한 이가 다름 아닌 홍종우(洪鍾宇, 1854~1913)라는 사실입니다. 🐱

네? 홍종우가 누구냐고요? 고종의 밀명을 받아 갑신정변(甲申政變) 실패 후 망명해 숨어 지내던 김옥균(金玉均)을 상해에서 사살한 사람이에요. 그는 우리나라 최초의 프랑스 유학생으로 구한말 격동기에 다양한 활동을 전개했던 유능한 인재이기도 했는데, 암살자로만 기억되고 있지요. 🐻

홍종우 (출처 _ 위키피디아)

몰락한 양반 가문 출신의 홍종우는 나라를 근대화시켜야 한다는 신념을 갖고 있었습니다. 그는 메이지유신이 프랑스 헌법을 모델로 했다고 잘못 이해해, 프랑스를 제대로 알아야 우리나라도 근대화를 이룰 수 있겠다고 판단합니다. 그래서 일본에 건너가 아사히신문사 식자공으로 일하며 학비를 벌고 일본 자유당 당수 이다가키 다이스케(板垣退助)와도 친분을 쌓아 일본 정치가들의 추천서를 들고 프랑스 유학길에 오르니, 당시만 해도 친일 개화파들과 유사한 행보를 걸었습니다. 그는 1890년 12월 24일 프랑스에 도착하자마자 '여행가의 모임'이라는 고급 사교 단체의 초청을 받아 조선의 역사와 현실을 강연하고, 점성술에도 능해 당시 파리 사교계에서 화제가 되었다고 하네요. 🐻

늘 한복을 입고 다닌 그는 문학가들과도 만나 《춘향전》, 《심청전》 등 우리나라 고전이 번역 출간되도록 도와주었는데, 본인이 일본말로 이야기를 풀면 그걸 들은 통역사가 프랑스 작가에게 설명해주는 식으로 진행했답니다. 그 외에도 점성술 책과 중국, 일본 문학작품도 번역을 주선하는 등, 아시아 문화 고수로 소문이 나면서 주위의 추천을 받아 아시아 유물을 정리하는 기메박물관의 연구보조자로 채용되었고, 1893년에는 한국전시실이 별도로 개관되도록 하는 등 다양한 문화 전도사 활동을 전개합니다. 🐻

그러던 그가 1893년 프랑스 생활을 돌연 접고 다시 조선으로 돌아오게 됩니다. 왜 귀국을 결심했는지 명확한 근거는 남아 있지 않지만, 그후 그의 행적을 보면 결국 프랑스이건 일본이건 제국주의 국가들의 탐욕적인 모습에 실망해 기존 조선 체계 속에서 근대화를 추진할 수밖에 없다고 판단한 모양입니다. 🐱

하지만 프랑스에서 일본까지 오는 오랜 여행을 못 이긴 아내가 병사하는 바람에 잠시 일본에 머물던 중, 이일직(李逸稙)이 고종의 은밀한 제안을 들고 찾아오자 이를 승낙하고 갑신정변 실패 후 일본에 숨어 있던 개화파 김옥균을 만납니다. 프랑스 유학파 출신 개화파임을 내세워 김옥균에게 접근한 홍종우는, "중국으로 건너가 리홍장(李鴻章)을 만나서 다시 개혁을 시도해 보자."며 상해로 유인한 뒤 권총으로 사살합니다.

김옥균 살해 삽화(도쿄경제대학 도서관 소장) (출처 _ 위키피디아)

거사 직후 청나라 경찰에 체포되지만 조선 정부의 로비로 풀려난 뒤 김옥균 시신과 함께 귀국해 성대한 환영을 받았으며, 1894년 조선의 마지막 과거시험에서 특채되어 예전에 김옥균이 맡았던 홍문관 교리를 맡았고, 조선의 자력 개혁을 추구하게 됩니다. 일본의 감시를 피해 러시아 공사관으로 피신한 아관파천(俄館播遷) 시절, 홍종우는 고종에게 자주독립국임을 전 세계에 널리 알리기 위해서 국호를 새로이 선포함과 동시에, 황제 즉위식을 거행하고 자체 연호를 선포할 것을 건의합니다. 이에 1897년에 대한제국이 수립되는 결정적 역할을 수행하고, 1898년에는 독립협회에 대항하는 황국협회를 만들어 전국의 보부상이 각 지방에서 치안활동을 맡도록 하는 등, 고종의 친위대장이 되어 황제파의 중심이 됩니다.

하지만 역사의 아이러니라고나 할까요? 황제 퇴위를 주장하다 재판을 받게 된 독립협회 활동가 이승만을 살린 이 역시 홍종우였습니다. 네? 이승만 대통령이 왜 여기서 등장하냐고요? 🐻

1898년, 독립협회 강경파였던 25세 청년 이승만이 입헌군주제를 위해 고종이 황태자에게 양위해야 한다고 주장하는 전단지를 돌리다가 체포됩니다. 황제 퇴위를 주장하는 반역죄인데다가 탈옥을 시도하다가 다시 잡혔으니 사형이 구형되는 것이 당연한 수순이었지만, 당시 재판 판사를 맡은 홍종우가 '태형 100대 및 종신형'으로 감형해주었고 5년 7개월 투옥 후 특별사면으로 석방시킵니다. 아마도 그는 이승만의 항변을 들으면서, 조선의 근대화를 꿈꾸며 열정을 불태우던 청년 시절 자신의 모습을 떠올렸을까요? 하지만 자신이 살려낸 그 청년이 50년 뒤 대한민국이라는 새로운 국가의 첫 대통령이 될 거라고는 미처 몰랐을 겁니다. 🐻

재판 당시 판사가 황국협회 홍종우라는 이야기를 듣고 사형을 각오했던 이승만은, 태형 100대도 치는 시늉만 하도록 지시했음을 자신의 아버지에게 귀띔까지 해준 홍종우의 판결이 얼떨떨했고, 먼 훗날 "그때 홍종우가 나를 구해주었다."고 기록합니다.

홍종우는 고종황제의 정책 중 잘못된 부분에는 비판 상소를 올리던 원리원칙주의자로서, 이승만의 죄가 사형에 이를 정도는 아니라고 판단하는 한편, 고종의 신임을 받던 권문세족의 비리에는 냉정하게 판결해 고종의 노여움을 사서 제주목사로 좌천되더니, 러일전쟁 이후에는 친일파들에게 공공의 적으로 찍혀 쓸쓸히 잊히고 맙니다. 🐻

춘향전과 우리나라 근현대사가 이렇게도 연결되네요. 🐻

남원 광한루의 역사

전라북도 남원시의 대표적 유적이자 춘향전의 배경이며, 암행어사 성이성이 옛 추억을 그리워하며 찾았던 남원의 명소 광한루의 역사는 깁니다.

1414년 황희(黃喜)가 유배왔다가 처음 세울 당시에는 광통루(廣通樓)라고 불렀다네요. 황희 정승은 참 여러 방면에서 반전을 거듭한 분인데, 유배 와서 저런 큰 누각을 지을 정도로 경제적

여유가 있으셨나 봅니다. 🐻

이후 이 누각이 유명해지자 많은 이가 찾아왔는데, 1444년에 방문했던 정인지(鄭麟趾)가 이 누각에 올라 경치를 감상하다가 "항아가 달에서 산다는 궁궐 광한청허부(廣寒清虛府) 같다."고 칭송한 것이 계기가 되어 광한루(廣寒樓)라고 고쳐 부르게 되었다고 하네요. 🐻

광한루 야경(위) (ⓒ트로이목마)
광한루 옆 오작교(아래) (ⓒ트로이목마)

항아가 살던 궁궐이라⋯⋯. 마치 겨울왕국 엘사의 얼음 궁전 같은 느낌이 들기는 하지만, 그 사연이 참 복잡합니다. 항아(姮娥) 또는 상아(嫦娥)는, 중국 신화에 나오는 여신으로 다양한 전설이 있는데, 도교에서는 옥황상제의 명으로 달의 궁전에 갇힌 선녀로 여기고 있어요. 🐻

도교 경전《포박자(抱朴子)》에 따르면, 항아는 미모로는 견줄 자가 없다는 아름다운 선녀로 활의 신, 예(羿)와 결혼했다고 합니다. 그러던 어느 날 옥황상제의 아들인 열 명의 태양이 한꺼

211

명나라 때 그린 항아와 관한성 그림
(미국 프리어박물관 소장)
(출처 _ National Museum of Asian Art)

태양을 쏘아 맞추는 예
(출처 _ 위키피디아)

번에 하늘에 나타나 지상의 모든 생명체가 타 죽을 비상 상황이 발생합니다. 원래 열 개의 태양이 하루에 한 번씩 번갈아 나와야 하는데, 이들이 어느 날 심통을 부려 다 함께 하늘에 나타나버린 것이죠. 사람들이 놀라 살려 달라고 애원하니 예가 이들 태양에게 그만 내려가라고 말하지만, 아버지 빽을 믿은 태양들이 오히려 지상 가까이 내려가는 등 더 행패를 부립니다. 이에 예가 아홉 태양을 쏘아 죽여 지상 세계를 구해내지요. 하지만 분노한 옥황상제가 신의 자격을 박탈하고 이 부부를 쫓아내니, 지상으로 내려와 인간으로 살게 됩니다.

이 신화는 원래 동이족(東夷族) 신화였다는데, 옥황상제의 아들인 태양은 다리 세 개 가진 까마귀, 즉 삼족오(三足烏)로 묘사됩니다. 🦉 고구려 벽화에도 삼족오가 그려져 있고, 평양 유적에서 삼족오가 표현된 금동 장식물이 출토되었기에 우리나라에서는 삼족오가 고구려만의 상징이라고 여기지만, 실은 북아시아 여러 민족이 태양을 표현해 온 공통 상징물이

고구려 벽화에 그려진 삼족오
(가운데 동그라미 부분) (출처 _ 위키피디아)

고, 중국 내륙 스촨성(四川省) 유적에도 조각되어 있을 정도로 흔해요.

그 단적인 예가 바로 일본축구협회 엠블럼입니다. 공을 잡고 있는 삼족오가 상징인데, 일본 건국 신화에서도 첫 천황인 진무천황이 동방 원정 중 방향을 잃자 가야 할 길을 알려준 태양의 화신 야타기라스(ヤタガラス) 역시 삼족오로 표현되지요. 🐻

본 이야기로 돌아갑시다. 🐻

다시는 하늘로 올라갈 수 없다고 절망하던 예와 항아는 늙어가는 자신들의 모습에 한탄하다가 문득 서쪽 신선들이 산다는 곤륜산(崑崙山)에 가면 불사약(不死藥)을 구할 수 있다는 사실을 기억해냅니다. 이에 예가 험난하고 긴 여정을 거쳐 이글거리는 불꽃 숲과 깊은 강물로 에워싸인 곤륜산에 올라가 드디어 여(女) 신선들을 다스리는 최고 여신이자 옥황상제의 부인인 서왕모(西王母) 앞에 도착합니다. 예가 그간의 사정을 설명하자 서왕모가 인류를 위한 노고를 치하하며 마지막 남은 불사약을 하사하니, 불사약은 혼자 먹으면 다시 신선이 되어 하늘로 올라갈

수 있고, 둘이 나눠 먹으면 지상에서 불로장생할 수 있는 영약이었던, 것이었던, 것이었습니다. 🐻

착한 마음씨를 가진 예는 아내와 함께 영원히 살고 싶어 다시 먼 길을 걸어 집에 도착해 아내에게 같이 나눠 먹고 평생 함께 행복하게 살자고 합니다. 벗뜨, 그러나……, 항아는 다시 하늘로 올라갈 욕심에 남편이 잠든 사이 혼자 그 약을 먹고 승천해 버리고 맙니다. 이런 원조 먹튀! 🐻

그 꼴을 하늘에서 지켜본 옥황상제는 분노하여 항아를 달나라 광한궁(廣寒宮)에 유배보내니, 항아는 펑펑 울다가 결국 달두꺼비가 되었다고 하네요. 🐻

우리나라에서는 달의 무늬를 토끼라고 여겼지만, 중국인들은 두꺼비라고 여겼기에 이 같은 신화가 만들어진 것일테지요.

이 같은 달의 여신이라는 이미지 때문에, 현재 중국이 2007년 1호부터 시작해 2020년 5호까지 쏘아올린 달 탐사 프로젝트 이름을 '창어'라고 정한 것도, 상아(嫦娥)의 현재 중국식 발음인 겁니다. '창어4호'는 2019년 세계 최초로 달 뒷면 착륙에 성공하기도 했습니다. 이때 지구와의 통신을 위해 쏘아 올린 통신 중계 위성

달 뒷면에 최초로 착륙한 중국 달탐사선 '창어4호' (ⓒCSNA_Siyu Zhang) (출처 _ 위키피디아)

은, 췌차오(烏鵲, 오작교)라고 명명하여 고대 신화 속 용어를 적극 활용하고 있습니다. 🐻

이는 미국이 유럽연합, 캐나다, 일본 등과 함께 새롭게 추진 중인 달 탐사 및 우주정거장 프로젝트가 서구 문명의 공통 조상인 그리스 신화 속 달의 여신 이름인 '아르테미스(Artemis)'인 것과 일맥상통하는 거지요.

한편 지상에 남은 불쌍한 남편, 예는 어찌되었을까요? 아내의 배신으로 충격받아 폐인처럼 살다가 말년에 여러 제자를 키우며 궁술을 가르칩니다. 그중 가장 사랑을 받던 봉몽(逢蒙)이라는 제자가 얼른 1인자가 되고 싶은 마음에, 사냥하고 돌아오던 예의 뒷통수를 복숭아나무로 만든 곤봉으로 내리쳐 죽이고 맙니다. 예는 죽은 뒤 요괴들과 귀신들을 다스리는 종포신(宗布神)이 되지만, 그를 따르는 귀신들이 복숭아를 무서워하게 되어 이후 제사상에 복숭아를 올리지 않는다고 합니다. 🐻

이 신화는 우리나라에도 널리 알려져 궁궐에서 상궁이 되지 않은 나인들이 서로를 부를 때 "항아님"이라는 애칭으로 부르고 수습 나인은 "애기항아"라고 불렀다고 하는데, 달의 궁전에 갇힌 항아와 비슷한 처지라서 서로 그렇게 위안하며 불렀다는 등의 설들이 있지만, 정확한 유래는 알 수 없다고 하네요. 🐻

정인지로 인해 새 이름을 얻은 광한루는, 1461년에 리모델링 공사를 거쳐 확대됩니다. 남원부사 장의국(張義國)이 누각을 보

수하면서 새 이름에 걸맞게 물을 끌어들여, 누각 앞에 동서 100미터, 남북 59미터 크기의 연못을 조성해 은하수를 나타낸 것이죠. 지금은 흔적만 남은 남원성은, 원래 네모난 평지성으로 동서남북 4개의 문을 만들고 성 주변에 해자를 파서 물을 끌어들였기에 그 해자 물줄기를 이용했다고 합니다. 연못 내에 3개의 큰 바위를 세워 방장산, 봉래산, 영주산이라고 이름짓고 바위마다 정자를 올리는 한편, 견우와 직녀 전설을 반영하여 오작교를 건설하니 그 운치가 더해질 뿐 아니라, 옥황상제가 사는 하늘나라 옥경(玉京) 광한전 궁궐 아래 은하수가 흐르고 그 강을 건너는 오작교가 있다는 동양 우주론을 직접 땅에 구현해 더 의미있는 공간이 됩니다. 🦉

하지만 1597년 정유재란 당시 일본군이 전라도를 통해 한양으로 진격하는 루트를 택하며 남원이 진격을 위한 주요 목표지가 됩니다. 임진왜란 때 식량난으로 고전했기에 전라도를 점령한 후 한양으로 치고 올라가기로 하고, 주력군 5만6천여 명을 투입해 남원성을 공격하면서 광한루도 불타 사라지고

맙니다. 🐻

그래서 폐허로 남아 있던 공간을 30년 뒤인 1626년에 남원부사 신감(申鑑)이 재건하지만, 시간이 지나 누각이 차츰 북쪽으로 기울어지자 1879년 누각 북쪽에 다락을 세우고 계단을 붙여 더 이상 기울지 않게 하고, 외관도 더 화려하게 바꾼 것이 지금까지 보존되고 있는 겁니다.

광한루 북쪽 계단 월랑
(ⓒ트로이목마)

또한 바로 옆에 춘향사당 및 월매관 등 춘향전 관련 건물도 세워 춘향전의 주 무대임을 널리 알리고 있지요.

다만 남원시는 광한루 소개 홈페이지와 안내판에, 조선 4대 누각 중 하나라고 소개하지만 그건 가리지날 주장입니다. 조선 3대 누각은 강을 끼고 있고 누각에서 보이는 풍경이 탁월하다고 평가받은 평양 부벽루(浮碧樓), 진주 촉석루(矗石樓), 밀양 영남루(嶺南樓)가 손꼽히는데, 4대 누각이라며 슬쩍 광한루를 끼워 넣은 겁니다. 🐻

또한 경복궁 경회루(慶會樓) 연못 지원(池苑), 담양 소쇄원(瀟灑園)과 더불어 한국의 대표 정원 중 하나라고 소개하지만, 조선

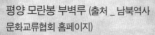
평양 모란봉 부벽루 (출처 _ 남북역사
문화교류협회 홈페이지)

진주 촉석루 (ⓒ한국민족문화대백과사전)

3대 민간 정원은 예로부터 보
길도 세연정(洗然亭), 담양 소
쇄원, 영양 서석지(瑞石池)를
꼽고 있습니다. 이미 춘향전의
인기로 인해 우리나라 전통누
각 중 제일 유명한 곳이 바로
광한루이고, 매년 춘향 선발대
회도 열리고 있어 유명세가 지
속될 텐데 굳이 이런 무리수를
둘 필요는 없지 않을까요? 🐻

　이와 비슷한 예가 영남 3
대 누각 논쟁입니다. 원래 조
선 3대 누각으로 이미 진주 촉
석루와 밀양 영남루가 들어
가 있는데, 마지막 한 자리를
두고 안동 영호루(映湖樓), 울
산 태화루(太和樓), 성주 임풍
루(臨風樓), 영천 조양각(朝陽
閣), 함양 농월정(弄月亭), 산청
환아정(換鵝亭) 등이 서로 자기
네 누각이 맞다고 지자체끼리 주장하는데, 원래 영남 3대 누각

이란 유래가 없는데 그게 다 무슨 소용일까요? 🐻

밀양 영남루 (ⓒ한국민족문화대백과사전)

이상 춘향전에 얽힌 이야기와 광한루 시설 배치에 대한 설명을 마치고, 이제 유명했던 기생들의 삶과 시대에 따른 변화에 대해 설명하겠습니다.

● 전북 남원 - 만인의총

남원 만인의총 (©Amlou2518)
(출처 _ 위키피디아)

앞서 광한루가 불타 버린 정유재란 남원성 전투를 언급했는데, 이때 전사한 이들을 모신 무덤이 남원 만인의총(萬人義塚)입니다. 하지만 지금 우리가 볼 수 있는 묘는, 실제 시신이 없는 허묘(墟墓, 가짜묘)입니다.

1597년 정유재란 당시 첫 대규모 전투였던 남원성 전투는, 전라도 정복을 노린 일본군에 맞서 조명(朝明)연합군이 맞선 대규모 전투였지만 잘 안 알려져 있지요. 임진왜란 때 식량난으로 고전한 일본군은 도요토미 히데요시(豊臣秀吉)의 명령에 따라 호남을 점령한 후 한양을 공격하기로 합니다. 때마침 7월 15일 칠천량 해전에서 원균(元均)이 이끌던 조선 수군을 궤멸시켰기에 후방 공격을 걱정할 필요가 없게 되자, 소백산맥을 넘어와 8월 7일 구례를 점령하고 호남의 관문인 남원성을 향하게 됩니다. 🐻

조선군은 평지인 남원성 대신 후방의 교룡산성(蛟龍山城)에서 농성전을 준비했으나 지원군으로 온 명나라 사령관 양원(楊元)이 조선군은 겁쟁이라고 비웃으며 남원성으로 연합군 사령부를 옮기고 전면전을 선택합니다. 이에 북문은 조선군이 지키고 동, 서, 남문은 명군이 각각 1천 명씩 지키게 되지만 4천 명의 군사로 5만 6천 명 대군과 맞붙는 건 자살행위에 불과했습니다. 🐨

임진왜란 때도 제1군을 이끌었던 고니시 유키나가(小西行長) 부대를 선봉으로 한 일본군은, 음력 8월 12일 남원성을 포위하고 13일부터 공격을 전개하니 3일 만에 명군이 지키던 동, 서, 남문이 함락되고, 큰 소리치던 양원은 부하들과 탈출하고 맙니다. 그리고 북문에 고립된 조선군 4천 명과 남원 백성 6천 명이 맞섰으나 일본군의 칼에 단 한 명도 살아남지 못합니다. 🐻

이후 남원성 함락 소식에 겁을 먹은 명군이 전주성을 버리고 퇴각하면서 일본군은 전주성에 무혈입성하고 전라도 곳곳을 약탈하기 시작하니, 다수의 사기공(도공, 陶工)이 이때 일본으로 건너가 일본 도자기의 전성기를 만들어주게 됩니다. 하지만 북상하던 일본 육군은 충남 직산에서 명나라 기병대에 패배하고, 일본 수군은 명량해전에서 이순신(李舜臣) 장군의 13척에 대패하면서 퇴각하게 됩니다.

한편 남원성 대패 소식을 들은 명나라 황제 신종(神宗)의 분노는 극에 달해 양원을 본국으로 송환해 참수하고 그 목을 다시 조선에 돌려보내며 사죄합니다. 어처구니없는 건 당시 조선 정부는 명나라에 양원을 용서하라고 구명 운동을 벌였는데, 다른 명나라 장수들이 이구동성으로 본보기로 삼아 처형할 것을 주장했다는 겁니다. 당시 전세가 불리해지자 양원이 고니시와 내통하여 조선군과 백성들을 내어주는 조건으로 명군의 안전 철수를 약속받아 명군만 먼저 도망가 조선군을 고립시킨 의혹이 있었던 거지요. 그럼에도 선조는 양원의 목을 받아들고는 성대히 제사를 지내 혼을 위로했다고 하니 할 말이 없네요. 🐨

한편 남원성 함락 후 무참히 살해당한 시체들은 북문 인근에 방치되어 있었는데 일본군이 물러난 후 살아남은 이들이 이들 시체를 따로 구분할 수 없어 북문 밖 큰 물구덩이에 넣고 봉분을 하나 만들었다고 합니다. 그후 1612년에 남원성을 복구하면서 지역 유지들이 순절자를 위한 사당을 세우니, 1653년에는 조정에서 충렬사(忠烈祠)라 이름을 지어줍니다. 다만 모든 백성이 아니라 8명 장수의 혼만 기려 팔충신묘(八忠臣墓)라고만 불렸다고 하니, 당시 조선 조정이 백성을 어떤 존재로 여기고 있었는지 아주 씁쓸하기만 합니다. 🐻

그후 일제강점기에 남원성벽이 헐리고 기찻길이 들어서면서 인근에 남원역이 세워지고, 묘소 자리는 증기기관차가 배출하는 석탄 찌꺼기 처리장으로 바뀌어 흔적조차 사라집니다. 🐨

이후 해방이 된 뒤 1949년, 남원국민학교 이기원 교장 등 뜻있는 분들이 남원역 서쪽 주택가 빈터에 봉분과 상석을 놓고 담장을 두른 후, 희생당한 만인(萬人)에 대한 첫 제사를 올리면서 비로소 모든 희생자를 기리게 됩니다. 1963년에 이곳을 방문한 박정희(朴正熙) 대통령이 허술한 묘역을 보고 안타까워하며 새로 이장할 것을 검토하라고 지시해 남원성 묘소 터를 발굴했지만, 석탄재만 나오고 단 한 구의 시신도 수습하지 못해 결국 1964년 3월 14일 왕봉산 기슭의 지금 자리에 가짜 묘를 만들어 충렬사와 함께 이전하고, 1973년에는 충렬사 제단 정중앙에 만인 위패가 들어서 매년 9월 26일에 제사를 지내고 있다고 합니다. 하지만 여전히 실제 묘소는 어디인지 알 수 없다는 겁니다. 🐻

게다가 기존 8명의 장수를 기리던 지역 유림들은 조상 위패 위치와 제사 방법을 놓고 당국과 갈등을 겪다가 1981년에 별도로 동쪽에 남원 충렬사를 만드니, 현재 남원에는 2개의 충렬사가 존재하는 기묘한 상황이 되었습니다. 🐻

● 경북 봉화 - 청량산 도립공원

봉화 청량산 도립공원 내 청량사
전경 (ⓒ한국민족문화대백과사전)

이몽룡의 실제 모델이라는 성이성의 생가가 있는 봉화에는 여러 사연이 차고 넘치는 청량산이 있습니다. 이 산에는 각 시대의 유명인사와 관련된 사연이 한아름 있습니다. 🐻

시대순으로 보면 663년에 세워져 원효대사가 머물렀던 청량사(淸凉寺) 응진전 암자가 있으며, 단풍을 보기에 가장 좋은 곳이라고 합니다. 통일신라시대 서예의 대가로서 중국 관료들이 왕희지(王羲之) 서체라고 오해할 정도로

유명했던 김생(金生)이 10년간 수련했다는 김생굴, 신라말 대문장가 최치원(崔致遠)이 공부한 풍혈대, 고려 공민왕이 홍건적의 난을 피해 내려와 쌓았다는 산성 유적과 함께 조선 유학의 거두 퇴계 이황이 공부한 장소에 후학들이 세운 청량정사 건물이 있으니, 가히 역대급 스토리 창고라 할 만합니다. 🐻

청량산 청량폭포(위) (출처 _ 한국관광공사)
청량산 하늘다리(아래) (출처 _ 청량산 도립공원 홈페이지)

또 이 산에는 청량폭포와 함께 등산로 중간에 하늘다리라고 부르는 아찔한 다리가 있어 등산의 묘미를 맛볼 수 있지요. 🐻

● 전남 담양 - 관방제림과 죽녹원

죽녹원 (ⓒ이현은)

담양천을 따라 만들어진 나무 숲,
관방제림 (ⓒDalgial) (출처 _ 위키피디아)

전남 담양은 대나무로 유명한 고장이죠. 이곳에는 이몽룡의 실제 모델이라는 성이성이 담양부사로 재임했던 1648년에, 매년 홍수가 나던 담양천을 따라 2킬로미터에 달하는 제방을 쌓고 그 위에 나무를 심어 제방을 보호한 것이 울창하게 자라나 지금은 관광지가 되었습니다. 🐻

담양에 가면 울창한 대나무 숲인 죽녹원(竹錄園)과 함께 낙엽이 쌓인 관방제림(官房堤林)도 꼭 걸어보세요. 🐻

04

부안, 원주, 서울
- 기생의 마지막 흔적

앞서 소개한 만향, 경춘은 비록 조선 사회에서 가장 낮은 신분인 기생이었지만 절개를 지켜 비석으로나마 남아 있으니 그나마 다행이라고 해야 할지도 모르겠습니다. 실제 우리 역사에서 본인의 이름을 남긴 여성은 그다지 많지 않고 흔적을 남긴 경우도 몇 명 되지 않습니다. 양반가 여성 대부분은 '누구의 부인'이라는 의미의 'O氏祔右(O씨부우)'로 묘비가 남고, 일반 백성들은 흔적조

신사임당 무덤, 경기도 파주시
(출처 _ 파주시청 홈페이지)

차 남지 않고 잊혔지요. 🐻

　실제로 우리 역사상 이름이 알려진 몇 안 되는 여성이자 5만 원권 지폐 모델인 신사임당(申師任堂) 역시 남편과 합장되어, 그저 '贈貞敬夫人平山申氏合葬之墓(증정경부인평산신씨합장지묘)'라고만 되어 있고 최근에야 그 옆에 신사임당의 묘라고 추가 설명판이 배치될 정도니까요. 🐻

열녀비, 효자비가 많은 이유

우리 역사에서 열녀 기록이 많이 남은 이유는, 유교를 국시로 삼은 조선이 사회의 모범이 되는 사례를 찾았기에 가능했습니다. 특히 조선 후기가 되면 주자학(朱子學)이 더욱 공고화되면서 억지로라도 효자, 효녀, 열녀를 억지로라도 만들어 빨리 승진하려는 지방관들의 피, 땀, 눈물이 어우러져 더 증가하게 됩니다. 🐻

　그게 무슨 소리냐고요? 고려시대만 하더라도 아들과 딸에게 동일하게 재산을 분배했고 재혼도 자유로웠습니다. 하지만 "공자천국 부처지옥"을 외치며 등장한 조선은 '밝고 명랑한 유교 사회 건설'에 박차를 가하니 양반가 여성의 재혼을 금지하고 이들을 열녀로 추켜세우게 됩니다. 효자, 효녀야 본성에서 우러나는 행위이지만 열녀라는 건 소위 시월드에 충성을 하라는 건데,

선뜻 결심하기가 쉽지 않기 때문이지요. 🐻

하지만 조선 초기에는 여전히 재혼, 삼혼을 하는 여성이 많았다고 합니다. 이에 조정은 "충신이 두 임금을 섬기지 않듯이, 아내도 두 남편을 섬기지 않는다."는 대의명분을 전파함과 동시에 아주 치졸한 대책을 내놓게 됩니다. 즉, 성종 재위 시절 《경국대전(經國大典)》을 반포하며 '재가녀자손금고법(再嫁女子孫禁錮法)'을 시행한 겁니다. 쉽게 말해 재혼할 경우 아들, 손자의 과거시험을 불허한다는 폭탄 선언이었지요.

조선이 어떤 나라입니까? 오로지 국가공무원 자격시험인 과거 급제로 입신양명하는 것 말고는 성공할 수 있는 대안이라고는 없던 공무원 천하제일 왕국에서, 자식의 출세를 막을 수 없는 어머니의 모정을 볼모로 삼은 것이지요. 🐨

이와 동시에 널리 사회를 교화시키고자 열녀, 효자, 효녀, 효부(孝婦, 효심 깊은 며느리)를 선정해 전국 방방곡곡에 알리기 시작합니다. 이에 1458년(세조 4년)에 세워진 '복한효자비(卜僩孝子碑)'가 최초의 이정표가 되었다고 합니다. 🦉

첫 효자 주인공인 복한(卜僩, 1350~1427)은 사헌부장령을 지낸 관료 출신으로, 부모님이 연로해지자 미련없이 벼슬을 버리고 고향으로 내려가 지극 정성으로 모셨다고 합니다. 아버지가 병이 나자 매일 뒷동네 샘에 가서 물을 길어서 약을 달였지만 너무 먼 거리라 고생이 많았는데, 어느 날 느닷없이 집 앞에 샘이 솟아나니 마을 사람들이 '효자샘'이라 불렀다네요.

그후 어머니마저 병환이 들었는데 하루는 "모쟁이(숭어 새끼)가 먹고 싶다."고 말씀하셨답니다. 하지만 모쟁이를 구할 수

충남 홍성 복한효자비 (출처 _ 문화재청)

없어 며칠 동안 기도를 드리자 꿈 속에서 노인이 나와 "효자샘에 가보거라."라고 했고, 잠에서 깨어나 효자샘에 가니 진짜 모쟁이가 있어서 그걸 잡아 어머니께 드시게 하니 병이 나았다고 합니다. 🐻

이 같은 사실이 조정에 보고되자 1453년에 단종이 그의 후손에게 효자첩을 내려 포상하고, 그 사연을 명나라 조정에 보고했더니 명나라 황제로부터 칭송의 편지가 돌아옵니다.

야사에서는 신하들이 명나라와 주변 나라의 효자첩을 모두 모아 보고했는데, 명 황제가 어느 것이 진실인지 알고자 모든 효자첩을 물에 넣었지만 조선에서 온 복한의 효자첩만이 물에 젖지 않아 특별히 치하했다고 합니다. 믿거나 말거나이지만요. 🐻

명 신하 : "효자대상 일명추천"

명 황제 : "아귀찮아 물에풍덩"

명 신하 : "우리황제 쿨한황제"

명 황제 : "저기둥둥 그거일등"

명 신하 : "조선효자 복한당첨"

이에 명 황제의 칭송을 받고 5년 뒤인 1458년에 최초의 효자
비가 세워지니, 지금도 충청남도 홍성군 금마면 신곡리에 복한
의 생가가 효자샘 유적과 함께 남아 있고, 1995년에는 충청남
도 문화재로도 지정됩니다. 잠깐! 그러고 보니 홍성군에는 숨겨

진 명소가 하나 더 있는 거네요. 일 쫌 합시다, 홍성군! 🐻

이후 효자, 효녀를 조정에 보고하면 해당 지방관이 선정을 베푼 결과라며 더 빨리 승진시켜주고 해당 가문은 세금도 면제해주자 각 고을 사또마다, 또 유력 문중마다 억지 효자, 효녀 만들기 프로젝트가 열심히 전개되었다고 합니다.

조선의 효자, 효녀 포상 기준은 크게 세 가지였다고 합니다.

첫째, 부모님이 극도로 아플 때 손가락을 잘라서 태운 재를 술이나 물에 타서 마시게 하여 낫게 한 경우

둘째, 배고픈 부모를 위해 넓적다리 살을 잘라 구워드린 경우

셋째, 변비로 인해 변을 보지 못하는 부모님에게 자식이 입에 기름을 머금고 빨대로 부모님 항문에 기름을 넣어 배변에 성공하는 경우

여러분도 척 보니 뭐가 가장 쉬운지 알 수 있겠지요? 결국 효자, 효녀문을 받은 경우 중 대다수가 변비 치료였으니……, 하지만 시간이 갈수록 이런 식의 효자, 효부 만들기가 횡행하자 조정에서도 정말 특이한 행실이 아니고서는 인정하지 않게 됩니다. 🐻

이에 더 독특한 사연을 찾다가 죽은 남편을 따라 자결한 아내 사연이 크게 부각되자 일부 양반 가문에서는 자살을 빙자해 며

느리를 죽이는 사례가 발생했고, 천한 신분이던 기생의 정절까지 발굴하면서 이처럼 기생 열녀비가 여럿 남아 있게 됩니다. 🐻

기생이라는 신분

조선시대에는 팔천(八賤)이라 하여, 기생, 노비, 승려, 백정, 무격(巫覡, 무당과 박수(남자무당)), 광대, 공장(工匠, 가죽 세공업자 등 수공업자), 상여꾼이 가장 낮은 신분이었습니다.

잔치에서 노래하고 춤을 추며 흥을 돋우는 직업을 가진 여자를 의미하는 기생은 과거 삼국, 고려시대에도 존재했지만, 역사 기록에는 김유신(金庾信)이 말 목을 자르게 만든 천관녀 설화나 고려시대에 기생 학교인 교방(敎坊)이 있었다는 정도 외에는 거의 남겨지지 않아, 그 유래나 상세한 상황은 지금도 연구가 계속되고 있지만 여의치 않다고 합니다.

조선 후기로 올수록 기록이 많아지면서 세부적인 내용이 드러나는데, 기생을 일패, 이패, 삼패로 분류해 일패 기생은 왕실이 직접 관리했으며, 오직 임금 앞에서만 노래와 춤을 추었기에 양반이나 양민이 접근할 수 없는 존재였다고 하네요. 이패 기생은 관기(官妓)와 민기(民妓)로 다시 나뉘는데, 관기는 문무백관을 상대하고 민기는 양반을 상대로 춤과 노래로 접대했다고 합니다. 마지막 삼패는 일반 평민을 상대하는 기생으로, 기생 중에서도 가장 낮은 신분이었다고 합니다.

그래서 일패, 이패 기생은 요즘으로 치면 유명 연예인 대접을 받았는데, 조정에서 관장한 관습도감(慣習都監)에서 악기와 춤을 배우고 재능, 성격, 인격의 고매함까지 육성하는 전문 교육을 이수한 뒤에 기예 시험을 통과해야 했으니 아무나 할 수 있던 것도 아닌 겁니다. 🐻

그래서 일부 양반은 기생들과 학문에 대해 논하는 등 지적 교류를 나누면서 이들을 '해어화(解語花)', 즉 '말을 알아듣는 꽃'이라 불렀던 거지요. 일패 기생은 용비어천가(龍飛御天歌)나 유교 경전 등을 읊었으며, 기생끼리 모여 문학을 논하고 시를 남겨 기생문학이라는 장르를 만들어냈습니다.

우리는 흔히 영화나 드라마에서 기방 큰 방에 남정네들이 앉아 있으면 기생들이 옆에 한 명씩 앉아 연주하고 노래 부르는 장면을 보면서 그게 일반적인 풍경인 줄 알지만, 이는 지금의 술집 풍경을 과거에 대입해 묘사한 가리지날 장면이에요. 원칙적으로는 기방에 남자들이 출입할 수 없고, 본인들이 정한 장소로 기생을 불러내었습니다. 🐻

당시 관기는 관청에서 나리들 생일이나 손님이 오시는 큰 잔치를 벌일 때 마루나 마당에서 춤추고 노래하며 흥을 돋우는 역할 위주였고, 단체 군무를 하기 시작한 것은 순종의 아들인 효

신윤복의 〈쌍검대무〉 (©간송미술관)
(출처_ 공유마당 홈페이지)

신윤복의 〈전모를 쓴 여인〉
(출처 _ 공유마당 홈페이지)

명세자가 고안한 것이라고 하니, 단체 공연 역사는 그리 길지 않습니다. 또한 개인이 운영하던 기방에서는 기생이 방 한켠에 앉아 춤과 노래를 선보이고, 청중들은 각자 상을 하나씩 받아 술과 음식을 먹으며 그 광경을 구경하는 디너쇼 형식으로 운영했다고 하네요.

이처럼 기생은 흥을 돋우는 예술인이기에 매춘을 하는 유녀(遊女)와는 엄연히 달랐습니다. 실제로 이들 기생 중에 왕족이나 양반의 총애를 받아 첩으로 들어가는 것이 그들로서는 최상의 삶이었다고 합니다. 🐻

그러니 춘향전에서 남원부사 변학도가 춘향이에게 관기의 딸이니 수청을 들라고 한 것은 엄연히 월권행위인 것이고, 춘향이 이몽룡과 결혼해 정실부인이 되고자 한 것도 당시에는 그저 일반 백성들의 판타지일 뿐이었던 거지요. 🐻

또한 기생은 엄격하게 사치품을 규제하던 조선 사회에서 유일하게 장신구를 착용할 수 있었고 새로운 스타일을 자주 시도했기에 알게 모르게 민간 유행을 선도했고, 조선 초반 허리까지 내려가던 저고리가 지금처럼 짧게 올라가게 된 것도 이 같은 기생 옷의 유행이 영향을 미쳤다고 하네요. 🐨

하지만 일부는 앞서 영월의 경춘이나 제주 김만덕(金萬德,《알아두면 쓸데 있는 유쾌한 상식사전》제2권 '과학·경제 편'을 참조하세요. 🐨)의 사례처럼 양반이나 양민 집안 출신이었으나, 부모가 일찍 돌아가신 뒤 돌봐줄 후견인이 없어 어쩔 수 없이 기방에 들어간 경우도 종종 있었으니, 사회복지제도가 미비하고 여성 인권이 추락하던 조선 유교사회의 어두운 면이기도 했습니다. 🐨

역사에 이름을 남긴 기생들

조선 4대 여류시인으로 신사임당, 허난설헌(許蘭雪軒), 황진이(黃眞伊), 이매창(李梅窓)이 거론되는데, 이들은 모두 16세기 비슷한 시기에 살았던 여성으로서 그중 신사임당과 허난설헌은 양반 가문의 여류시인으로

개성에 남아 있는 황진이 무덤
(출처 _ 북한지역정보넷 홈페이지)

주목받았지만, 황진이와 이매창은 기생으로서 당대에 유명세를 떨쳤지요. 🐻

다만 지금도 기생 중 가장 유명한 개성 기생 황진이 (1506~1567)는 박연폭포, 서경덕(徐敬德)과 함께 '송도삼절(松都三絶)' 중 하나로 손꼽히지만, 전해지는 야사들 중 대다수가 후대에 만들어진 것이고 그녀의 이름이 기록에 남겨진 것은 18세기 실학자 이덕무(李德懋)의 기록이 첫 등장인 만큼, 어디까지가 진실인지 확인하기 어려워 실제 그녀의 삶이 어땠는지는 많이 알려진 바가 없습니다. 반면, 또 한 명의 여류시인 이매창 (1573~1610)은 직소폭포, 유희경(劉希慶)과 함께 '부안삼절(扶安三絶)' 중 하나로서, 유희경과의 연애 이야기가 당대에 조선 최고의 러브 스토리로 주목받았습니다. 🐻

이매창은 원래 전북 부안현 아전 이탕종(李湯從)과 관비의 딸로 태어나 기생이 되었는데, 뛰어난 거문고 연주 실력과 함께 아버지에게 배운 글로 뛰어난 한시를 곧잘 지어 유명세를 탑니다. 이에 관비 신세여서 부안을 벗어나지 못한 이매창을 만나러 전북 부안까지 허균(許筠) 등 당대의 시인과 문장가들이 찾아왔고, 연평부원군 이귀(李貴), 권필(權韠) 등이 그녀와 시와 필담을 주고받았다고 하네요. 🐻

하지만 그녀의 일편단심 낭군은 유희경(1545~1636)이었습니다. 원래 천민 출신이지만 시를 잘 짓고 풍류에 능해 양반, 중인들과 친분이 두터웠고, '풍월향도(風月香徒)'라는 글짓기 모임을 주도해 문인들 사이에서 유명하던 유희경이 1592년 초 부안에 들렀다가 이매창과 만나게 되었는데, 48세 중늙은이 유희경과 스무살 꽃다운 이매창은 첫 만남부터 서로 이끌려 즐거운 만남을 이어갑니다. 그러나 얼마 지나지 않아 임진왜란이 터지자 유희경은 의병을 조직해 전쟁터로 떠났고, 전쟁 후에는 원래 가정이 있는 한양에 머물게 됩니다. 그는 전쟁 당시의 공을 인정받아 양반으로 신분이 상승했고, 무려 종

부안 매창테마관에 전시된 이매창 영정 (출처 _ 부안문화관광 홈페이지)

매창 사랑의 테마공원 내 이매창 무덤 (출처 _ 부안문화관광 홈페이지)

2품 가선대부(嘉善大夫) 품계까지 받는 등 출세한 뒤 15년 만에 부안을 다시 찾아 이매창을 만나게 되었다고 합니다. 하지만 재회의 기쁨도 잠시, 다시 유희경이 가족이 있는 한양으로 돌아가자 그리움에 사무친 이매창은 병을 얻어 3년 뒤 불과 38세에 세

상을 떠났습니다. 이매창은 죽을 때까지 주변 사람들에게 "절대 유희경에게 알리지 말라."고 당부했다고 합니다. 사랑하는 님에게 폐를 끼치고 싶지 않았겠지요. 결국 그녀는 자신의 소원대로 거문고와 함께 묻힙니다. 🐻

그녀가 유희경을 생각하며 지었다는 "이화우 흩날릴 제 울며 잡고 이별한 님. 추풍낙엽에 저도 나를 생각하는가. 천리에 이로운 꿈만 오락가락 하노라."는 시는, 사람들 사이에서 구전되다가 그녀의 재능을 아끼던 부안 아전들에 의해 1668년까지 남아 있던 시 58수를 묶어 개암사(開巖寺)에서 발간한 《매창집(梅窓集)》에 수록되었고, 이별 후 애절함을 표현한 명시로 남게 되었습니다. 예전에 저 역시 고교 시절 국어 시간에 배운 기억이 나네요. 🐻

부안군은 2015년에 그녀의 무덤 주변을 '매창 사랑의 테마공원'으로 만들었고, 이곳은 시문학을 사랑하는 이들로부터 휴식 공간으로 많은 사랑을 받고 있습니다. 🐻

이후 조선 후기에는 더 과감한 여인이 등장하니, 14세 어린 몸으로 금강산을 홀로 여행한 당찬 여성 김금원(金錦園, 1817~1853)이 그 주인공입니다.

1817년 강원도 원주의 가난한 양반 아버지와 기생 출신 소실 어머니 사이에서 태어난 김금원은, 어린 시절부터 몸이 자주 아파 집안일을 시키지 않고 글을 가르쳤는데 영특하고 호기심이 많았다고 합니다. 그녀는 속박받는 여자로 태어난 것을 한탄하며 1830년 14세 나이에 부모님을 설득해 남장을 하고 나홀로 여행길을 떠납니다. 이는 15세가 되면 관기로서 일을 시작해야 했기에 어린 나이임에도 용기를 낼 수밖에 없기도 했거니와《경국대전(經國大典)》에서 여성이 혼자 여행할 시 곧장 100대에 처한다는 규정도 어긴 것이기도 하니, 실로 죽음도 각오한 여정이었습니다. 🐨 그녀는 제천 의림지를 시작으로 금강산, 관동팔경, 설악산을 거쳐 한양까지 여행을 했고, 고향으로 돌아온 뒤 어머니의 뒤를 이어 기생이 됩니다. 그후 시 잘 짓는 기생으로 이름이 알려졌고 1845년에 추사 김정희와 6촌지간인 김덕희(金德熙)의 첩이 됩니다.

그녀는 의주부윤으로 발령난 김덕희를 따라 경기도 북부, 황해도, 평안도 일대를 유람하게 됩니다. 이에 34세 때 그간의 여행 기록을 모아 여행기《호동서락기(湖東西洛記)》를 남기게 됩니다. 여행기 제목의 호는 호서(충청도), 동은 관동(강원도), 서는 관서(평안도), 락은 한양을 의미한다고 하니, 그녀가 다녔던 여행지를 두루 쓴 것입니다. 🐨

이후 한양 남쪽 용산 한강변 삼호정(三湖亭)에 살면서 자신과 비슷한 처지인 소실, 기생을 모아 조선 최초의 여류시단 '삼호정시사(三湖亭詩社)'를 결성했지만, 대다수 남성들은 곱지 않은 시선을 보냈기에 오래 하지는 못했다고 하네요. 그래도 일부 사

김금원 동상
(ⓒ트로이목마)

대부 문인들은 그녀의 실력을 높이 평가했다고 합니다. 하지만 아쉽게도 그녀는 36세에 요절했고, 그녀가 시를 읊던 삼호정도 현재는 사라져 용산성당 성직자 묘역 자리에 안내판만 서 있습니다. 🐻

뒤늦게 김금원이 조명받으면서, 2020년에 강원도 원주 강원감영 유적지 후원에 김금원이 남장을 하고 여행을 하는 동상을 세웠으니, 당찬 그녀를 찾아 떠나보시는 것도 좋겠습니다. 이처럼 기생 중에는 시대의 한계를 뛰어넘은 인재들이 많았습니다. 🐻

사라져 간 기생들

천민이라고는 하나 조선 정부의 관리를 받던 기생은 나라가 멸망하면서 혹독한 시련에 맞닥뜨리게 됩니다. 🐻

조선총독부는 각 지역별로 권번(券番)이라는 조합에 소속되도록 강제해 감시를 하면서 일본의 유곽녀와 같은 취급을 하게 되며 대도시마다 기생 학교를 설치해 일제 말기까지 운영하니, 술을 따르며 웃음을 파는 기생이라는 이미지는 이때 일본식 유

홍 제도로 인해 왜곡된 겁니다. 🐻

이에 조선 왕실 전속 일패 기생들은 '우리는 일본 기생과 다르다'는 자존심으로 한성기생조합을 만들고, 자선공연으로 모은 돈을 고아원에 기부하는 등 공익활동까지 전개하지요. 또한 많은 기생들이 독립운동에도 앞장섭니다. 특히 평양과 진주 기생들은 만세 시위를 주도하며 "임진왜란을 잊지 말라. 왜병들에게 돌을 던져라."라는 구호를 외치며 적극 저항했다고 합니다. 🐻

그럼에도 수년 전에 일부에서 민족대표들이 3.1 독립선언서를 낭독한 곳이 태화관(泰和館)이라는 기생집이었다고 비난해 파문을 일으킨 적이 있습니다. 그런데 이는 단편적인 지식으로 인한 오해 때문에 빚어진 것입니다.

광화문 사거리에 위치한 일민미술관(一民美術館)은 동아일보사의 첫 본관 건물로, 1926년에 건축되어 1992년까지 신문을 발행한 가장 오래된 언론사 건물이자,

광화문 사거리 일민미술관 (©트로이목마)

바로 이 장소에서 1932년에 조선어학회와 조선어학연구회가 3일간 공청회 공방전을 펼쳐 우리말 표기법에 대한 기본 원칙을

확정한 뜻깊은 장소이기도 하지요. 《알아두면 쓸데 있는 유쾌한 상식사전》 제3권 '언어·예술 편'과 제6권 '우리말·우리글 편'을 참조하세요. 🐻)

1930년대 명월관 본점
(출처 _ ncms.nculture.org)

하지만 원래 이 자리는 한때 한반도에서 명성을 떨치던 국내 첫 고급 요리집 '명월관(明月館)'이 있었습니다. 대한제국 황실 음식과 잔치를 담당하던 대령숙수(待令熟手) 안순환(安淳煥, 1871~1942)은, 나라가 망해 궁에서 쫓겨나자 같이 일하던 궁중 요리사와 일패 기생들을 모아 황제상차림 코스, 냉면 등 각종 요리와 공연을 함께 즐기는 디너쇼 요리집 명월관을 열어 큰 인기를 끕니다. 🐻

왕실 공연만 하던 기생들은 낮에는 종로 거리를 행진하며 노래를 부르면서 명월관으로 오라고 판촉활동을 하고 저녁이 되면 무대 위에서 공연을 했는데, 친일파 거물, 일본 관리, 동경 유학파 등 상류층 손님들이 주로 찾아 디너쇼는 물론 환갑 잔치와 송년 잔치가 거하게 펼쳐졌고, 이들의 공연을 보려고 땅을 팔아 올라온 지방 유지들도 있었다고 하네요. 🐻

하지만 1918년에 화재가 나서 건물이 타버리자, 재건축 비용을 감당할 수 없었던 안순환은 다른 이에게 명월관 명칭과 터를 팔고, 인사동에 새로이 '태화관'을 오픈하게 됩니다. 원래 이 장소는 헌종의 후궁인 경빈 김씨가 살던 순화궁이었지만, 1907년에 경빈 김씨가 사망하자 흥선대원군의 사위이자 이완용(李完用)의 이복 서형인 이윤용(李允用)이 이곳을 사들였고, 1911년부터 이완용이 살다가 1913년에 옥인동 가옥이 완성된 뒤로는 별장으로 사용했다고 합니다. 그러던 1918년 어느날, 마당의 나무가 벼락을 맞아 둘로 쪼개지자 불길하게 여겨 안순환에게 전세로 빌려준 상황이었죠. 🐻

그러고 1년 뒤인 1919년 3월 1일 오후 2시, 민족대표 33인이 이 태화관에 모여 독립선언서 낭독은 생략하고 한용운 선생이 일어나 짧게 연설을 한 후 모두 일어나 '독립만세' 삼창을 제창합니다.

민족대표 3.1 독립선언 상상화
(최대섭, 1976년 작)(출처 _ 위키피디아)

당초 민족대표가 탑골공원에서 낭독 행사를 하려던 것을 왜 태화관으로 바꿨을까요? 이유는, 전날 저녁 사전 점검 회의 때 학생들이 이미 알고 있고 내일 200여 명이 올 것이라고 기독교

측 인사들이 말하자 천도교측 대표들이 당황하게 됩니다. 애초에 본인들만이 모여 낭독하기로 한 것인데 기독교 인사들이 사전 조율 없이 학생들에게 정보를 제공한 것이었기 때문이지요. 🐻 이에 손병희, 박희도(朴熙道), 권동진(權東鎭) 등이 "참가 인원이 너무 늘어나면 자칫 일본 경찰의 강압적 진압으로 학생들이 다친다."며 민족대표들만 그 근처에 모여서 선언 후 자수해 피해를 최소화하자고 제안하고 급히 계획을 변경합니다. 즉 요즘의 대학교수 시국선언처럼 무력 충돌이 아닌 공개적 항의를 통해 신문에 일제 식민지배의 부당성을 알리면, 제1차대전 후 미국 윌슨(Thomas Woodrow Wilson) 대통령의 '민족자결주의' 원칙에 따라 외국에서 도와줄 것이라고 기대를 한 것이지요.

그래서 손병희가 태화관을 예약했는데, 많은 이가 수시로 드나드는 이 식당이라면 모이더라도 덜 의심받을 것이고, 본인의 후처인 주옥경 씨가 예전에 명월관에서 기생으로 근무했기에 이미 안면이 있던 안순환이라면 보안도 유지되는 한편, 이완용과 이토 히로부미(伊藤博文)가 을사늑약을 상의하고 고종의 퇴위와 한일병합을 준비한 치욕의 장소에서 독립선언을 하는 것이 매국적인 모든 조약을 무효화한다는 의지도 표출할 수 있다고 판단했기 때문입니다. 🐻

이 같은 설명은 제 뇌피셜이 아니라 실제 민족대표들이 재판받는 과정에서 그 사유를 밝힌 것입니다.

따라서, 일부에서 민족대표 33인이 비겁하게 당일 탑골공원에 나오지 않고 룸살롱에서 술판을 벌인 것이라고 비난한 것은, 맥락을 따지지 않고 기생집이니 불건전했을 것이라는 선입견으로 비판했던 겁니다. 🐻

또한 민족대표 33인이 모두 변절했다는 식으로 싸잡아 비난하는 것 역시 3.1운동의 의미를 축소하는 것이라 매우 우려스럽습니다. 실제로 민족문제연구소가 수십 년간의 추적 끝에 '친일인명사전'을 만들면서 민족대표 33인 중 친일파로 규정한 이는 최린(崔麟), 정춘수(鄭春洙), 박희도, 이렇게 3명이었습니다. 역사는 팩트 그대로 알리고 그 속에서 우리가 유사한 과오를 다시 저지르지 않도록 교훈을 얻어야 하는 것이지, 기록을 왜곡하는 것은 일본이나 중국이 행하는 역사 왜곡과 별반 다르지 않습니다. 🐻

또한 스스로 먼저 전화를 걸어 자수했다는 것도 사실이 아닙니다. 🐻 일본은 이미 그 전날 저녁 독립선언서를 확인해 시내에 경찰을 늘리는 한편, 민족대표들이 어디에 있는지 알아내기 위해 당시 경성 시내 각 상점에 일일이 전화를 하다가 태화관에도 전화를 했다고 합니다. 전화를 받은 이가 민족대표들에게 "어찌 대답하면 되냐?"고 물으니 "당신이 본대로 대답하시오."라고 말해주었다고 합니다.

그러니 엄밀히 말하자면, 자수가 아니라 수사하던 일본 경찰에 자신의 위치를 밝히고 당당히 잡혀간 겁니다. 태화관 주인 안순환 역시 자리를 빌려주었다는 이유로 체포되었고, 태화관 은 영업정지 당한 뒤 5월 23일에는 의문의 화재까지 발생합니다. 🐻

이에 이완용은 이곳을 미국 감리교 선교회에 팔았고 한동안 YMCA 건물 등으로 사용되다가 1980년에 태화복지재단 소속 의 태화빌딩으로 재건축되어, 이제는 표지석만이 이곳이 3.1독 립선언 발표 장소임을 알리고 있습니다. 🐻

이처럼 일제강점기에 기존 질서가 무너지면서 각자도생의 길 을 걸어야 했던 기생 중 일부는 비누, 화장품 광고 모델로 진출 했으며, 일패 기생 출신인 이난향(李蘭香)은 음반을 내고 가수가 되었고 일부는 배우가 되어 영화계로도 진출 합니다. 🐻

인사동 태화관 터에 있는
3.1 독립선언유적지
(ⓒ 트로이목마)

하지만 일본에서 흘러들어온 일본 기생에 총독부가 배출한 저급 기생 까지 늘어나면서 기생에 대한 이미 지는 날로 악화되었지요. 그러던 중 1945년 해방을 맞이한 뒤 더 이상 기생이란 직업군은 공식적으로 존재하 지 않게 되었고, 왜곡된 기생 이미지만

여전히 남게 되었습니다. 이제라도 한 많았던 여인들에게 더 이상 왜곡된 시선을 보내지 않았으면 합니다. 🐻

　3부에서는 이 땅에서 살다 간 수많은 여성 중 이름이나마 남긴 여인들의 흔적을 살펴보았습니다.
　4부에서는 이 땅을 찾아온 외국인들의 흔적이 남은 곳으로 이어 가고자 합니다.

● 전북 부안 - 매창 사랑의 테마공원 (전라북도 부안군 부안읍 매창로 89)

매창 사랑의 테마공원 입구
(ⓒ트로이목마)

이매창이 38세 나이에 죽고 45년 뒤인 1655년에 묘비가 세워졌다고 하네요.

원래 이 장소는 공동묘지였고 시가지가 확장되면서 묘지를 이전하게 되었지만, 지역 주민들의 반대로 이매창과 명창 이중선(李中仙)의 묘는 자리를 지키게 되었고, 2001년에 시 문학 공원으로 조성되면서 이매창을 기리는 매창문화제 행사가 열리기 시작했으며, 2019년에 매창 테마관을 세우는 등 '매창 사랑의 테마공원'으로 확대 개편되었습니다.

공원 곳곳에는 이매창, 유희경의 시를 새긴 비석은 물론, 이매창의 죽음을 애도한 허균의 시, 후대 문인 이병기(李秉岐), 정비석(鄭飛石) 등의 비석도 있어 잠시나마 아름다운 시의 세계에 빠질 수 있으니, 변산반도 등으로 여행 떠나는 길에 잠시 들르면 좋겠네요. 🐻

● 강원 원주 - 강원감영

강원감영 전경, 포정루 사진
(출처 _ 문화재청)

강원도 원주시에 있으며 야경이 좋다고 소문난 '강원감영(江原監營)'은 1395년부터 1895년까지 조선시대 강원도 지방행정의 중심 관청이었습니다. 선화당(宣化堂), 포정루(布政樓), 청음당(淸陰堂) 등 옛 건물이 그대로 남아 있고, 후원 입구에는 600년 넘은 느티나무가 자리를 지키고 있으며, 2011년부터 진행된 후원 복원 작업도 마무리되어 연못 위 정자 관풍각(觀風閣) 등 조선시대 관청의 구조를 잘 보여주고 있습니다. 🐻

우리 역사에는 수많은 이방인들이 방문했거나 정착했던 흔적이 남아 있는데, 지금까지 보존되고 있는 여러 외국인 방문지를 찾아가볼까 합니다.

기원전 이 땅에 단체 관광 와서 낙서를 남기고 간 서복과 3천 동자, 진시황의 큰아들인 부소가 숨어 살았다는 부소암, 18만 년 동안 한반도에 숨어 살던 삼천갑자 동방삭이 붙잡힌 탄천, 본의 아니게 조선 땅을 밟았다가 탈출해 역사에 이름을 남긴 하멜에 얽힌 슬픈 사연과 사라진 하멜기념전시관, 일본 어민들에게 자리를 빼앗겼던 포항 구룡포 마을, 우리 역사의 흑역사인 만보산 사건의 현장이던 차이나타운 등, 외국인들의 자취를 따라가며 앞으로 대한민국이 다문화 사회를 어떻게 포용할 것인지 고민해보았으면 합니다.

4부

이 땅을 다녀간
외국인들의 흔적을
찾아서

01
제주, 남해
- 서복, 불로초를 찾으러 오다

앞서 우리 역사의 여러 흔적들을 찾아보았는데요. 조선시대 이전에는 우리나라가 개방적인 나라였기에 수많은 외국인들이 드나들었습니다. 그중 2200여 년 전, 우리나라를 찾은 중국인 단체 관광객의 흔적이 여러 곳에 남아 있답니다. 🐻

서복과 3천 동자, 한반도를 찾아오다

중국인 단체 패키지 관광이 그 옛날에도 있었냐고요? 🐻
　엄밀히는 놀러 온 것은 아니지만 우리나라를 방문한 최초의 중국인 단체 관광단은, 기원전 219년 서복의 불로초 탐험대예요. 제주도와 서해, 남해안 일대에는 중국 진시황제의 명령을 받고 죽지 않는 명약, 불로초(不老草)를 찾으러 온 서복(徐福)(또는 서불(徐市))이 다녀갔다는 이야기가 여럿 남아 있을 뿐 아니라, 그때 바위에 새겼다는 글자가 아직까지도 남아 있답니다. 🐻

그중에서도 가장 유명한 곳은 단연 제주도 서귀포(西歸浦)이지요. 지명 자체가 '서복이 서쪽으로 돌아간 항구'라는 뜻이니까요. 🐻

전해지는 얘기로는, 서복이 삼신산(三神山)의 하나로 지목한 영주산(瀛州山, 한라산의 옛 이름)을 찾아

서귀포 항구
(출처 _ 디지털서귀포문화대전)

서귀포 해안에 상륙해 불로초를 발견하려 했지만 결국 실패합니다. 여러 약초만 수북이 뜯어낸 서복은 정방폭포 옆 바위에 '서불과차(徐市過此, 서불이 다녀간다)'라고 새겨 놓고 중국으로 돌아갔다고 하네요. 🐻

서복이 새겼다는 바위 글자는 2천여 년이 지나서도 건재했으니, 1840년부터 8년간 유배생활을 한 추사 김정희가 탁본했

바다로 곧장
떨어지는 정방폭포
(ⓒ이현은)

다는 기록이 있고, 조선말 학자 김석익(金錫翼)이 편찬한 《파한록(破閑錄)》에도 "1877년 제주목사 백낙연이 사람을 시켜 절벽 아래로 줄을 묶고 내려가 12 글자를 탁본했지만 해석하지 못했다."고 적혀 있으나 지금은 거친 파도와 바람에 깎여서 찾을 수 없다고 합니다. 🐻

하지만 제주도는 중국 관광객의 제주도 무비자 방문이 가능해지자 중국인 관광객을 더 유치하겠다며, 전설에 근거해 정방폭포 바로 옆에 서복공원과 서복전시관을 짓겠다고 1999년에 발표합니다. 당시 다수의 시민과 관광업계에서는 동양 최대 규모의 해안 폭포 그 자체로 멋진데 왜 굳이 중국식 건물과 정원을 만들어 경관을 해치느냐고 반대했음에도 결국 2003년에 개관하지요. 🐻

당시 중국 원자바오(溫家寶) 총리가 쓴 휘호를 새긴 서복공원 표지석 및 서복 석상, 시황제의 칭송 시를 새긴 태산각석(泰山刻石) 비석을 기증받는 등, 무려 92여 억 원을 투자해 큰 관심을 받았지만, 얼마 지나지 않아 관심도는 뚝 떨어집니다.

그도 그럴 것이, 외관은 중국풍 건축물과 정원으로 조성했고 내부 콘텐츠도 빈약해 그림 패널과 진시황 청동마

서복전시관 서복 동상 (출처 _ visitjeju.net)

차, 병마용갱(兵馬俑坑) 복제품을 전
시한 정도였으니까요. 매년 적자가
늘자 제주시는 2009년에 추가로 선
박 축소 모형을 전시하고, 서복의 일
생을 다룬 다큐멘터리 및 애니메이
션을 보강하지만, 우리나라 관광객이 굳이

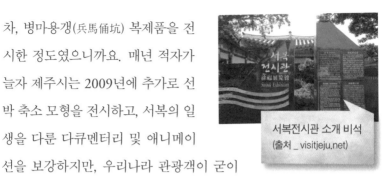

서복전시관 소개 비석
(출처 _ visitjeju.net)

돈을 내고 보러 갈 이유가 없었고 정작 중국 관광객들도 그 시
간에 가장 한국적인 경치를 더 보고 싶지 굳이 서복을 기념하는
박물관을 볼 이유가 없기에 점차 인기가 떨어질 수밖에 없었습
니다. 이에 결국 2023년 5월 10일에 무료로 개방하게 되었습니
다. 🐻

다만, 서귀포와 달리 서복의 글씨로
추정되는 흔적이 지금도 남아 있는 곳
은 경남 남해군입니다. 🐼

남해 금산(錦山) 두모계곡 중턱 거북
바위에 '서불기례일출(徐市起禮日出, 서
불이 뜨는 해를 보고 절을 했다)'이라고
새겨진 양아리 석각에는, 옆의 사진처럼
보이는 글자들이 남아 있기에 2015년
남해군은 탐방로 초입에 중국 서복기념
회에서 기증받은 서복 동상을 세워 기

남해군 '서불기례일출' 석각
글자 (ⓒ한국민족문화대백과
사전)

념하고 있습니다.

그러고 보니, 서복 이 작자는 가는 곳곳마다 바위에 자기 이름 낙서하고 간 어글리 관광객의 시초라 할 만하군요. 🐻

네? 그런데 대체 서복이 누구냐고요? 🐻

서복(BC255~?)은, 원래 중국 전국(戰國)시대 말기 제(濟)나라에서 태어났는데, 천문과 의술에 능해 중국을 통일한 진시황제의 방사(方士, 천문, 주역, 점술, 의술, 도술 전문가)로 중용되었던 인물로, 불로초를 찾아오겠다고 하고서는 결국 도망치니 먹튀계의 조상님이십니다. 🐻

서복 초상화
(출처 _ jofuku.or.jp)

서복이 살던 시대는 중국 전국시대 7대 강국 중 가장 서쪽에 위치한 진나라가 나머지 6국을 멸망시키고 중원을 통일하던 시기였기에, 제나라 출신이지만 시황제의 방사로 덜컥 스카웃됩니다. 다만 문제는, 중국을 통일해 스스로 초대 황제에 오른 진시황에게는 아직 남은 최종 버킷 리스트가 있었으니……, 그것은 바로바로~ 영원히 죽지 않는 불로영생(不老永生)이라는 꿈이었다지요. 🐻

그런 미션 임파서블한 비전을 가진 진시황은 귀곡자(鬼谷子)라는 이로부터 과거 대완국에서 억울하게 죽은 사람들의 얼굴에 까마귀가 풀을 물고 와 덮어주자 다시 살아났다는 이야기가 전해진다는 사실을 듣자, 귀가 번쩍 뜨입니다. 진시황은 그 풀을 어디서 구할 수 있냐고 다그쳐 물으니, 귀곡자는 동해의 조주(祖洲)라는 땅에서 자라는 불로초라고 말해줍니다.

이쯤 되면 사기라는 걸 눈치채야 하는데, 영원히 살 수 있을 것이라는 망상에 부푼 시황제는 여러 방사를 파견하기에 이릅니다. 하지만 B급 방사들이 감감무소식이 되자 BC219년 드디어 A급 방사, 서복에게 불로초를 찾아오라는 영을 내립니다. 이에 에이스 구라 실력을 겸비한 서복은 "동쪽 바다에 봉래산(蓬萊山), 방장산(方丈山), 영주산이라는 삼신산이 있고, 그 산마다 신선이 살고 있다고 하니 불로초를 얻어오겠습니다. 그러니 깨끗한 정신을 가진 남녀 어린아이 3천 명을 데리고 가게 해주십시오."라고 청해 출발하게 됩니다.(《사기(史記)》, 〈진시황본기(秦始皇本紀)〉, '진시황 28년') 🐻

이때 서복이 말한 동쪽 바다 삼신산은 중국 동쪽 바다에 접한 제나라 사람들이 신선들이 사는 이상향으로 생각한 곳이라고 합니다. 이 세 산이 어딘지는 여전히 여러 설들이 존재하는데, 당시 서복의 여정을 보면 방장산은 타이완 옥산(3952미터), 영주산은 우리나라 제주도 한라산(1947미터), 봉래산은 일본 규슈 아소산(1593미터)이라고 여긴 모양입니다. 그런데 이후 우리나라 무속신앙에서는 이걸 한반도로 한정해 영주산은 한라산, 방장산은 지리산, 봉래산은 금강산이라고 해석했고, 앞서 소개한 광한루 앞 연못 속 삼신산 바위로 그렇게 조성한 것이죠. 게다가 부산에서는 영도 봉래산이 서복이 지목한 봉래산이라고 여겨 서복이 다녀갔다고 믿은 설화도 있어요. 강원도 영월 별마루 천문대가 있는 산도 봉래산이긴 하네요. 🐻

7년간의 첫 번째 항해 때 서복 일행이 발해만을 지나 한반도 서해안부터 남해안까지 샅샅이 바닷가를 다 훑고 일본까지 간 뒤 제주도에 상륙했던 모양입니다. 그래서 결국 불로초를 못 찾고 떠나면서 "서복이 서쪽으로 되돌아간다."고 한 것이 서귀포의 유래가 되었다는데, 빈 손으로 돌아온 서복을 본 진시황은 크게 화를 냈다고 기록은 전합니다.

"방사란 놈 중에 제대로 일하는 자가 없다. 한중(韓衆)은 가더니 소식이 없고, 서복은 거금을 쓰고도 끝내 약을 구하지 못했다. 함양(咸陽, 진나라 수도)에 있는 방사를 조사해보았더니 요망한 말로 백성을 어지럽히고 있다."며 크게 화를 내었다고 합니다. (《사기(史記)》, 〈진시황본기(秦始皇本紀)〉, '진시황 35년') 🐻

진시황 : 얼른내봐 내불로초

서복 : 암소쏘리 빈손귀향

진시황 : 내귀의심 죽고싶니

서복 : 원모타임 도전요청

진시황 : 하오하오 삼천지원

서복 : 그걸믿니 구라지롱

　목이 간당간당해진 서복은 시황제에게 다시 거짓말을 합니다. "삼신산을 다 다녀보았는데 그중 봉래산에서 선약을 구할수 있다고 하나 커다란 상어 때문에 접근할 수 없었습니다. 활잘 쏘는 사람들을 동행하게 해주시면 상어를 죽이고 구해 오겠다."고 약속하니, 몸이 바짝 단 진시황은 BC210년에 다시 배60척, 군사 5천 명, 3천 명의 아이들과 함께 신선에게 선물할 오곡 씨앗과 각종 선물을 주며 불로초를 꼭 찾아오라고 신신당부합니다. 🐻

　하지만 불로초를 찾아오겠다던 서복은 끝내 돌아오지 않습니다. 생각해보면 그의 2차 항해는 처음부터 도망갈 수밖에 없는상황이었습니다. 불로초를 찾는다면 그걸 황제에게 바치느니

본인이 홀라당 먹어버리는 것이 가장 합리적인 선택이고, 못 찾는다면 목이 달아날 것이 뻔하니 1차 원정 때 보아둔 살기 좋은 곳에 가서 선진문명을 전파하며 대접받고 사는 게 최선이니까요. 🐻

그렇게 출항한 서복 일행은 홀연히 사라지니 《후한서(後漢書)》와 《삼국지》에는 "서복이 먼 바다를 지나 넓은 평원에 이르러 스스로 왕이 되었다고 전하는데, 타이완 또는 일본이 아닐까?"라고 기록되어 있습니다.

실제로 우리나라에는, 앞서 소개한 제주도는 물론 남해 금산, 거제 해금강(海金剛), 부산 영도 봉래산, 인천 덕적도와 백령도, 군산 선유도, 진도군 진도, 여수 백도 등 여러 바닷가는 물론이고 지리산이나 남원 삼신산에도 서복 전설이 전해지고 있지만, 지금은 거의 잊혔지요. 정말 서복은 여기저기 많이도 쑤시고 다닌 모양입니다. 🐻

하나 더 짚고 넘어가야 할 것은, 현재 제주도와 남해 금산은 물론 중국과 일본 서복 동상을 보면 하나같이 노인으로 묘사했는데, 실제 그가 첫 항해를 떠날 때 나이는 36세입니다. 7년간 항해 후 다시 2차 출정을 떠나 일본 주장대로 일본에 정착해서 왕 노릇을 시작한 나이도 43세에 불과합니다. 지금보다 훨씬 평균수명이 짧은 시대였다고는 하지만, 그렇게 할배스럽진 않았을 거예요. 🐻

지난 2021년에 우리나라에서 서복 관련 문화 콘텐츠가 나옵니다. 응? 그런 게 있다고요? 네. 배우 공유, 박보검이 주연한 영화 '서복' 역시 이 서복 설화를 모티브로 만들었으니, 영화 속 인류 최초의 복제인간 이름이 바로 '서복'이에요. 🐨

중국의 가짜 서복마을

우리나라와 일본은 물론이고 타이완 및 여러 동남아 국가에도 서복 전설이 남아 있다는데, 유독 일본인들이 서복에 대한 관심이 큽니다. 그 이유는 서복의 최종 정착지가 바로 일본이었다고 주장하고 있기 때문인데, 규슈 사가현은 가라쓰(唐津)에 서복이 왕국을 세웠다고 주장하며 서복전시관을 만들어 놓았지요. 또한 오사카 남쪽 와카야마현 신궁(神宮)시에는 서복공원 뿐 아니라 서복의 무덤까지 조성하는 등, 도쿄에 이르기까지 25개의 유적이 존재하고 있고, 서복이 가져온 중국 본토 선진 문물인 벼농사 기술, 의약 지식, 포경술로부터 야요이(弥生) 문화가 시작했다고 주장하나 봅니다. 이는 한반도로부터 선진 문물을 받은 역사적 사실 대신에 서복 신화를 이용해 중국에서 직접 문물을 전수받았고, 이후 한반도로 진출해 문명을 전파했다는 억지 주장을 하기에 너무나 좋은 구실이 되기 때문이지요. 🐨

2016년에 우리나라에서도 개봉한 일본 애니메이션 도라에몽 극장판 '버스 오브 재팬(New Nobita and the Birth of Japan)'에서도, 타임머신을 타고 과거로 간 도라에몽 일행이 일본인 조상들이 중국에서 건너오는 것을 도와준다는 스토리로 구성되어 있어요.

중국 역시 일본인들의 이 같은 관심을 이용해 돈을 끌어 모으려고 만만찮은 역사 왜곡을 하고 있지요. 🗿

1982년 장쑤성(江蘇省) 롄윈강시(連雲港市) 서부(徐阜) 마을이 청나라 건륭제(乾隆帝) 이전에는 서복촌(徐福村)이라 불렸고, 서복과 관련된 유적이 소재한 것으로 판명되어 서복의 고향 마을을 찾았다고 대대적으로 홍보합니다. 이에 지금까지 일본 관광객이 다수 찾아가고 있고 그 마을에서는 기념품으로 서복차(徐福茶)를 절찬리에 판매 중이랍니다. 🐻

중국 서복촌 표지석
(출처 _ baike.baidu.com)

서복의 고향 마을에서
판매 중이라는 서복차
(출처 _ shinguu.jp)

그런데 서복의 후손이 대대로 살아온 생가라고 했던 그 서씨네 가문은, 실은 명나라 때 이 마을로 이사왔다는 옛 이야기가 있었는데 당국이 무시했다는 사실이 뒤늦게 알려지게 됩니다. 즉, 서복촌은 일본 관광객을 유치하기 위해 조성한 가짜 원조마을이었던 겁니다. 🐨 그렇습니다. 자본주의를 경멸한다던 중국 공산당도 돈 앞에서는 그깟 역사적 진실 따위는 중요하지 않은 겁니다. "울리 살람, Show Me The Money 좋아한다 해~." 🐻

게다가 요즘 중뽕에 가득 찬 중국 네티즌들은 서복이 일본을 지나 사할린섬을 지나 캄차카반도를 지나 아메리카 알래스카까지 다녀왔다는 신박한 주장을 하고 있다고 합니다. 네네~, 아무렴요. 당연히 그러셨겠지요. 이제 이 정도 역사 왜곡으로는 그다지 놀랍지도 않아요. 🐻

진시황의 장남, 부소가 숨어 살았다는 남해 부소암

서복에 얽힌 여러 유적지를 소개했는데 특이하게도 우리나라 남해 금산 부소암(扶蘇巖) 바위에는 또 다른 전설이 추가로 전해지고 있어요. 즉 진시황의 첫째 아들 부소(扶蘇)가 서복을 뒤따라 도망쳐, 이곳에서 움막을 짓고 살았다는 겁니다. 🐨

사마천(司馬遷)의 《사기》에는, 불로영생을 추구하던 진시황이 도망간 서복을 원망하며 영생을 줄 것이라 믿은 새로운 묘약인 수은을 마시다가 고작 49세에 죽음을 맞이하면서, 변방에 나

남해 금산 부소암 (©송명호)
(출처 _ 구글이미지)

가 있던 본인의 큰아들 부소에게 물려준다고 유언을 남겼다고 합니다. 하지만 환관 조고(趙高)와 승상 이사(李斯)는 총명한 부소가 2대 황제가 되면 자신들의 입지가 흔들린다고 여겨 유언장을 조작해 18번째 아들이자

어머니가 오랑캐 출신 후궁인 호해(胡亥)를 옹립하면서 부소에게 자결하라는 가짜 유언장을 보내어 자결토록 했다고 기록하고 있죠. 그래서 남해 부소암에 얽힌 이 전설이 과연 진실인지는 알 수 없지요. 아마도 당시 전쟁을 피해 한반도로 도망쳐 온 중국 진나라 유민들이, 불쌍한 부소 태자가 자기들처럼 도망쳐 어딘가에 살아 있을 거라고 믿으며 만들어낸 이야기가 2200여 년간 이어져 온 것이 아닌가 합니다. 🐻

하지만, 한반도로 도망쳤다는 중국인 중 제일 유명한 인물은 부소가 아니에요. 오히려 삼천갑자 동방삭(三千甲子 東方朔)이 더 유명하지요. 🐻

동방삭이 누구냐고요?

우리나라 코미디 역사의 레전드 에피소드 '김수한무' 이야기라고 혹시 아시는지요? 여기에 삼천갑자 동방삭이 나옵니다. 내용은 이렇습니다.

자손이 귀한 양반 집에 드디어 손자가 태어나니 할아버지가 매우 기뻐하며 오래오래 살라고 이름에 온갖 장수하는 명칭을 가져다 붙이지만, 손자가 그만 물에 빠지고 맙니다. 급히 달려온 하인이 그 손자를 구해야 한다고 설명하려고 기나긴 이름을 줄줄이 읊는 도중에 결국 사망한다는 웃픈 스토리였는데, 그 귀한 손자 이름이 바로 "김수한무 거북이와 두루미 삼천갑자 동방삭 치치카포 사리사리센타 ~"였

삼천갑자 동방삭
(출처 _ 위키피디아)

으니, 20세기에도 동방삭은 장수한 사람 중 가장 먼저 손꼽히는 겁니다. 🐻

실존인물 동방삭은, 중국 고대 역사를 총망라한 《사기》를 쓴 사마천의 친구이자 한나라 무제(武帝)의 신하로서 천재이자 괴팍한 성격으로 유명했는데, 이후 중국 전설에서는 무려 3천갑자년(3,000 × 60년) 즉, 18만 년 동안 산 도인으로 널리 알려져 있어요. 🐱

중국 전설에서는, 먹으면 죽지 않는 술이 발견되어 한나라 무제에게 바쳐졌는데, 동방삭이 본인이 그 술을 잘 아니 가짜인지 먼저 시음해보겠다고 해서 한무제가 순순히 술항아리를 건네주자 그대로 원샷으로 다 마셔버렸답니다. 화가 머리 끝까지 치솟

은 한무제가 죽이려 들지만, 동방삭이 "저를 죽여서 제가 죽으면 이 술이 가짜인 것이니 죽일 필요가 없었고, 이 술이 진짜라면 죽여도 안 죽을 것입니다."라고 뻔뻔하게 나오자 그냥 풀어주었고 이후로 사라져버렸다고 하지요. 🐻

하지만 이 전설이 우리나라로 넘어와 업그레이드가 됩니다. 즉, 동방삭이 염라대왕의 사망자 명부 속 본인의 이름을 지워 삼천갑자년, 즉 18만 년 동안 죽지 않고 한반도로 도망쳐 살고 있었답니다. 결국 염라대왕이 명부가 조작된 사실을 뒤늦게 깨닫고 저승사자들을 풀어 잡아오라고 명하지만, 18만 년 동안 지혜를 쌓은 동방삭이 요리조리 피해 다녀 잡지 못했다고 합니다. 이에 저승사자 중 특급 에이스, 강림도령을 보내니 그는 숯을 잔뜩 들고는 매일 하천에 가서 열심히 씻었다고 합니다. 그 장면을 본 사람들이 지나가면서 뭐하는 거냐고 물어보면 "숯을 샀는데 까매서 물로 씻어 하얗게 만들려고 합니다."라고 대답을 했다네요. 그래서 다들 별 미친 놈을 다본다며 혀를 끌끌 차고 지나가길 몇 달이 흘러, 한 노인이 지나가다가 물었을 때 강림도령이 똑같은 답을 하자 껄껄 웃으며 "내가 삼천갑자나 살았지만 이처럼 멍청한 놈은 처음이구나."라고 말해버립니다. 그 순간 강림도령이 정체를 드러내며 "잡았다, 요놈."이라며 동방삭을 붙잡아 저승으로 끌고 갔다고 합니다. 🐻

그 강림도령이 숯을 어찌나 오래 씻었는지 그후로 여태까지

266

하천 물이 까맣다고 하여 붙여진 이름이
바로 양재천과 만나 한강으로 흘러가는 탄
천(炭川, 까만내)이에요. 🐻

また한 제주도에서는 강림도령 대신 여신
마고할미가 저승사자를 속여 4만 년 동안
죽지 않은 사만이를 잡기 위해 숯을 씻어서
붙잡는 동일한 구조의 이야기가 존재하지
요. 🐻

그러고 보니 물이 까맣게
보이는 탄천 (ⓒ트로이목마)

이처럼 알게 모르게 머언 옛날 중국인들
과 관련된 유적지가 우리나라 곳곳에 있으
니 그 주변 관광지를 보러 갔다가 시간이 되면 한 번쯤 찾아가
서, 중국 단체 관광의 폐해는 이미 2200년 전부터 시작되었다
고 알려주면 어떨까요? 🐻

제주도 여행지야 워낙 유명한 곳이 많으니 특별한 몇 곳만 소개하겠습니다.

● **우도 훈데르트바서 파크** (제주시 우도면 우도해안길 32-12)

훈데르트바서 파크 전경 (출처 _ visitjeju.net)

제주도 동쪽에 위치한 우도는 성산포항에서 배를 타고 들어갈 수 있습니다. 자동차 입항을 제한하고 도보로 한 바퀴 도는 올레 1-1코스가 각광을 받았는데, 2022년 3월 우도 남쪽에 훈데르트바서 파크가 들어서면서 화제가 되고 있습니다.

오스트리아의 대표 화가이자 친환경 건축가였던 훈데르트바서 (Hundertwasser, 1928~2000)를 테마로 한 호텔과 훈데르트바서 갤러리 및 여러 국내 작가 갤러리 공간으로 만들어져, 환경과 예술이 조화로운 테마공원으로 주목받고 있죠. 🐻

● 탐나라공화국 (제주시 한림읍 한창로 897)

제주 탐나라공화국 (출처 _ visitjeju.net)

남이섬 공화국을 탄생시킨 강우현 대표가 2004년부터 새로 개척하고 있는 상상의 나라입니다.

3만 평 부지에 80여 개 연못과 '나이야~가라' 인공폭포, 각종 쓰레기를 재활용한 각종 조각, 30만 권 이상 소장되어 있는 헌책 박물관 등이 존재합니다. 🐗

● 차귀도 유람선 (제주시 한경면 노을해안로 1160)

차귀도 (출처 _ visitjeju.net)

제주도 주변에는 매력적인 작은 섬이 많습니다. 우도, 가파도, 마라도 관광이 우선이겠지만, 이미 다 가봤다면 오롯이 풍경만 보며 1시간 걷는 트래킹이 가능한 차귀도 유람선 관광을 추천합니다. 배로 차귀도 주변을 돈 뒤 상륙해 섬을 산책한 후 다시 배를 타고 돌아오는 코스가 일반적인 구성이라고 합니다. 보통 10시, 오후 2시 두 차례 출항하지만 날씨로 인한 일정 변동이 많으므로 사전 전화 예약 및 수시 확인이 필수입니다.

제주에서 가장 큰 무인도이자 천연기념물로서 2011년부터 개방된 차귀도는, 1986년 영화 '공포의 외인구단'에서 지옥 훈련을 받는 장소로 나온 곳이기도 합니다. 네? '공포의 외인구단'이 뭐냐고요? 음……, 지면이 모자라니 넘어갑시다. "난 네가 기뻐하는 일이라면 뭐든지 할 수 있어~." 🐻

● 스누피가든 (제주시 구좌읍 금백초로 930)

스누피가든 (ⓒ이현은)

코로나19가 맹위를 떨치던 2020년 7월에 오픈한 '스누피가든'은 스누피 관련 캐릭터 체험 공원입니다. 실내 구역인 가든하우스 5개 테마홀과 11개 야외 구역으로 이루어져 있고, 아기자기한 스누피 캐릭터 포토존으로 인기를 모으고 있습니다. '찰리 브라운과 친구들'을 모르는 아이들이라도 즐거워할 만한 공간이지요. 🐻

● 에코랜드 테마파크 (제주시 조천읍 남조로 1982)

에코랜드 미니 증기기관차
(출처 _ 에코랜드테마파크 홈페이지)

다양한 색상의 1800년대 풍의 증기 기관차를 타고 가다가 각 역에 내려서 곶자왈 숲을 구경할 수 있는 30만 평 규모의 광활한 테마파크로, 재미와 함께 힐링 휴양도 할 수 있어 큰 인기를 모으고 있습니다. 특히 오픈 당시 제주도민들이 크게 환영했다고 합니다. 제주도민 분들은 태어나 비행기나 여객선은 종종 타지만 기차를 탈 일이 별로 없었으니까요. 🐼

경남 남해에서 가볼 만한 곳

경남 남해군의 갈 만한 관광지도 소개해드립니다.

● 남해대교

남해대교 (ⓒ한국민족문화대백과사전)

오랫동안 바다로 둘러싸인 섬이었던 남해는 1973년에 남해대교가 만들어지면서 육지에서 차로 바로 진입할 수 있게 되었습니다. 🐻

건립 당시 국내 최초의 현수교 다리이자 당시 동양 최대 현수교라며 우리나라 건축공학의 성과라고 널리널리 알렸지요. 빨간색 현수교여서 미국 샌프란시스코 금문교(Golden Gate Bridge)의 미니 버전처럼 보이기도 합니다. 그래서 실제로 '한국의 금문교'라고 불렸고, 지금도 남해의 랜드마크입니다. 🐻

그런데, 굳이 왜 이 다리를 관광지라고 하느냐고요? 어허, 무슨 말씀을요. 어릴 적 제 선친이 친구분들과 전세버스를 대절해 온 가족을 데리고 이 다리를 보러 갔었단 말입니다. 1970년대에는 해외에 우리나라를 소개하던 영상마다 꼭 넣었던 한국의 대표 랜드마크였으니까요. 🐻

● 남해 관음포 이충무공 유적 (경남 남해군 상주면 상주리 1136-1)

이충무공 전몰유허 이락사문
(출처 _ 문화재청)

남해대교를 건너 얼마 가지 않아 나오는 이충무공 전몰유허 앞바다가 바로 노량해전이 펼쳐진 바다입니다. 🐼

이순신 장군이 물러나는 왜적이 두 번 다시 이 땅을 침범하지 못하게 끝까지 지켜냈던 관음포 앞바다를 내려다보는 언덕에 자리한 이락사(李落寺)는 이순신 장군을 모신 사당으로, 1832년에 이순신의 8대손인 이항권(李恒權)이 통제사로 남해에 부임해 충무공유허비(忠武公遺墟碑)와 함께 만들었다고 합니다.

현재 이락사 오른편에는 이순신 영상관이 만들어져 노량해전 영상 및 관련 유품들이 전시되고 있습니다. 🐻

● 금산

남해 금산 전경 (©Ryuch)
(출처 _ 위키피디아)

통일신라 경덕왕(景德王) 시절인 757년부터 한반도 최남단의 섬이라고 하여 남해(南海)라고 불린 남해군에는 72개의 섬이 있고 수려한 풍경을 가진 지형이 많은데, 그중 가장 유명한 장소는 남해 남단의 금산(錦山, 비단산)입니다. 산 전체가 바다를 향해 내달리다가 멈춘 듯, 기암괴석이 비단처럼 펼쳐진 곳이죠.

앞서 서복의 흔적이 남아 있는 두모계곡, 진시황의 장남 부소가 살았다는 전설이 서린 부소암을 소개해드렸는데, 그 외에도 유명한 전설을 가진 절경으로는 이성계가 백일기도를 올리고 조선의 왕이 되었다는 '이씨기단(李氏祈壇)'이 있습니다.

남해 보리암 일출
(출처 _ 보리암 홈페이지)

당초 원효대사가 건립한 보광사가 있어 보광산(普光山)이라 불리었지만, 이성계가 왕위에 오른 뒤 은혜를 갚기 위해 산 전체를 비단으로 감싸려 했지만 불가능하자 대신에 '영원히 비단을 덮은 산'이 되라는 의미로 금산이라고 이름을 고쳐 부르게 했다는 민간 전설을 품은 풍경이 장관을 이루고 있습니다.

또한 정상에는 기도처로 유명한 보리암이 있는데, 흔히 강화 석모도 보문사(普門寺), 양양 낙산사(洛山寺) 홍련암과 더불어 '대한민국 3대 기도 도량'이라 불리고 있으며, 이들 암자 모두 바다를 바라보는 풍광 좋은 배산임수(背山臨水) 명당 자리에 있다고 합니다. 🐻

02
제주, 강진, 여수
- 하멜의 조선 탈출 여정을 찾아서

제주도는 아름다운 자연 경관으로 인해 2천여 년 전 서복 등 중국 단체 관광객을 비롯해 이후에도 외국인이 찾아온 경우가 종종 있었습니다. 고려 후기 원(元) 간섭기에는 몽골이 말 키우기 좋다고 직접 통치하기까지 했지요. 그러나 본의 아니게 방문했던 경우도 있었으니, 대항해시대 일본으로 향하던 네덜란드 선원들이 표류한 경우가 많았습니다. 🐻

그중 가장 널리 알려진 이가 바로 하멜(Hendrik Hamel, 1630~1692)이지요.

그는 상선 스페르베르(De Sperwer)호를 타고 네덜란드 식민지 항구도시 바타비아(지금의 인도네시아 자카르타)를 출항해 일본 나가사키로 가던 중 폭풍우를 만나 1653년 8월 16일 새벽 제주도 해안에서 배가 난파했는데, 그때 살아남은 선원 중 한 명이었습니다.

하멜 일행은 호기심 어린 주민들의 시선 속에 대정현 관아로 이송되어 조사받게 되는데, 지금은 제주도가 남북으로 제주시와 서귀포시로 나뉘지만, 조선시대에는 제주목, 대정현, 표선현 등 3개로 나뉘어 있었습니다. 이들을 조사한 대정현 권극중(權克仲) 현감이 올린 보고서를 통해 서양 길리시단(吉利是段, 크리스천의 한자 표기)이라는 사실이 알려지자 효종은 이들을 한양으로 불러올립니다. 이에 제주도에서 배를 타고 강진에 도착해 꼬박 14일을 걸어 한양까지 가게 되었는데, 하멜은 그 혼란스러운 상황에서도 꼼꼼히 조선의 풍물을 적었다고 합니다. 🐻

그런데 한양에 도착한 이들은 눈앞에 나타난 한 남자를 보고 깜짝 놀라지 않을 수 없었으니, 갓을 쓴 파란 눈의 사나이가 도포 자락을 휘날리며 네덜란드어로 인사를 해 온 겁니다. 🐻

벨테브레(박연) : "할로(Hallo). 너네 혹시 네덜란드 사람이지 않니암스테르담?"

하멜 일행 : "허걱. 아니 왜 여기서 형님, 아니 네덜란드 사람이 나오로테르담?"

벨테브레(박연) : "반갑구만. 웰컴 투 헬조선~."

하멜 일행 : "형님, 아니 삼촌, 우리 고향에 갈 수 있게 도와주세

요."

벨테브레(박연) : "노노. 여기는 들어오는 건 맘대로였겠지만 나가는 건 안 되는 나라란다."

하멜 일행 앞에 나타난 조선 최초의 귀화 유럽인 벨테브레(Jan Janse de Weltevree)의 사연은 이렇습니다.

하멜보다 26년 앞선 1627년에 제주도에 표류한 벨테브레 등 3명은 한양으로 올라가 인조를 알현하게 되었는데, 그들은 네덜란드 동인도회사 지점이 있는 일본 나가사키로 가게 해 달라고 요청합니다. 이를 인조가 승낙하면서 명나라를 통해 돌려보내려 하지만 당시 청나라에게 얻어터지던 중이라 명나라는 그럴 여유가 없다며 거절합니다. 이에 마지 못해 일본에 연락해 남만인(남쪽 오랑캐, 당시에는 서양인을 그렇게 표현함)을 받으라고 했지만, 당시 도쿠가와(德川) 막부가 "부처극락 야소(예수)지옥"이라 외치며 기독교도들을 강제 개종시키거나 죽이던 상황이라 기독교를 믿는 오랑캐는 안 받는다고 거절해버립니다. 🐻

그런데 저 구호 왠지 익숙하죠? 일부 개신교도가 거리에서 외치는 "예수천국 불신지옥"의 원조입니다. 🐻

당초 일본과 처음 교류한 포르투갈은 열성적인 가톨릭 국가여서 선교사를 파견했다가 결국 교류를 중단당하게 되었고, 대신 접근한 다른 유럽 국가 중 네덜란드가 기독교 전파없이 상거래만 하겠다고 약속해 일본과 단독 무역을 하던 상황이었습니다. 하지만 서서히 기독교인들이 늘어났고 다이묘(大名, 지방 영주) 중에도 기독교를 믿은 이들 대부분이 도요토미 가문 편에 섰기에, 도요토미 가문을 밀어낸 도쿠가와 막부는 종교 탄압 겸 적대 세력 말살이라는 두 마리 토끼를 다 잡고자 네덜란드와의 교류도 잠시 중단하던 상황이었기에 벨테브레 일행을 받기를 거부한 겁니다. 당시 기독교인을 색출하기 위해 예수나 성모 마리아 그림을 밟게 했는데, 차마 밟지 못하면 바로 목을 칠 정도로 혹독하게 탄압해 지금도 일본은 기독교를 믿는 이들이 채 1퍼센트도 되지 않습니다. 🐻

이처럼 명나라, 일본 모두 안 받겠다고 하는 바람에 벨테브레와 두 부하는 어쩔 수 없이 조선에 남게 되면서 훈련도감에 배치되었는데, 아니 이게 웬일? 이 남자 알고 보니 총기류 전문가여서 조선군으로서는 완전 복덩어리였던 겁니다. 🐻

원래 벨테브레는 네덜란드 동인도회사 소속 선박을 지키는 사략선(私掠船, 국가에서 허가받은 해적선)에서 부하 2명을 거느린 하청업체 사장이었는데, 생존 차원에서 총포 및 화포 기술을 보유하고 있었던 거지요. 이에 조선군 대포를 개량하면서 인정받게 되어 조선은 그를 결혼시켜 눌러앉혔고, 박연(朴淵)이라는 이름까지 하사합니다. 이후 점차 진급한 벨테브레는 임진왜란 때 항복한 왜병과 망명한 명나라 사람 등으로 구성된 외인부대장으로까지 출세하니, 돈 안 되는 영세 보안업체 사장 노릇을 하던 것보다는 조선에서 훨씬 나은 삶을 살게 된 겁니다. 🐻

하지만 9년 뒤인 1636년 병자호란 당시 전투에 참전했다가 두 부하는 전사하고 본인만 살아남았기에, 하멜을 만날 당시에는 네덜란드어를 거의 잊은 터라 며칠 지나서야 겨우 단어들을 기억해내어 그나마 말이 통했다고 합니다. 그 소식을 들은 효종은 "그렇지. 박연은 조선사람 맞다니까!"라고 웃었다나요? 🐻

원래대로라면 하멜 일행도 기존 방식대로 청나라나 일본을 통해 돌려보내야 하지만, 효종이 하멜 일행을 억지로 붙잡은 건 벨테브레처럼 화포 기술을 얻을 거라고 내심 기대했기 때문입니다. 병자호란의 복수를 꿈꾸던 효종으로서는 굴러들어 온 복덩어리라고 여겼겠지요. 이에 이들에게 모두 조선 이름을 하사했는데, 하멜은 '남하면'이라는 새 이름을 받게 됩니다. "응. 너는 이제부터 남하면이여. 그리 알어." 🐻

하지만 아뿔싸! 회계 및 서무 담당이던 하멜 등 살아남은 선원 대부분은 문과돌이었고, 화포 등 무기 기술자들은 다 익사한 줄 몰랐던 거예요. 뒤늦게 이들의 실체를 알고 실망한 조정은 효종 친위 부대에 배속시켜 도망 못 가게 감시하는 한편, 밥값 좀 하라며 궁중 연회나 관료들 잔치에서 노래 부르고 춤추는 광대 놀이를 시켰답니다. 400년 전에 이미 "문송합니다.(문과라 죄송합니다.)"가 실현된 것이죠. 🐻

길거리에서도 모두가 이들을 괴물 취급하고 놀려대어 마음의 상처가 깊어지자 가장 직급이 높았던 두 명이 십자가를 지게 됩니다. 조선을 방문한 청나라 사신 앞으로 뛰쳐나와 고향으로 보내 달라고 애원했던 거죠. 하지만 청나라 사신들은 갑자기 파란 눈을 가진 괴상한 이들이 조선 군졸 옷을 입고 튀어나와 쌀라쌀라 외치자 놀라서 멀뚱히 볼 뿐이었고, 조선 군인들이 곧장 이들을 체포해 감옥에 넣었는데 곧 죽고 말지요. 하멜은 아마 그들이 참수당했을 거라고 기록합니다. 🐻

이 사태로 인해 청나라 사신들이 조선이 외국인을 데려와 비밀병기를 개발하고 있다고 오해하게 되면 큰일이라고 생각한 관료들은, 증거 인멸 차원에서 남은 33명을 다 죽이자고 청합니다. 이 사실을 벨테브레가 하멜 일행에게 알려준 그때 마침, 효종의 동생, 인평대군(麟坪大君)이 지나가자 이들은 그에게 매달려 눈물을 쏟으며 살려 달라고 애원합니다.

본인도 병자호란 때 청나라에 끌려가 갖은 수모를 당한 경험이 있던 인평대군이 이를 딱하게 여겨 형님에게 살려는 주자고 건의하니, 문과돌이들인 줄 모르고 억지로 붙잡은 자기 잘못도 있었기에 효종도 고개를 끄덕입니다.

이에 청나라 사신을 뇌물로 구워삶아 입을 막는 한편, 신하들에게는 "거 오랑캐들이 불쌍하니 그냥 유배 보내자."고 하여 전남 강진 병영으로 보내 7년간 지내게 합니다. 하멜 일행은 또다시 보름 남짓 걸어 강진에 도착한 뒤 성벽 쌓기 등 강제 노역을 하게 되었는데, 이들은 짚과 흙을 함께 비벼 담을 쌓던 조선인들에게 네덜란드식으로 돌을 45도 각도로 비스듬히 눕혀 촘촘히 세우고 그 사이를 흙으로 메우는 빗살돌담쌓기 기술을 전수해 성벽이 더 튼튼해지도록 했다고 합니다. 그런 걸 보면 단순 문과돌이들은 아니었던 거 같은데……. 🐻

이후 효종이 죽고 현종이 즉위한 뒤 경신대기근(庚辛大飢饉)이라는 엄청난 흉년이 들어 서로 잡아먹는 아수라장이 펼쳐지자, 이들에게 먹일 식량조차 부족해 나주, 순천, 여수 등으로 분산 배치합니다. 이때 하멜 등 8명은 전라좌수영이 위치한 여수에 가게 되었는데, 가끔 악질적인 수군절도사가 갑질을 해 하루 종일 땡볕에 세우는 벌을 주기도 하고 밥을 안 줘 동냥을 다녀야 하는 처지가 되자 드디어 탈출을 결심하게 됩니다.

이들은 친하게 지낸 이웃에게 부탁해 그동안 모은 돈으로 동네 어부의 배를 사게 되는데, 이 어부가 실제 구매자가 외국인인 걸 알고 안 팔려고 하는 바람에 2~3배 바가지 요금을 쳐준 뒤 겨우 작은 배를 구합니다. 결국 1666년 9월 4일 밤에 그 배를 타고 사흘간 노를 저어 일본으로 탈출에 성공해 규슈 나가사키에 있는 네덜란드 동인도회사 지국에 복귀하니, 만 13년 28일 만이었다고 하지요. 🐻

하멜의 기록에 따르면, 일본 해안에 도착했을 때 이들을 조사한 일본 관리가 다음날 54개 항목의 질문지를 가져와 하루 내내 질문을 했다고 합니다. 이 일본 관리는 국적과 난파 지점, 배의 대포수, 화물, 한양 압송 이유 등 이들의 억류 관련 정보는 물론, 조선의 산물, 군사장비, 군함 등을 세세하고 체계적으로 캐물었고, 이후 막부의 추가 조사 시에는 이보다 더 상세한 질문을 하니 체계적인 행정에 하멜이 감탄합니다. 조선에서는 제주에서나 강진에서나 한양에서나 매번 동일한 기초 질문만 했다고 합니다. 즉, 조선 공무원들이 조사 자료를 안 넘겨주고 사람만 넘겨주었던 것과 대비되었던 겁니다. 🐻

일본은 조사를 마친 후 문제가 없다고 판단해 나가사키 데지

마섬에 있는 네덜란드 동인도회사 지국으로 보내주었고, 하멜은 "아직 조선에 8명이 더 남아 있다. 일본 정부를 통해 조선에 송환을 요구해 달라."고 보고하고 귀국 길에 오릅니다. 이에 네덜란드 동인도회사가 일본 막부에 조선에 억류된 자국민 송환을 요구하니, 일본은 조선에 거짓말까지 섞어 이들을 요구합니다.

일본 : "안녕하시마스. 오란다(네덜란드) 사람들이 억류되었다는데 내놓아야 하지 않겠데스까?

조선 : "고뤠? 그 남만인들이 오란다라는 나라 사람들이라고?"

일본 : "오란다는 우리 속국이지구라. 사죄와 배상도 요구한다데스."

조선 : "그러면 예전에 왜 벨테브레는 안 데리고 갔나? 오란다에 이거 얘기해, 말어?

일본 : "헉! 그걸 기억하다니. 미안하다 사랑한다. 그냥 8명만 보내주고 통치자. 오라이?"

이처럼 일본은 네덜란드가 자신들의 속국이라고 거짓말하며 보상까지 요구하려다가 조선의 반박으로 1668년에 그냥 생존자 8명을 받은 후 네덜란드에 보내줍니다. 🐻

이후 네덜란드가 조선이라는 나라에 관심을 가지고 직접 교류하려 하자, 일본은 또다시 '조선은 우리 속국'이라며, "우리냐, 조선이냐, 둘 중 하나만 선택하라."고 강하게 어필해, 결국 네덜란드는 일본과만 교류하게 됩니다. 뭐, 어차피 조선 역시 네덜란드와 전혀 교류할 의지가 없었으니 지금 생각해보면 두고두고 아쉬운 대목입니다. 🐻

한편, 하멜은 귀국 후 왜 조선에 억류되었는지 시말서를 자세히 작성합니다. 14년간 밀린 월급을 받아야 했으니까요. 하지만 닳고 닳은 네덜란드 동인도회사는 하멜과 일행들에게 배가 난파된 것은 다 너희들 탓이라며 그 책임을 물어 밀린 연봉을 다 주지 않고 소액의 보상금만 지급하는 꼼수를 부립니다. 🐨

돈이 필요했던 하멜은 회사에 냈던 시말서를 출판하기로 하니, 1668년 암스테르담에서 《스페르베르호의 불행한 항해 일지(Journal van de Ongeluckige Voyage van't Jacht de Sperwer)》라는 이름으로 책을 출간하고, 그 책이 큰 인기를 끌면서 프랑스, 독일, 영어판이 잇따라 나오게 되어 유럽에 코리아를 널리 알리게 된 것이지요. 덤으로 돈도 벌고요. 🐻

그렇습니다. 우리가 아는 책 제목 《하멜 표류기》는 1939년에 박문서관에서 《스페르베르호의 불행한 항해 일지》 영어판을 번역하면서 붙인 이름인데, 밀린 월급을 받기 위해 그렇게 기나긴 글을 썼다는 점에서 그의 기록 정신은 높이 살 수 있습니다. 마치 마키아벨리(Niccolò Machiavelli)가 토스카나공국 공무원으로

뽑히기 위해 쓴 자기소개 및 정책 제시 보고서가 이후《군주론》이라는 이름으로 역사에 길이 남은 것처럼요. 당시 먹고살고자 절박한 마음에 글을 쓴 하멜이나 마키아벨리는, 역사에 자기 이름이 이렇게 널리 알려지게 될 줄 상상이나 했을까요? 🐻

이처럼 취업이나 밀린 월급을 받아내기 위해 그토록 엄청난 글을 쓴 걸 보면, 예전에도 참 먹고살기 힘들었다는 걸 알 수 있어요. 🐻

다만 문제는 하멜이 자신을 억류한 조선이라는 나라에 대해 좋은 감정이 없었다는 겁니다. 하멜은 책에다가 일본의 악랄한 사형법을 조선 문물이라고 소개하는 등, 흥미를 유발하는 악의적 왜곡 내용도 넣는 바람에 유럽인들에게 조선은 일본에 비해 열등한 나라라는 이미지를 심어주게 되었지요. 그런 불편한 진실이 있음에도 하멜이 유럽에 우리나라를 알렸다는 이유만으로 너무 여기저기서 기념하는 건 글쎄요……, 저는 좀 아니올시다라는 느낌이 듭니다. 🐻

어쨌거나 하멜은 끊임없이 기록하고 이를 책자로 내어 역사에 이름을 남겼으니, 이럴 때 쓸 만한 사자성어는 역시 '적자생존(적는 자만 살아남는다)'이겠네요. 아재 농담에도 좀 웃어주세요. 🐻

그럼 본격적으로 하멜과 관련된 국내 관광지를 알아봅시다.

제주 하멜기념비와 사라진 하멜상선전시관 (제주 서귀포시 안덕면 사계리 112-3)

제주 올레길 10코스를 걷다 보면, 산방산 아래 용머리 해안에 하멜 기념비를 볼 수 있습니다. 지금도 하멜이 도착한 해안이 어디인지 확정되지 않았지만, 1980년에 산방산 아래 용머리해안 부근에서 발견된 네덜란드인 유골을 근거로 국제문화협회와 네덜란드왕국 문화역사재단이 하멜 기념비를 세웠지요. 그후 하멜 표착 350주년을 기념해 2003년에 이 해안가에 당시 예산 30억 원을 들여

하멜기념비 (출처 _ visitjeju.net)

De Sperwer (스페르베르호)
하멜상선전시관

지금은 철거된 하멜상선
전시관 (ⓒ트로이목마)

실제 범선의 80퍼센트 크기로 재현한 하멜상선전시관을 오픈했습니다. 당시 배정된 예산이 모자라 80퍼센트로 축소해 만들었다고 하니 참 아쉬운 결정이었고, 내부에 당시 모습을 재현한

모형을 전시했지만 결국 2022년 연말에 철거해 이제는 더 이상 볼 수 없게 되었습니다. 🐻

그 전시관을 만든 지 19년 만에 철거하게 된 배경은 여러가지가 있는데, 일단 과연 그곳이 표류한 해안이 맞느냐는 논란이 이어지던 중, 1694년부터 1696년까지 제주목사를 지낸 이익태(李益泰)가 작성한 《지영록(知瀛錄)》이 1999년에 발견되었는데, 이를 해석해보니 하멜 일행이 표류했다는 대야수(大也水) 해안은 차귀도와 마주보는 수월봉 부근 바다였기에 현재 전시관 위치가 전혀 맞지 않았던 겁니다. 또한 2003년에 국립제주박물관 학예사들이 작은 배를 타고 해류를 따라 흐르는 실험을 하던 중, 실제로 태풍에 떠밀려 도착한 곳이 차귀도였기에 용머리해안은 아닌 것으로 판명납니다. 🐻

게다가 잦은 태풍 피해로 인해 상선 전시관 내·외부 부식이 심해져 안전 진단을 한 결과 수리 비용이 크게 들 것으로 판명되었고, 이미 19년 동안 유지보수 비용만도 10억 원 이상 사용되었다는 사실이 밝혀져 사람들의 비판을 받자 결국 2022년말에 철거하고 사라지게 된 겁니다. 결국 13년 체류기간 중 첫 10개월을 지낸 제주도는 현재 하멜기념비 외에는 기념관이 없는 상황이 되었습니다. 🐻

강진 전라병영성 하멜기념관 (전라남도 강진군 병영면 병영성로 180)

지금은 여수 '하멜전시관'과 함께 유이한 하멜 기념공간이 된 강진 하멜기념관은, 13년 체류 중 가장 긴 기간인 7년간(1656년 3월 ~ 1663년 3월) 강진에서 머물렀던 것을 기념해 세운 전시관이자 네덜란드 호르큼(Gorinchem)시와 강진이 자매결연을 맺은 것을 기념해 만들었다고 합니다.

강진 하멜기념관
(출처 _ 강진문화관광 홈페이지)

하멜 동상 (출처 _ 강진문화관광 홈페이지)

하멜기념관은 2개의 건물로 구성되어 있는데, 타원형 목조 건축물은 하멜이 도착한 남도의 섬을 의미하고 각진 건물은 스페르베르호를 상징한다고 하며 70여 점의 유물을 전시하고 있습니다. 기념관 내부에는 어린이들을 위한 활쏘기 체험 게임 공간 등이 있고, 야외에는 하멜 동상과 네덜란드 풍차 건물을 배치해 볼거리, 즐길거리를 제공하고 있습니다. 🐻

여수 하멜전시관 (전라남도 여수시 하멜로 96)

여수 하멜전시관 (©Altostrarus)
(출처 _ 위키피디아)

판옥선과 스페르베르호 크기 비교
(©홍성민) (출처 _ 구글이미지)

여수 낭만 포차거리 인근에는 하멜 등대와 하멜전시관이 있습니다. 심지어 도로 이름조차 하멜로인데, 이는 하멜 일행이 조선을 탈출한 곳이 바로 여수이기 때문입니다.

하멜전시관은 2층 규모의 4개 전시실이 있는데, 1층 전시실에는 무려《하멜표류기》원본이 전시 중입니다. 이는 지난 2012년 여수엑스포 당시 네덜란드에서 기증했다고 하네요. 🐻

여기에는 하멜과 동료들의 제주도 상륙부터 탈출에 이르기까지 여정과 함께, 판옥선과 스페르베르호의 모형을 나란히 놓아 크기를 비교할 수 있는데, 판옥선 길이가 41미터인 반면, 스페르베르호는 25미터로 크기는 판옥선에 비해 오히려 작다는 것을 알 수 있지요.

2층에는 아이들의 시선에 맞춰 좀 더 쉽게 하멜 일대기를 보여주고 있고, 마지막에는 여수 소개까지 함께 전시되고 있습니다. 여수 여행하는 길에 잠시 들러보면 괜찮을 듯합니다. 🐻

03
경북 포항
- 기막힌 사연을 가진 구룡포 일본인 마을

새해 첫날이면 한반도에서 가장 먼저 해를 맞이한다는 포항 영일만 호미곶을 찾아가 새로운 희망을 염원하는 분들 많을 겁니다. 그런데 말입니다. 1년 중 대부분은 포항 호미곶이 가장 먼저 해가 뜨지만, 막상 겨울철인 새해 첫날 무렵에는 울산 간절곶에서 더 먼저 해가 떠오른다고 하네요. 🐻

그냥 생각하기에는 우리나라 동쪽 끝 독도에서 가장 먼저 해가 뜨는 것 아닐까 생각하겠지만, 지구의 축이 23.5도 기울어져 있기에 태양은 정동 방향에서 뜨는 것이 아니라 동남쪽에서 비스듬히 비춰지므로 시기에 따라 포항 또는 울산이 가장 먼저 해를 맞이하게 되는 겁니다. 🐻

어쨌거나, 한반도를 호랑이에 비유한다면 꼬리에 해당되는

호미곶 일출 (출처 _ homigot.invil.org)

포항 호미곶은 '희망의 손'이라는 대형 조각이 바다에 설치되면서 더욱 유명한 관광명소가 되었는데, 실은 그 손은 2개가 있답니다. 그럼 다른 손은 어디 있냐고요? 🐻 다른 한 손은 바다 위로 솟은 손과 해안선을 마주 보고 육지 쪽에 솟아 있으니, 바닷가에 가서 바다 손을 본 뒤 뒤돌아 육지 손도 찾아보세요. 어라? 주제가 이게 아니었는데……. 🐻

이 호미곶을 가려면 구룡포항을 지나가는 루트로 가는 경우가 많습니다.

구룡포가 과메기의 본고장으로 유명하기는 하지만, 실제로는 우리나라에서 대게가 가장 많이 잡히는 항구입니다. 하지만 워낙 울진, 영덕이 이미 대게로 유명해진 상황이라서 과메기를 대표 요리로 내세우고 있어요. 🐻

구룡포 항구 (출처 _ 한국관광공사)

과메기의 유래

과메기 (ⓒ트로이목마)

포항 특산물로 십여 년 전부터 전국에 널리 알려진 과메기라는 요리는, 아주 오래 전부터 궁궐에 바치던 진상품이었습니다. 《경상도읍지(慶尙道邑誌, 1832)》, 《영남읍지(嶺南邑誌, 1871)》 기록에는 영일만의 토속 식품으로 진상품이었다고 하며, 당시 청어를 연기에 그을려 부패를 막는 기술을 연관목(燃貫目)이라고 했기에 당시 기록에는 관목(貫目)청어라고 적었는데, 이를 줄여서 '관목이'라고 부르다가 어느덧 '과메기'로 변형되었다고 하네요. 하지만 최근에는 청어가 씨가 말라 대부분 꽁치로 만들고 있고, 비린 맛을 줄이고 먹기 편하도록 내장을 제거하고 반으로 갈라 말리는 방식이 가장 흔해졌어요. 🐻

우리에게는 낯선 청어(靑魚)는 정어리와 비슷한 물고기로, 과거에는 고등어, 꽁치보다 훨씬 많이 잡혀 '등푸른 물고기'의 대표격이었기에 이름마저 그냥 '푸른 물고

청어와 정어리 구분법 (출처 _ 국립수산과학원)

기'라 불린 거지요. 이들 등푸른 물고기들은 상온에서 빨리 상하는 특성이 있어 냉장고가 없던 옛날에는 오래 보관하기 위해 과메기로 만들거나, 소금에 절일 수밖에 없었다고 합니다. 임진왜란 당시에도 이순신 장군과 수군이 겨울에는 청어를 잡아 과메기로 만들어 미역에 싸서 먹으며 기나긴 전쟁을 수행했다고 하네요. 🐻

특히 1600년경부터 100여 년간 지구 기온이 1도 이상 낮아지는 소빙하기가 닥치면서 우리나라도 경신대기근(1670~1671)이라고 불리는 대흉년을 맞게 되는데, 날씨가 추워지자 한류성 어류인 청어가 동해는 물론 남해와 서해까지 몰려와 해안가 백성들은 청어 과메기로 살아남았다고 하니, 우리 민족에게는 참으로 고마운 물고기이기도 합니다. 🐻

그러나, 그후 지구 기온이 정상화되면서 19세기 이후 난류성 어류인 조기와 고등어가 서남해로 올라와 주류가 된 반면, 청어는 동해에서만 잡히면서 포항 일대를 제외하고는 과메기는 한동안 잊힌 음식이 되었던 겁니다.

구룡포 '일본인 가옥 거리' 탄생 배경 (경북 포항시 남구 구룡포읍 구룡포리)

최근 국내 드라마 '동백꽃 필 무렵', '갯마을 차차차'의 주요 배경으로 등장하면서 널리 알려지기 시작한 포항 구룡포 일본인 가옥 거리는, 일제강점기 시절 가옥 80여 채가 남아 있어 감성 충만한 포토존으로 유명세를 타고 있습니다. 다른 지역의 옛 일본 가옥이 띄엄띄엄 떨어져 있는 반면, 가옥이 연달아 이어져 일본식 거리가 남아 있는 거의 유일한 곳이기에 포항시는 그 인기에 힘입어 주말 체험, 전시 프로그램과 바다 투어버스를 운영하는 등 더 많은 관광객을 유치하기 위한 노력을 전개 중입니다. 🐻

그런데 구룡포 일본인 가옥 거리는 다른 일본인 거주지와는 그 출발점이 달랐습니다. 🐼

부산, 인천, 원산항 일본인 거리는 개항 당시부터 일본 도·소매 상인들이 조선에 물건을 팔기 위해 정착하고 동양척식회사 지점이 개설되는 등 전략적 거점으로 육성된 지역이고, 군산과 목포는 값싼 조선 농작물을 일본으로 실어 나르기 위해 일본인 자본가와 종업원이 거주했습니다. 반면, 구룡포 마을은 조선 말까지 아무도 관심이 없는 조용한 어촌이었는데 1883년부터 일

구룡포 일본인 가옥 거리
(출처 _ ncms.nculture.org)

본 어부들도 조선 바다에서 어업이 가능해지면서, 가가와현(香川県) 어업단 80여 척이 구룡포에 왔다가 물 반 고기 반인 황금 어장에 반해 일본인들이 최초로 이주하면서 자연스럽게 일본인 거리가 만들어졌기에 목적 자체가 달랐던 거예요. 👹

앞서 과메기의 주 재료였던 청어에 대해 설명했는데, 우리나라뿐만 아니라 외국에서도 오랜 기간 다양한 청어 요리가 환영받았어요. 그런데 산업혁명 이후 화학 기술이 발전해 청어와 정어리에서 짜낸 기름으로 비누와 윤활유 등을 만들 수 있게 되면서, 산업 자원으로 더 중요해집니다. 특히 석유 자원이 부족했던 일본이 19세기 후반부터 선박 기름으로 석유 대신 청어 기름을 활용하면서 우리나라 동해안까지 청어를 잡으러 진출했고, 일본인들이 구룡포에 본격적으로 이주한 것은 1906년부터였다고 합니다. 🐻

일본 시코쿠 가가와현 (출처 _ JNTO 홈페이지)

구룡포항으로 이주한 일본 어부 중 절반은 오사카와 바다를 두고 마주 보는 시코쿠(四國)섬 북동쪽 가가와현 어민들이었습니다. 당시 일본열도 인근 바다는 어부들이 너무 많은 생선을 남획해 씨가 말랐던 반면, 포항 앞바다는 물 반

고기 반이라고 표현할 수 있을 만큼 그물에 너무 많은 생선이 잡혀 그 무게를 이기지 못해 배가 침몰하기까지 할 정도라는 소식이 전해지자, 가가와현의 가난한 어민들이 너도나도 이주해 왔다고 하네요. 🐻

첫 일본인 거주민들은 수가 적어서 조선인들이 살지 않는 지역을 골라 집을 지었는데, 월등히 앞선 동력선과 그물로 포획하며 조선인 어부보다 더 많은 생선을 잡아 부를 형성하기 시작하면서 자연스럽게 구룡포 중심지역이 일본인 차지가 되었다고 합니다. 당시 일본 어선에 비해 작은 배에 의존하던 조선 어부들은 크게 반발했지만, 일본인들로 인해 구룡포 전체 인프라가 발달하면서 혜택을 보았기에 공생(共生) 관계가 되었다고 하죠. 하지만 조선 어부들은 엄연히 피해자였어요. 🐻

다만 이 지역의 갈등은 일본인 집단 간에 더 크게 발생했는데, 초기 정착민으로서 먼저 터를 잡은 가가와현 어민들이 가장 큰 부자가 된 하시모토 젠기치(橋本善吉)라는 인물을 중심으로 텃세를 부리자 타 지역에서 건너온 일본 어민들이 도가와 야스브로(十河彌三郎)

구룡포항 방파제
(출처 _ 네이버 지도맵 캡처)

를 중심으로 뭉쳐 두 집단이 충돌했는데,

부상자가 발생할 정도로 격렬히 싸웠다고 합니다. 🐻

하지만 태풍으로 구룡포항이 자꾸 손상되고 침몰 사고가 잇따르자 두 세력이 힘을 합쳐 1926년에 182미터 길이의 방파제를 세워 거센 파도를 막을 수 있게 되고, 1935년에는 70미터를 연장하면서 현재의 구룡포항 모습이 완성됩니다. 그런데 이 방파제를 만들기 위해 돌을 캐고 옮기고 바다를 메우는 것은 오로지 조선인들의 몫이었지요. 🐻

이처럼 현대식 방파제를 완공해 동해안 최대 어업 전진기지로 확장되자 성어기인 초가을부터 겨울 사이에는 600여 척의 어선과 1만 명의 선원이 몰렸다고 하는데, 대부분은 최신 장비로 무장한 거대한 어선을 가진 일본인들이었기에 조선인 어민들은 뒷전으로 밀려나 허드렛일을 하거나 고향을 떠나게 됩니다. 🐻

이처럼 일본인들이 주도권을 잡은 구룡포는 매년 포획량이 늘어나자 아예 갓 잡은 청어를 통조림으로 가공하는 공장도 들어서고, 일본식 목조 2층 가옥들이 음식점, 제과점, 술집으로 들어서기 시작하면서 당시에는 종로거리로 불렸다고 하며, 1932년에는 최대 287가구 1,161명의 일본인이 거주할 정도로 번성하면서 일본인 학교, 신사(神社), 절까지 들어섭니다. 🐻

하지만 일본이 패망하면서 일본인들은 집을 남겨둔 채 일본으로 돌아갑니다. 일부 일본인들은 한국인 이웃에게 집과 사업을 맡기면서 곧 돌아올 거라고 말했지만 결코 복귀할 수 없었지요.

이후 구룡포에서 태어났던 일본인들은 '구룡포회' 모임을 결성해, 간간이 자신들의 고향을 찾아온다고 합니다.

구룡포 근대역사관
(출처 _ ncms.nculture.org)

이처럼 해방 후 일본인들이 자국으로 돌아가면서 구룡포항은 다시 우리나라 어민들의 거점이 됩니다. 이후 다수의 옛 일본인 가옥은 각종 상점으로 개조되어 활용되고 있고, 그중 거주민 중심 인물이던 하시모토 젠기치가 일본에서 자재를 들여와 지었던 호화 2층 가옥은, 2010년에 구룡포 근대역사관으로 개조되어 불행했던 구룡포의 근현대사를 알려주고 있습니다. 🐻

구룡포공원으로 올라가는 계단
(출처 _ ncms.nculture.org)

그 과정에서 상징적으로 남은 흔적이 구룡포공원 계단 옆 기둥입니다.

구룡포 일본인 가옥 거리 중간

구룡포공원의 아홉 용 동상
(출처 _ ncms.nculture.org)

에는 탁 트인 전망을 볼 수 있는 구룡포공원이 있는데, 당초 이곳에는 신사가 있었지만 해방 후 철거하고 순국선열 및 호국영령을 기리는 충혼각과 충혼탑으로 바꾸었는데, 정상까지 올라가는 60계단만큼은 지금도 첫 모습 그대로 남아 있습니다. 최근 그 계단을 활용해 미디어아트를 상영하고 있는데, 그 계단 양쪽으로 총 120개의 돌기둥이 서 있습니다. 이 돌기둥을 유심히 보면 당초 구룡포 항구를 조성하는 데 기여한 일본인들의 이름이 새겨져 있었으나, 해방 이후 일본인들이 떠난 뒤 그 기록을 모두 덮고 1960년에 충혼각 건립에 기여한 후원자들의 이름을 다시 새겨 놓은 것을 알 수 있습니다. 🐻

다만 한 가지 아쉬운 점이라면, 원래 이 거리는 '구룡포 근대문화 역사 거리'였는데 외부 관광객을 유치한다고 자자체가 '구룡포 일본인 가옥 거리'로 이름도 바꾸고, 드라마가 흥행하면서 지금은 이국적 정취 덕에 인기 관광지가 되면서 대여점에서 기모노를 빌려 입은 이들이 인생샷을 찍고 있다죠. 하지만 나라를 빼앗겼던 암울한 시기에 민간 경제까지 깊숙이 침투했던 일본 침략의 흔적이 남아 있는 장소인 만큼, 그저 사진이 예쁘게 찍히는 곳으로만 보지 말고 그때의 비극을 다시 되풀이하지 않는 역사 교훈의 장소로 기억해주기 바랍니다. 🐻

구룡포 일본인 가옥 거리 이야기는 여기서 끝이지만, 아직 청어에 얽힌 미스터리는 남아 있습니다.

100여 년 전 청어로 인해 포항 구룡포가 활성화된 데 이어 일제는 동해안을 따라 청어가 많이 잡히는 구역을 계속 개발해 나갔습니다. 당초 동해안 남쪽에서만 많이 잡히던 청어가 1923년부터 함경도 앞바다에도 대거 나타나자 조선총독부는 청진, 나진, 웅기에도 항구와 정제공장을 지어 청어 잡이에 나서는데, 1937년에는 138만 8천 톤을 잡아 단일 어종 최대 어획량을 기록합니다. 🐻

이처럼 1930년대 우리나라는, 《알아두면 쓸데 있는 유쾌한 상식사전》 제2권 '과학·경제 편'에서 소개해드린 황금광 열풍과 더불어 청어 풍년이라는 자원을 착취당하며, 세계대공황 시기에 일본 경제를 살리는 '산소호흡기' 같은 역할까지 해주었습니다. 실제로 태평양전쟁 당시 석유 확보가 여의치 않던 일본은 동해 바다에서 잡은 청어 기름을 정제해 해군 함정 연료의 50퍼센트까지 충당할 정도였다고 합니다. 과거 북한이 수차례 나진항을 자유무역지대로 활용하려 했는데, 당시 일본이 조성한 어업기지 및 철도 인프라를 바로 활용할 수 있었기 때문이었죠. 즉 이 지역에 어업기지와 철도 인프라를 건설했을 정도로 당시 일본의 기대는 매우 컸던 것입니다.

그런데……, 1943년부터 거짓말처럼 청어가 단 한 마리도 나타나지 않아 군함 운행에 차질이 발생했고, 그로 인해 패전이 앞당겨졌다는 평가를 받습니다. 청어, 땡큐예요~. 🐻

이처럼 미스터리하게 사라졌던 청어가 2010년 이후 다시 나타나 최근 포항에서는 예전처럼 청어로 만드는 과메기가 늘어나고 있다고 합니다. 아직도 밝혀지지 않은 청어 이동의 비밀이 밝혀질 그날을 기다리며, 다음에 포항에 놀러가면 오리지날 청어 과메기에 도전해보는 건 어떨까요? 🐻

04

인천, 부산
- 슬프고 안타까운 흑역사를 간직한
차이나타운

앞서 구룡포 일본인 마을 흔적을 알아보았는데요. 일제강점기 시절 이 땅에 정착했던 일본인들은 대다수 되돌아갔지만, 같은 시대 한반도에 정착한 화교들은 지금도 우리 사회의 일원으로 살아가고 있습니다.

　이들이 모여 사는 차이나타운에는 우리가 잊고 지내는 가슴 아픈 사연들이 녹아 있습니다. 🐻

맛집 거리로 관광 명소가 된 차이나타운

부산역, 인천역 맞은편에는 차이나타운이 존재합니다. 1876년

인천역 건너 만나게 되는
인천 차이나타운 (ⓒ트로이목마)

만두집이 유명한 부산역
건너 차이나타운 (ⓒ트로이목마)

개항 이후 한반도로 넘어온 중국인들이 항구 앞에 모여 살아온 지역이 140여 년 넘게 이어지고 있는 것이죠. 🐻

인천 차이나타운에는 최초로 한국식 검은 짜장면을 개발한 '공화춘'의 뒤를 이어 중국요리 맛집들이 모여 있고, 한쪽에는 삼국지 벽화도 만들어져 많은 이들이 찾는 지역 명소가 되었습니다. 영화 '올드보이' 만두로 유명한 장성향(長盛香), 중국 만두 및 과자 맛집 신발원(新發園) 등으로 유명한 부산 차이나타운 역시, 많은 식당이 들어섰지요.

이들 차이나타운의 중국인은 최근 급증한 대륙의 중화인민공화국 이민자들과는 전혀 다른 정체성을 가지고 100여 년 이상 이 땅에 정착한 '화교'입니다. 화교나 중국인들이나 다 같은 이들이 아니냐고요?

그렇지 않아요. 그 배경부터 설명드려야겠네요. 🐻

경제적으로 성공한 난민

이 세상에는 자기 나라를 가지지 못한 소수민족이 여전히 많습니다. 중국만 해도 한족(漢族)을 제외한 55개 소수민족이 있는데, 이 중 자기 민족이 세운 나라가 옆에 있는 경우는 조선족, 몽골족, 키르키스탄족 등 일부에 불과하지요. 아프리카, 동남아 국가는 물론 유럽 내에도 수많은 소수민족이 존재해 내전에 휩싸이거나 갈등이 분출되는 경우가 허다합니다. 🐻

이처럼 자기 나라가 없거나, 있어도 여러 사정으로 다른 나라에 흩어져 사는 난민 중 경제적으로 성공한 경우는, 크게 유대인, 파르시, 화교 등 3대 난민 집단이 손꼽혀요.

우선, 유대인은 굳이 설명하지 않아도 다들 잘 알고 있다시피 미국이나 유럽의 정치, 경제, 문화 영역에 깊숙이 자리잡아 2천여 년 만에 다시금 이스라엘을 건국하는 데 성공했으며, 뛰어난 두뇌로 가장 많은 노벨상 수상자를 배출하고 있는 것으로도 유명하지요. 현재 유대인 총 인구는 1,500~1,600만 명 내외로, 미국에 680여 만 명, 이스라엘에 500여 만 명이 살고 있고, 그외 전 세계에 널리 퍼져 살고 있습니다. 세계 인구의 0.2퍼센트에 불과하지만 지금까지 300여 명의 노벨상 수상자를 배출할 정도로 큰 영향력을 지니고 있지요. 🐨

두 번째로 성공한 난민, 파르시(Parsi)는 우리에게는 잘 알려져 있지 않지만, 인도에서 가장 성공한 소수민족이에요. 이들은 원래 조로아스터교(배화교(拜火敎), Zoroastrianism)를 믿던 페르시아(이란) 사람들인데, 651년 사산조페르시아가 무슬림의 침공으로 멸망하자 자신들의 종교를 지키기 위해 인도로 도망쳐 지금까지 인도에서 자신들의 종교를 지키며 살고 있어요. 🐼

지난 100년간 가장 많은 기부를 한 인도 타타그룹 창시자 잠세티 타타 (출처 _ HUREN India 트위터)

이들은 철저히 자기네끼리 혼인하며 전통을 지켜오고 있는데, 비록 인구는 10여 만 명에 불과하지만 인도 10대 재벌 중 최대 규모인 타타(Tata) 그룹을 비롯한 3개 기업 집단을 파르시 가문이 소유하고 있으며, 이들은 탄탄한 경제력으로 인도 상류층으로 자리잡고 있지요. 타타 그룹의 창시자인 잠세티 타타(Jamsetji Tata)는 가족 및 후손의 기부금을 제외하고 오로지 본인 기부액 102조 원만으로도 지난 100년간 세상에서 가장 많은 금액을 기부한 사람으로 기록되고 있습니다. 기부의 왕이라 칭송받는 빌 게이츠(Bill Gates)보다 1.5배 이상 많이 한 거예요. 🐼

영화 '보헤미안 랩소디'로 인해 다시 주목받은 영국 록밴드

퀸(QUEEN)의 리드 보컬, 프레디 머큐리(Freddie Mercury)도 파르시 출신이에요. 그의 아버지가 영화에서 계속 강조하던 '좋은 생각, 좋은 말, 좋은 행동(good thoughts, good words, good deeds)'이 바로 조로아스터교도들의 생활 윤리입니다.

세 번째 난민, 화교(華僑)는 19세기부터 20세기 초반까지 중국 내 혼란을 피해 타국으로 이주한 중국인 후손들인데, 전 세계에 4,700만 명, 아시아에만 3,300만 명이나 된다고 하네요. 🐨

이들은 뛰어난 상술과 근면 성실한 자세로 상권을 장악하여 동남아 각국에서는 최상류층을 차지하고 있는 상황입니다. 다만, 강력한 경제제재 조치를 단행한 우리나라와 일본에서는 그 수가 미미하고, 말레이시아 역시 화교에 대한 차별 정책을 실시하고 있지요. 실제로 말레이시아연방은 싱가포르의 정치적 영향력이 커지자 "중국인이 너무 많아 곤란하다."는 이유로 1965년에 연방에서 쫓아내 억지로 싱가포르가 독립하게 만든 바 있습니다. 🐨

당시에는 보잘 것 없던 싱가포르가 이제는 말레이시아를 능가하는 경제력을 보유하고 있기에 일부에서는 말레이시아가 오판한 것이라고 비판하지만, 만약에 싱가포르가 여전히 연방에 속해 있었다면 지금쯤 말레이시아의 정치 역시 화교가 좌지우지하고 있을 겁니다. 🐨

우리나라는 화교가 그 존재감을 별로 드러내지 못하는 특이한 국가 중 하나인데, 그 원인으로 흔히 1962년 화폐 개혁과 1968년 '재한 외국인 부동산 취득 억제' 대책을 손꼽지만, 그보다 먼저 일제강점기 한반도에서 벌어진 화교 배척 및 학살 사건이 첫 계기였다는 사실은 대부분 모르고 있습니다.

한반도에 온 중국인들

역사 기록으로 보면 중국인의 이주는 고조선에 투항했다가 왕위를 찬탈한 위만(衛滿)부터 시작해 아주 오랜 역사를 갖고 있습니다. 다만 중국에서는 조선후(朝鮮候)로 봉해져 고조선을 다스리러 온 기자(箕子)가 최초의 화교라고 주장합니다만, 우리 학계에서는 허구의 역사로 규정했지요. 🐻

위만 일행의 고조선 투항 이전 기록 중 《사기》 기록에는, 진시황에 대한 여러 차례 암살 시도 중 마차를 타고 이동하던 행렬에 거대한 돌을 던져 마차를 부쉈으나 진시황이 다른 마차를 타고 있어 결국 실패한 암살자의 고향이 조선(고조선)이라는 구절이 있을 정도로, 고조선 시대에도 이미 중국과 한반도, 요동 간에 활발한 교류가 있었습니다. 그래서 여러 역사서에 중국의 전란으로 인해 다수의 진나라 사람들이 진한(辰韓) 땅으로 이주했다고 기록하고 있지요. 🐻

그후로도 중국이나 만주에서 간간이 이주가 이뤄졌고, 해외 교류가 활발했던 삼국, 고려시대에는 일본인, 페르시아인, 아랍인 등도 다수 정착했지요. 또한 조선 중기에도 명나라 멸망 당시 다수의 중국인이 건너온 바 있습니다. 경기도 가평군 조종면(祖宗面)이 당시 이주했던 명나라 사람들이 고향을 그리워하며 명 황제들을 위한 제사를 올린 데서 유래한 지명이에요. 🐻

하지만 고려시대까지 존재하던 외국인 자치 집단은 조선 왕조가 들어서며 완벽히 사라지게 됩니다. 왜냐고요? 조선 왕조에서는 귀화 외국인을 위한 배려가 일절 없었거든요. 즉, "들어오는 건 니 마음대로였겠지만 나가는 건 니 맘대로 안 된다. 조선에 왔으면 조선인이 되어라!"가 기본 원칙이었기에, 외국인 공동체는 뿔뿔이 흩어지고 조선 풍습을 따르도록 강요해 그들의 문화를 완전히 지워버렸지요.

이에 따라 화교의 본격적인 이주는, 1882년 임오군란 당시 군대를 파견한 청나라가 일본과 동일하게 3개 항구를 개방하라고 요구해 인천, 부산, 원산에 청나라 조계지(租界地)가 만들어지면서 이루어집니다. 이때 서해 건너 한반도와 가장 가까운 산둥성(山東省)에서 다수의 중국인이 건너와서 점차 세를 확장합니다. 이들은 3개 항구의 중국인 거주지를 벗어나 한양, 평양 등 한반도 곳곳에 포목점과 중국요리점, 호떡집을 열어 일본 상인과 함께 조선의 생필품 경제를 장악해 나가지요. 🐱

그래서 당시에는 중국인들이 주로 운영한 이 세 가게를 가리켜 "중국인들은 칼과 가위만 있으면 어디서건 먹고살 수 있더라."라며, 우리 조상님들은 그들의 손재주를 부러워했다고 합니다. 세계 제일의 정밀기술 보유 국가로 손꼽히게 된 지금의 우리로서는 잘 이해가 안 되지만, 당시에는 그랬다네요. 🐻

또한 구한말 한반도 식료품 물가가 중국보다 평균 2.8배 비싼 것을 알게 된 중국인들이 본토 친인척들을 불러와 조선 땅을 사들여 농산물을 재배하기 시작합니다. 그 당시 인천 지역 농산물의 70퍼센트가 이들 화교 농민들에 의해 수확될 정도로 토지 잠식도 늘어났다고 합니다. 중국인들의 부동산 잠식은 지금 대한민국에서도 재현되고 있는 상황입니다만……. 🐻

역사 공부는 이런 과거 사례를 통해 현재와 미래를 예측하고 동일한 실수를 방지하기 위해 중요한 겁니다. 제발 교육부와 학교에서는 국사 시험에서 책자 발행연도 순서 맞히기 같은 무의미한 문제를 내서 역사 공부를 기피하게 만들지 말고, 큰 맥락 차원의 역사적 교훈을 깨달을 수 있게 콘텐츠 개선에 고민해주길 부탁드립니다.

이후 중국 본토가 군벌 간 내전으로 전쟁터가 되자 한반도로의 이주가 더 증가해 1920년대 말이 되면 식민지 조선 땅에 7만여 명의 화교가 살게 되었다고 합니다. 식민지 조선에 진출한 일본 회사에서도 조선인보다 한자 이해 능력이 더 뛰어난 화교

청년을 더 선호하자 당시 취업 경쟁에서 밀린 조선 청년들에게 이들 화교는 더더욱 미움의 대상이 되었고, 1927년에 처음으로 화교 배척 폭동이 벌어져 화교 상가들을 공격하는 등 갈등이 분출되고 있었습니다. 🐻

잊힌 비극, 만보산 사건

이처럼 조선인과 화교 간 갈등이 증폭되던 1931년, 만주에서 발생한 만보산(萬寶山) 사건으로 드디어 조선인과 중국인 사이에 감정이 폭발해 대규모 폭동 사태로 확산됩니다. 🐻

　만보산 사건이 뭐냐고요? 우리나라의 흑역사인데 대부분 잘 모르긴 합니다. 🐻

　1930년대 당시 중국인들의 한반도 이주로 갈등이 증가하던 상황과 반대로, 만주 지역에서는 조선 이주민과 현지 중국인 간 갈등 역시 만만치 않게 전개되고 있었습니다. 일본 식민지로 전락해 수탈당하게 된 많은 조선 농민들이 만주로 이주하여 다수가 중국인 지주 아래서 감자 및 밭농사를 지었는

만보산 사건의 배경이 된 이통강 관개수로 (출처 _ 위키피디아)

데, 기존 중국 농민들은 더 불리한 조건을 감수하고 열심히 일하는 이주 조선인을 달갑지 않게 여겨 종종 폭력 사태가 발생했다고 합니다. 🐻

그러던 1931년 7월 2일, 만주 길림성 만보산이라는 곳에서 중국인 지주 학영덕(郝永德)이 당시 중국인이 아니면 농사를 짓지 못하게 한 만주 봉천 군벌의 명을 어기고 조선인들에게 소작 계약을 맺은 것이 적발됩니다. 이에 중국 순경들이 조선인들이 농사를 짓기 위해 파던 수로 공사를 중단시켰는데, 이를 항의하던 조선인 소작농들을 마구 구타해버린 겁니다. 이 소식을 듣고 분노한 조선인들이 몰려오자 평소 고깝게 보던 중국인까지 우르르 달려 나와 수백 명의 패싸움으로 발전한 것이죠.

결국 숫자에서 밀린 조선인들이 일본 영사관에 달려가 도움을 요청합니다. 당시 조선인들의 국적은 일본이었으니까요. 🐻 기회라고 생각한 일본 영사관은 일본 경찰을 출동시켜 중국 농민들을 해산시키기 위해 총까지 쏘지만, 사상자는 나오지 않았다고 합니다.

1592년 임진왜란 당시에는 명나라 군대가 출병해 "조선은 명의 신하 국가이니 일본은 물러가라."며 조선 왕조는 무시하고 일본과 휴전 협상을 한 슬픈 역사가 있는데, 이때는 정반대로 일본 경찰이 "조선인은 대일본제국 신민이니 중국인은 건들지 말라."며 조선인을 보호하는 정반대 상황이 연출되었으니, 참

담한 심정이네요. 🐻

　그동안 만주 일대에서 자주 발생하던 이주민과 원주민 간 갈등이기에 큰 문제없이 끝날 수 있었던 이 날의 충돌은, 가짜 뉴스로 인해 대참사로 번지게 됩니다. 당시 조선일보사 만주 장춘지국 특파원으로서 현지 소식을 전하던 김이삼(金利三) 기자가 현장 상황을 제대로 확인하지 않은 채 "조선인들이 중국 농민 폭도들에게 맞아 죽었다"는 소문을 기사로 작성해 전송하고 만 것이죠. 🐻

　이 전보를 받은 조선일보사는 충돌 사건이 터진 바로 그날 밤 11시 50분에 긴급 호외 신문을 길에 뿌리니……, 화교들에게 불만이 쌓이던 조선인들의 분노가 폭발하고 맙니다. 🐻

　호외가 발간된 지 불과 1시간여가 지난 다음날, 1931년 7월 3일 새벽 1시부터 화교들이 모여 살던 인천 차이나타운에 수많은 청년들이 몰려갑니다. 이때 일본 경찰들은 바로 옆 일본인 거주지만 보호하면서 차이나타운 습격을 수수방관했는데, 이는 당시 일제가 조선인의 중국인 테러가 더 커지길 은근히 기대한 조치였지요. 이를 통해 중국인과 조선인 간 갈등이 더 확산된다면, 만주 거주 일본인, 조선인 보호라는 명목 하에 만주로 군대를 진출시킬 수 있다고 기대한 거죠. 🐻

　하지만 이 같은 상황을 알 리 없는 조선 청년들은 그간 쌓인 울분을 분출하며 몰려들었고, 인천 화교들은 4년 전 1927년 폭동 당시 대처 경험을 살려 차이나타운 골목마다 바리게이트를 치고 죽창 등으로 무장해 수천여 조선인들의 진입을 막으면서 사망자가 발생하지 않았고, 지금도 인천 화교 사회는 그에 대해 자긍심을 갖고 있습니다.

인천화교협회 로고
(출처 _ 인천화교협회 로고)

실제 기록에서는 당시 차이나타운 거리에 속하지 않은 중국인 가옥 66채가 불타고 2명이 죽긴 했습니다만, 우리는 모두 잊고 있는 이 날의 참상을 화교들은 결코 잊지 않고 후손에게 그 기억을 물려주고 있는 겁니다.

이때의 상황은, 마치 1992년 미국 LA 흑인 폭동 당시 미국 경찰이 백인 거주지역만 보호하자, 흑인 폭도들이 백인 대신 평소 흑인을 업신여긴다고 불만을 느끼던 코리아타운을 공격했는데, 한국인들이 단결해 폭도를 진압했던 상황과 묘하게 겹칩니다. 🐻

만보산 사건 이후 파괴된 평양
화교 거리 (출처 _ 위키피디아)

반면 늦게 신문을 받아본 다른 지역에서도 7월 4일부터 경성(서울), 평양, 부산, 개성, 대전, 군산, 공주, 신의주, 해주, 영월 등 전국 곳곳에서 화교에 대한 공격이 벌어졌는데, 10여 일간 이어진 화교 배척 폭동 당시 일본 경찰에 체포된 조선인 숫자만도 1,840

명에 이르렀다고 하네요. 🐻

그중에서도 가장 크게 피해를 본 곳은 화교 5천여 명이 살던 평양이었다고 합니다. 1927년 폭동은 남부 지방에서만 벌어져 "설마 이번에도 아니겠지." 하고 안심하던 평양 화교들은 7월 5일 저녁부터 습격받아 임산부와 갓난아기를 포함해 121명이 사망하고, 거의 모든 중국인 가옥이 불탈 정도로 엄청난 피해를 입고 맙니다. 🐻

소설 《감자》로 유명하고 '동인문학상'이라는 시상식으로 현재까지도 큰 영향을 끼치는 소설가 김동인(金東仁, 1900~1951) 역시, 다른 이들과 함께 만주 동포를 대신해 복수하겠다는 일념으로 평양 차이나타운 습격에 참여합니다. 김동인은 이 날의 분노를 잊지 못해 다음해인 1932년에 《붉은 산》이라는 단편소설을 발표합니다. 만주에서 중국인 지주에게 맞아 죽은 조선인 소작농을 위해 복수하려다가 죽게 된 건달 '삵'을 주인공으로 내세워 중국인을 저주하며 조선 민족의 저항을 찬양하는 내용이었지요. 그래서 그가 남긴 다른 소설에 비해 매우 강한 민족주의 소설로 평가받아 1980년대까지 중학교 국어 교과서에 해당 소설 전문이 수록된 바 있지만, 실상 그 소설을 쓰게 만든 만보산 사태는 불우했던 시대의 오해가 낳은 참극이었던 겁니다. 🐻

이 사태 이후 다수의 조선 거주 중국인들이 본토로 되돌아가면서 한반도 차이나타운은 크게 축소됩니다. 또한 이 소식을 접한 대륙 중국인들의 조선인 테러가 시작되어 만주에서만도 조선인 사망자 843명, 행방불명자 807명 등 더 많은 무고한 사람들이 희생됩니다. 🐻

이런 일련의 사건으로 다수의 만주 거주 조선인들도 다시 고향 땅으로 되돌아오면서, 장차 중국 지배를 위해 조선인을 요긴하게 활용하고자 만주 이민을 적극 추천하던 일본의 음흉한 계획에 차질이 생기게 되지요.

그게 무슨 소리냐고요? 당시 만주로 이주한 조선인 모두가 독립투쟁을 하고자 큰 뜻을 품고 간 것은 아닙니다. 투쟁을 이어간 선구자들도 계셨지만, 그저 생활고를 못 이기던 이들이 일본이 헐값으로 싸게 분양한 만주 개척지에 가서 살려고 했던 경우가 더 많았거든요. 🐻

그런데……, 가짜 뉴스로 인해 수천여 명의 목숨과 재산 피해를 끼친 김이삼 기자는 어찌되었을까요? 그는 오보에 대한 사과문을 신문사에 제출한 직후인 7월 15일, 총에 맞아 죽은 채 발견됩니다. 누가 죽였는지는 영원히 알 수 없는 상황이라네요. 🐻

이 사태의 후폭풍은 매우 컸습니다. 심지어 당시 중국 대륙 대부분을 차지했던 중화민국 정부조차 대한민국 임시정부 후원을 중단할 정도였다고 합니다. 투쟁 방식에 대한 내부 갈등뿐 아니라 자금난까지 겹쳐 겨우 명맥만 유지하던 대한민국 임시정부가 절체절명의 위기 상황으로 몰리게 되자, 결국 김구(金九)

주석은 폭탄 의거로 중국 정부의 마음을 돌리기로 결심한 겁니다. 그래서 1932년 1월 8일 이봉창(李奉昌) 의사가 일본 도쿄에서 일왕을 암살하고자 폭탄을 던지지만 실패하고, 다시금 100여 일 뒤인 4월 29일 윤봉길(尹奉吉) 의사가 상하이 홍커우공원에 마련된 일본군 전승기념식 연단에 폭탄을 던져 일본군 상하이 파견군 사령관 시라카와(白川義則) 대장과 일본거류민단장 등이 죽고 다수의 장성에게 큰 부상을 입히는 데 성공하지요.

그제야 마음이 풀린 장제스(蔣介石) 중국 국민당 주석이 "중국의 백만 대군도 하지 못한 일을 조선의 한 청년이 해냈다."며 다시금 대한민국 임시정부를 지원해 위기를 넘기게 되고, 이후 1943년 11월 카이로회담에 참석해 "한국은 일본의 일부가 아니므로 독립시켜야 한다."고 강력히 주장해 독립 약속을 받아주기까지 했지요.

이처럼 대한민국 임시정부가 1932년에 이봉창, 윤봉길 의사 폭탄 투척을 집행하며 존재감을 드러낸 것은, 실은 만보산 사건으로 인한 중국인들의 조선인 배격 상황을 어떻게든 해소하려는 처절한 몸부림이었던 겁니다. 🐗

이후 만보산 사건으로 촉발된 한중 양 민족 간 갈등은, 중일전쟁, 제2차 세계대전, 일본의 항복으로 이어지는 숨가쁜 정세 변화 속에 수면 아래로 가라앉지만, 해방 이후 다시금 한반도에서는 화교의 경제력을 제한하는 정책을 집행하게 됩니다. 그럴 수밖에 없었던 것이, 1960년대까지 서울의 중심부 명동과 을지로 일대 토지 다수는 화교들이 소유하고 있었고, 지하경제를 장악해 당시 한국 GDP의 30퍼센트까지 점유했다고 할 정도였으니까요. 이에 5.16쿠데타로 출범한 제3공화국 정부는, 화교가 잠식하던 경제 구조를 타개하고자 1962년 화폐 개혁에 이어 1968년 '재한 외국인 부동산 취득 억제'라는 초강력 대책을 강행하여 화교의 경제 활동을 극도로 제한합니다. 🐻

이때 심각한 타격을 입은 다수의 화교들은 대한민국을 떠나게 됩니다. 고향은 대부분 대륙 산동성이지만 국적은 중화민국 국민이었기에 공산 정권 중화인민공화국 땅으로 바뀐 고향으로는 돌아갈 수 없는 난민 처지였으니, 결국 그들에게도 외국이나 다름없는 대만으로 이주하거나 미국 등 다른 국가로 떠나가면서 7만 명이 넘던 소위 '구(舊) 화교'는 현재 2만여 명으로 줄어들었고, 인천과 부산, 서울 서대문구 연희동, 연남동 등 일부 지역에서 차이나타운을 형성하고 있습니다.

이처럼 한국에 남은 구 화교는 중화 경제권의 한 축이기는 하지만 중화인민공화국 출신 신(新) 화교와 다른 정체성을 갖고 있으며, 자치회를 결성해 옛 전통을 유지하며 매우 근면 성실한 자세로 살아가고 있습니다. 하지만 최근 해외로 나온 대륙 중국인들의 무례한 언행과 서울 구로구 대림동 등 신 화교 거주지의 이미지가 악화되는 바람에, 도매급으로 같이 욕을 먹고 있어 무

척 자존심이 상한 상황이라고 하네요. 🐻

우리가 그저 맛있는 식사를 하러 찾아가는 차이나타운의 슬픈 역사를 알고 나면 구 화교들의 심정이 어떨지 좀 더 조심스러워질 것입니다.

모든 인류가 행복하게 살아가는 지구촌을 꿈꾸며

우리나라에서 가장 오래된 외국인 집단, 화교에 대한 이야기를 길게 했는데, 우리 동포들 역시 난민으로 살아가는 사람들이 있습니다. 일제강점기 시대에 일본으로 건너가 정착한 재일교포를 의미하는 자이니치(在日)는, 최근 책뿐 아니라 애플TV 드라마로 방영된 이민진 작가의 소설 《파친코(Pachinko)》로 전 세계에 그 존재가 부각되며 아픈 과거 역사에 대한 세계의 공감대를 사고 있지만, 이들 중 여전히 3만여 명은 대한민국이나 북한 국적을 선택하지 않고 '조선' 국적으로 살아가고 있습니다. 또한 해방 당시 귀국하지 못하고 중공이나 소련 등 공산권 국가에 남았던 이들의 후손은, 지금도 우리나라 교민으로 대우받지 못하고 있지요. 🐻

현재 우리나라가 2005년부터 영주권 자격을 취득한 지 3년이 지난 18세 이상의 외국인 영주권자에 한해 지방선거 투표권을 부여하고 있는 것에 대해 불만을 가진 분도 많습니다. 하지만 이 정책은 재일(在日) 한국인들에게 참정권을 부여하지 않는 일본 정부에게 압박을 가하기 위해서라도 필요한 정책입니다. 대한민국은 거주 중인 일본인에게 참정권을 보장하니 일본 정부도 상호주의원칙에 따라 재일 한국인에게 참정권을 달라고 요구할 수 있는 근거가 되는 겁니다. 하지만 아직도 일본은 이에 응하지 않고 있어 일본 내 대한민국 대사관, 영사관, 문화원 등에는 참정권 보장을 주장하는 현수막을 지금도 달고 있는 상황입니다. 🐻

일본 오사카 한국문화원 하늘색 플래카드
"재일 한국인에게 참정권을!" (ⓒ조홍석)

인류의 역사를 돌이켜보면, 먼 옛날부터 인종 간, 종교 간, 경제적 갈등이 누적되다가 사소한 오해가 불을 당겨 대형 사태로 발산하는 경우가 늘 존재해 왔습니다. 중세 마녀사냥, 종교 전쟁, 백인들의 유색 인종 탄압에 이어 유대인 대학살 등 집단 학살이 이어져왔고, 21세기에도

세계 곳곳에서 여전히 차별과 폭력이 난무하는 실정입니다. 🐻

우리는 우리 조상들이 피해를 입은 1923년 일본 관동대지진을 여전히 기억하고 있습니다. 당시 관동대지진이라는 비상 상황에 대한 대중의 분노를 소수자에게 전가하려는 일본 당국의 유언비어에 속은 일본인들이, 집단 광기에 휩싸여 평소 열등한 부류로 업신여긴 조선인은 물론 중국인들까지 수많은 생명을 희생시켰고, 심지어 사투리가 심한 지방 일본인들과 일부 반(反)정부주의자들도 그 소용돌이 속에서 죽어야만 했습니다. 결국 소수자에 대한 다수의 비이성적 폭력이 근원이었던 것이죠. 🐨

하지만 관동대지진 참사 이후 불과 8년 뒤에, 이번에는 조선인들이 유언비어에 속아 이주 중국인들을 공격한 만보산 사건은 이후 역사에서 묻히고, 잊혔지요. 지금이라도 부끄러운 과거라며 숨기기보다는 글로벌 사회로 나아가는 대한민국에서 다시금 그와 유사한 일이 생기지 않도록 화교 사회에 사과하고, 비상 상황 시 발생하는 집단의 폭력성을 경계하고 반성하는 계기로 삼으면 어떨까요?

불행하게도 우리나라는 난민에 대한 이해와 수용력이 여전히 낮습니다. 불과 100여 년 전 나라를 잃고 해외에 망명정부를 세우고 독립을 호소했건만, 예멘 난민이나 아프가니스탄 특별기여자 입국 때마다 늘 논쟁이 되고 있습니다. 이제라도 앞서 소개한 여러 가슴 아픈 역사를 교훈 삼아 다양한 시각에서 세상을

바라보며, 다함께 행복하게 살 수 있는 대한민국으로 발전해 나가길 간절히 바랍니다. 🐻

이제 마지막 여행지, 우리의 소중한 동쪽 끝 영토, 독도를 소개하고자 합니다.

독도 가는 길

독도 (출처 _ 외교부 홈페이지)

독도는 울릉도에서 동남쪽으로 87.4킬로미터 떨어져 있고, 울릉도항에서 배를 타고 1시간 30여 분 정도 가야 합니다. 일단 울릉

독도 (ⓒ트로이목마)

도까지 가는 것도 쉽지 않은데, 현재 건설 중인 울릉도 공항이 완성되면 좀 더 편하게 갈 수 있지 않을까 합니다.

하지만 독도는 배로만 갈 수 있어, 바다 날씨가 좋지 않으면 부두에 정박할 수 없어 되돌아와야 할 수도 있다는 점은 감안하셔야 합니다. 독도에서는 일체의 취식 행위가 금지되어 있으니 수칙을 잘 지켜주셔야 하고요.

독도 방문자 중 독도 명예주민이 되고 싶으면, 독도 관리사무소 홈페이지(http://www.intodokdo.go.kr/member)에 들어가 명예 주민증을 신청하면 됩니다. 🐼

너무나 당연히 우리 땅인 독도를 자기네 땅이라고 우기는 일본과의 실랑이를 수십 년째 계속하고 있는데, 이런 말도 안 되는 실랑이는 실은 거의 400여 년째 이어지고 있습니다. 그래서 '별난 국내여행 편'의 마지막 여행지로 독도에 대해 이야기해볼까 합니다. 🐻

독도가 홀로 있는 섬이라고요?

현재 독도의 한자 표기는 獨島, '홀로 있는 섬'입니다. 하지만……, 이 이름은 가리지날입니다.

원래 독도는 '돌섬'이라는 의미의 전라도 사투리, '독섬'에서 유래했어요. 🐻 그래서 1900년 대한제국 칙령 당시에는 '석도(石島)'라고 표기했는데, 이후 보고서에서 '독' 자를 한자 '獨'으로 이해해 '獨島'라고 표기하면서 이 표기가 굳어졌고, 1980년대에는 '홀로아리랑'이라는 노래도 만들어졌습니다. 🐻

독도 이름 설명
(출처 _ 동북아역사재단 홈페이지 캡처)

그런데 실제 독도는 동도와 서도 외 89개 부속 도서로 이루어졌기에 홀로 있지 않아요. 🐻

응? 분명히 경상북도에 속한 섬인데 왜 전라도 사투리 지명이냐고요? 그건 조선 말 고종 시대에 울릉도와 독도에 호남 농민들이 유입되었기 때문인데요. 일단 독도의 역사를 간단히 알아봅시다.

독도의 역사

독도가 기록에 등장하는 것은 《삼국사기》에 등장하는 신라 장군 이사부(異斯夫)의 우산국 정복에서 시작합니다. 당시 우산국이라 불린 울릉도와 독도 사람들은 곡식 재배가 여의치 않자 수시로 신라 동해안을 침범해 약탈했고 신라 수군도 격파할 정도로 강력했다고 합니다. 울릉도 전설에서는 대마도 해적이 우산국을 침략하자 우산국 임금 우해왕(于海王)이 직접 수군을 끌고 대마도까지 쳐들어가 다시는 침범하지 않겠다는 약조를 받고, 대마도주의 셋째 딸 풍미녀(豊美女)를 아내로 맞아 대마도와 혼인 동맹을 맺을 정도로 기세가 대단했다고 합니다. 🐻

이에 하슬라(지금의 강릉) 군주로 부임한 이사부 장군은, 512년에 입에서 연기를 내뿜을 수 있는 큰 사자 조각상을 싣고 울릉도 앞바다로 가서 항복하지 않으면 이 사자를 풀겠다고 협박해 복속시킵니다. 🐻

그래서 다들 그날 우산국이 멸망하고 신라 영토가 되었다고 생각하지만, 실제로는 자치를 허용하고 대신 매년 공물을 바치는 속국이 되는 선에서 타협합니다. 그후로도 우산국은 기민하게 외교를 하니, 후삼국시대가 열리자 가장 강력했던 후고구려에 신하를 자처해 고려시대까지 살아남습니다. 마찬가지로 한반도 인근 섬나라인 탐라국(제주도), 대마도 등도 조공을 바치는 간접 지배 방식을 활용했습니다.

이는 이들 해상 세력이 남쪽 유구(오키나와), 타이완, 필리핀까지 해상 네트워크로 이어져 있었기에 무력으로 통치하기 쉽지 않아, 신라 및 고려 왕조는 나름 미니 황제로서 이들을 제후국으로 인정하는 방식을 채택한 거죠. 하지만 결국 우산국은 끝장나게 되는데, 멸망시킨 주체는 고려가 아니라 여진족 해적이었습니다. 🐻

엥? 여진족도 해적이 있었냐고요? 물론이죠. 당시 연해주와 함경도 일대 여진족이 바다로 나와 고려 동해안은 물론 일본까지 노략질했는데, 고려 현종(顯宗) 때 조공을 바치러 온 우산국 사신의 모습이 예전과 달라 그 이유를 물으니 자기네 여진부족이 우산국을 차지했다고 하더랍니다. 실제로 그 무렵 다수의 우산국 사람들이 고려로 도망쳐 왔고, 이후 몽골 침략기 이후 우산국과의 왕래가 거의 없어지는 지경에 이르고 맙니다.

하지만 조선 왕조는 과거 왕조와 달리 소황제 노릇을 그만하기로 하고, 제주도와 우산국에 관리관을 보내어 모두 병합해 조선의 영토로 삼습니다. 하지만 계속 왜구가 활개를 치고, 세금과 군역을 피해 백성들이 섬으로 도망가자, 태종은 1416년부터 제주도, 거제도 등 일부 큰 섬을 제외하고는 섬에 살던 주민들을 다 육지로 올라오게 하는 공도(空島) 정책을 시행하니 울릉도와 독도는 무인도가 되고 맙니다. 이 조치가 이후 영토 분쟁의

불씨가 될 줄 그때는 미처 몰랐겠지요. 🐻

이즈음 대마도주가 울릉도에 거주하게 해 달라고 요구하는 일이 벌어지자, 상왕으로 물러났지만 병권을 쥐고 있던 태종은 이참에 왜구를 뿌리 뽑고자 세종 즉위년인 1419년에 이종무(李從茂) 장군에게 227척의 배와 1만 7,285명의 수군과 함께 대마도를 정벌하도록 지시하지만, 결국 실패합니다.

우리 역사서에서는 대마도를 정벌했다고 나오지만, 실제로는 실패한 원정입니다. 왜구 본진이 충청도를 노략질하는 중에 근거지를 제압하겠다고 곧장 대마도로 간 조선 수군은, 첫날 상륙해 해안가 민가를 불태우고 민간인 114명을 죽이는 성과를 내지만, 산으로 도망간 잔존 왜구들을 잡으러 가길 꺼립니다. 평생 노략질하던 왜구와 1대1 백병전으로 이길 자신이 없던 거지요. 이에 좌군, 중군, 우군, 삼군 중 누가 먼저 산으로 올라갈지 논의하다가 가장 공평하고 합리적인 방식을 선택하니……, 제비뽑기로 선발대를 보내기로 합니다. 🐻

이에 제비뽑기에 실패해 선두로 나서게 된 좌군 박실(朴實) 장군 부대가 산에 올라갔다가 야간 백병전에서 대패하자 그후로 해안가에 진을 치고 대치만 하며 시간을 보냅니다. 당초 왜구 본진이 조선을 노략질하는 중에 근거지를 뺏을 셈이었는데, 왜구 예비군한테도 못 이기는데 현역 왜구들이 돌아오면 어찌 될지 뻔히 미래가 보이자 열흘 만에 산으로 튄 대마도주와 협상을 시작합니다. 그리고 대마도주로부터 "원래 신라 영토였고, 경상도로 복속하길 원한다."는 거짓 항복 문서만 받고 철군하고서는 왕에게 항복받았다고 거짓으로 보고합니다. 🐻 그후 패전 사실이 뒤늦게 드러나지만 태종이 아끼던 장군인지라 그냥 덮고 끝냈기 때문에, 그후로도 대마도는 오랜 기간 조선과 일본 양쪽으로부터 허울뿐인 벼슬을 받으며 아슬아슬한 자치를 유지하다가 17세기에 일본 관리관이 파견되어 일본 직할지로 복속당합니다. 🐻

비록 세종이 1425년에 조선 최초의 지리정보서《신찬팔도지리지(新撰八道地理志)》를 편찬하면서 울릉도에 관리를 파견해 직접 확인토록 함으로써, 두 섬이 서로 거리가 멀지 않아 우산도(울릉도)에서 날씨가 좋으면 무릉도(독도)를 볼 수 있다고 기록하고 이후 1454년《세종실록지리지(世宗實錄地理志)》에도 수록하지만, 계속 섬을 비워둔 정책이 지금 독도 분쟁의 직접적인 원인이 됩니다. 🐻

임진왜란 무렵까지 울릉도와 독도의 존재를 모르던 일본 본토 어부들이 우연히 동해 바다에서 울릉도와 독도를 발견하고, 1618년에 도항 허가를 받아 수시로 울릉도를 드나들며 그 중간에 위치한 바위섬(독도)에서도 물고기를 잡고 강치를 사냥하고 나무를 베어 가던 사실을 조선은 전혀 몰랐습니다. 🐨

그러던 중 소중한 두 섬이 우리 영토임을 입증한 위인이 등장하니……, 아아~, 그의 이름은 안용복(安龍福, 1658~?)이었습니다. 원래 동래군 노비이던 안용복은 수군에 복무하며 부산포 왜관 일본인과 자주 접하며 일본어 통역 일도 했다고 합니다. 하지만 일본어 통역만으로 먹고살 수 없었는지 어부로도 일했는데, 당시 어부들은 금단의 섬, 울릉도 인근에서 물고기가 많이 잡힌다는 사실을 알고 있었다고 합니다. 늘 보면 고상하신 나리들만 그런 실생활 정보를 몰라요~. 🐻

이에 1693년에 동래에서 출발한 안용복 등 40여 명의 어민들이 울릉도에 갔다가 일본 어부들과 마주치게 됩니다. 안용복 일행은 "왜 조선 땅에 침범했느냐."고 항의했지만, 월등히 숫자가 많았던 일본 어민들은 이 섬이 조선 땅인 줄은 모른 채 자기네가 발견한 무인도라며 오히려 안용복 일행을 붙잡아 일본으로 끌고 갑니다. 하지만 일본 관리는 심문 도중 1625년에 오야(大谷) 가문과 무라카와(村川) 가문이 도쿠가와 막부로부터 울릉도와 독도까지 항해해도 된다는 도해 면허를 발급받은 사실을 확인하면서 난처해집니다. 도해 면허란, 외국에 나갈 때 발행하던 허가증이니 일본 막부는 이미 울릉도와 독도가 조선 땅임을 알고 있었다는 증거였으니까요. 🐻

일본 어부 : "조선인이 우리가 발견한 섬을 조선 땅이라 우겨서 열받아 데려왔다데스."

안용복 : "울릉도와 독도는 쭈욱 우리 땅인기라. 너거 땅이란 중거 대보소."

일본 관리 : "너네 오야 가문이 거기서 고기 잡는 근거 문서 제시하라데스."

일본 어부 : "여기 막부로부터 받은 도해 면허가 있다시마쇼."

안용복 : "도해 면허라는 건 외국 나갈 때 받는 허가증이니 일본 땅이 아니라니까?"

일본 관리 : "헉! 조선인 말이 맞네. 확 마, 너네 오야 놈들 왜 외국인 납치하냐? 스미마셍~."

결국 일본은 다시는 죽도(울릉도)로 가지 않겠다는 서류를 써

주며 안용복 일행을 조선으로 돌려보내줍니다. 당시 일본에 양심적인 공무원이 있었군요. 🐻 하지만 돌아오던 길에 대마도주가 안용복과 동료들을 억류해 고문하고 서류를 빼앗아버리는데, 얼마 안 가 대마도주 소 요시츠구(宗義倫)가 죽고 양자가 새로이 대마도주가 되니, 그는 조선인들을 불법 억류하고 고문한 것이 들킬까 봐 2년간 이들이 회복되도록 치료해주면서도 조선에는 표류한 조선 어부를 구출했다고 거짓말하고, 오히려 "일본 땅인 죽도로 들어오지 못하게 해 달라."는 뻔뻔한 서계(書契, 국서)까지 동봉해서 조선 관리에게 보냅니다. 수년 뒤 일본 막부가 난리난 것으로 봐서는, 아마도 대마도 사람들은 일본 이름을 팔아 중간에서 스윽 울릉도를 차지하려고 했나 봅니다. 😠

벗뜨 그러나……, 조선 정부는 대마도주가 건넨 서계에서 언급하는 죽도가 울릉도임을 알고 있으면서도 공연히 외교 문제가 되길 원치 않아 울릉도가 조선 영토이지만 우리도 어민들 안 보내고 있다고 하면서 그냥 유야무야 넘어가려고 합니다. 😠

이에 도저히 안되겠다 싶었던 안용복은 이 문제를 해결하기 위해 자진해서 일본으로 건너갑니다. 1696년에 조선 관리 복장을 갖춰 입고 뜻을 함께한 동지 11명을 모은 안용복은, 순천 송광사(松廣寺) 뇌헌스님의 배를 타고 일본으로 건너가, "자신은 '울릉우산양도감세장'이라는 관리이며, 너네가 말하는 죽도(竹島, 다케시마)는 울릉도이고, 송도(松島, 마쓰시마)는 자산도(독도)

로 모두 강원도에 속한다."고 주장하자 일본 막부는 조사에 나서서 자신들이 잘못했다고 시인했고, '죽도(울릉도) 침입 및 월경을 금지하겠다'는 공식 서한을 보내옵니다. 🐼

이렇게 일본이 고개를 숙이자 그제야 강경론이 거세지며 일본이 말하는 죽도는 우리 울릉도를 의미하니 일본 어부의 출입을 금지하라고 강경하게 나옵니다. 외교 참 잘하셨네요. 그죠? 🐻

이 일을 계기로 숙종은 그동안 섬을 비워 온 정책을 재검토하기로 하고 울릉도에 주민을 이전시키려 합니다. 하지만 파견 나간 관리가 살기 불편하다고 고하자 이주를 포기하는 대신 정기적으로 토지를 조사하는 수토(搜討) 제도를 실시하기로 하고, 1697년부터 3년마다 한 번씩 울릉도와 부속 도서를 조사하고 감독하게 됩니다. 다만 신분을 속이고 일본과 협상한 안용복에 대해 다수의 신하들이 사형을 요구하는 상황이 발생하자, 남구만(南九萬), 신여철(申汝哲) 등이 적극적으로 변호해 변방에 유배 보내는 선에서 마무리지었는데, 안용복은 그 논의기간 6개월간 옥고를 치른 후 마포나루에서 배를 탔다는데, 어디로 유배 갔는지, 어떻게 사망했는지 기록이 전혀 남아 있지 않으니 참으로 애석한 일이지요. 🐼

현재 그가 태어난 부산광역시 수영구 수영사적공원 내에 위치한 수강사(守疆祠) 사당에 안용복을 모시는 위패와 동상이 세워져 있으며, 울릉도에는 안용복 충혼비가 세워져 있습니다.

부산 수강사
(출처 _ 부산문화포털 다봄)

수강사 안용복 동상
(ⓒSeudo) (출처 _ 위키피디아)

울릉도 안용복 충혼비
(출처 _ 독도본부 홈페이지)

하지만 지금 일본은 안용복을 그저 국제 사기꾼으로 비하하며, 당시 일본의 사과문을 인정하지 않고 있으니……. 🐻

당시에도 이를 안타깝게 여긴 이들이 많았는데, 팩트를 바탕으로 금강산 일만이천봉은 가리지날임을 간파한 실학자 이익(李瀷)은 《성호사설(星湖僿說)》 제3권에서 "안용복은 죽음을 불사하고 나라를 지킨 영웅호걸인데 상은커녕 형을 내리고 귀양을 보냈으니 애석하다."라고 지적했고, 순조 때 편찬된 《만기요람(萬機要覽)》에서도 "일본이 지금까지 울릉도를 자기네 땅이라고 주장하지 못하는 것은 다 안용복의 공적이다."라고 치하한 바 있어요. 🐻

이후 일본이 메이지유신 이후 다시 발톱을 드러내기 전까지는 울릉도와 독도가 평화로웠습니다. 실제로 1836년에 일본인 하치에몬(八衛

門)이 울릉도에 들어가 채목한 사실이 들켜 사형에 처해지고, 1877년에 막부는 다시 '죽도(울릉도)외 한 개 섬'은 본방 영토가 아니라고 태령관 지령을 내리는 등, 조선 영토임을 계속 인정합니다. 이는 독도가 우리 땅임을 일본도 인정한 증거이지만, 현재 일본은 울릉도와 한 개 섬이라고 했지 독도라고 지정하지 않았으니 이 역시 근거가 안 된다는 논리를 펴고 있는데, 그 조상에 그 후손이네요. 🐻

그런데……, 글을 읽다 보니 뭔가 이상하지 않나요? 당시 일본은 지금과는 정반대로 울릉도를 죽도(다케시마)라고 하고 독도는 송도(마쓰시마)라고 부르고 있었다는 겁니다. 그런데 왜 지금은 반대로 부를까요?

이는 19세기 프랑스에서 아시아 해양 지도를 그릴 때 일본 자료를 잘못 보고 울릉도를 송도(마쓰시마), 독도를 죽도(다케시마)라고 반대로 기입한 데서 비롯되었는데, 그 지도가 영국 등 서양 각국에서 널리 통용되자 슬그머니 일본도 명칭을 서양 기준에 맞춰 바꿔버린 겁니다. 너네가 그렇지 뭐~. 🐻

하지만 강화도조약 등으로 일본의 침략이 노골화되자 일본인들이 다시 울릉도와 독도로 목재 채취와 어업을 나서게 됩니다. 이에 고종이 영토 주권의 중요성을 깨달아 주민이 있어야 영토를 지킬 수 있다고 판단하여 태종 이후 지켜온 공도 정책을 폐지하기로 하고, 1882년 울릉도에 감찰사 이규원(李奎遠)을 파견해 이주할 만한 곳을 찾으니, 이규원은 나리동이 적합하다고 추천합니다. 이후 고종은 1883년에 김옥균을 '동남제도 개척사'로 임명하고 이주민들에게는 5년간 면세하고 배도 만들 수 있도록 허가한다고 발표하니, 가장 지주들에게 수탈이 심했던 전라도 소작농들이 대거 이주를 희망해 울릉도로 간 경우가 많았다고 합니다. 이들 전라도 농민들이 멀리 바라다보이는 독도를 보면서 돌밖에 없는 섬이라는 의미의 사투리 '독섬'이라고 부르기 시작한 겁니다. 🐻

그리고 1900년 10월 25일에 '대한제국 칙령 제41호'를 제정하고 관보에 게재하면서 울릉 전도와 독도가 우리 땅임을 재확인합니다. 그러면서 강원도 울진군에 속하던 울릉도를 울도군으로 승격하고, 울릉도 도감도 울도군 군수로 높이는 한편, 군수 관할 아래 부속 도서로서 무릉도, 우산도, 자산도, 가지도 등 각기 달리 불리던 독도를 당시 주민들이 부르던 '독섬'을 '석도(石島)'라고 처음 표기합니다. 하지만 이후 '독'이 돌의 사투리라는 사실을 모르는 이들이 한자어라고 잘못 이해해, 1906년에 조정에 올린 보고서에 독도(獨島)라고 표기한 것이 지금에 이른 것이죠. 🐨

그렇게 고종이 울릉도에 이주민을 보내며 영토를 재확인하자, 일본은 엉뚱한 논리를 내세우며 울릉도는 포기하는 대신 독도만이라도 자기네 땅으로 가져가려고 합니다.

그들이 지금껏 내세우고 있는 논리는, 당시 일본이 인정한 울릉도와 또 하나의 섬 중 '또 하나의 섬'은 독도가 아니라 울릉도 바로 동쪽에 있는 '죽도'라는 겁니다.

응? 이건 또 무슨 소리냐고요? 🐻

실제로 울릉도 바로 동쪽에 죽도라는 아주 작은 섬이 있기는 합니다. 실제로 이 섬은 대나무가 많이 자생해 댓섬이라고도 불리고 있으니 정확한 표현이죠. 마찬가지로 독도는 원래 돌섬이란 의미이니 해당 섬의 특징을 제대로 살린 명칭이라고 하겠습니다.

울릉도 옆 죽도 (©Asfreeas)
(출처 _ 위키피디아)

그러니, 일본이 대나무나 소나무가 없는 돌섬, 독도를 처음에는 마쓰시마(소나무섬), 이제는 다케시마(대나무섬)라고 부르는 것 자체가 해당 섬에 대한 이해도가 낮다는 증거라는 것을 잘 모르나 봅니다. 🐻

일본은 제국주의 침략을 가속화하면서 우리나라 지도에 그려진 두 섬이 너무 가까우니 조선이 영토로 주장한 두 섬은 울릉도와 죽도가 맞다며, 독도는 원래부터 주인이 없던 섬이라는 논리를 만들어냅니다. 결국 1905년 1월 러일전쟁 직후, 내각 회의를 통해 주인 없던 섬에 2년 이상 일본 어부 나카이 요자부로(中井養三郎)가 정착해 어업에 종사하며 살았으니 일본 영토라고 주장하며, 외무성이 주도해 2월 22일에 '시마네현 고시 제40호'를 발동해 독도를 일본 시마네현 소속 영토로 등록하고 지방지에만 싣습니다. 🐻

이는 우리나라가 5년 먼저 독도를 우리 땅으로 선언한 바 있으니 명백한 주권 침해였지요. 히지만 일본은 여전히 석도와 독도가 아예 이름이 다르지 않느냐며 고종 칙령을 인정하지 않고 있습니다. 🐻

이 소식은 다음해인 1906년 시마네현 관리 일행이 울릉도를 방문하며 다케시마가 일본 영토가 되어 순방하던 중 인사차 왔다고 소개하면서 비로소 알려지게 됩니다. 이에 울릉군수 심흥택(沈興澤)이 우리 조정에 급히 보고하는데, 이때 보고서에 "본군 소속의 독도가 바다 100여 리 밖에 있는데, 이달 4일에 배 1척이 이르더니 일본 관리들이 독도가 이번에 일본 영토가 되어 시찰하러 왔다고 한다."며 처음으로 독도라는 명칭이 행정 지명으로 등장합니다.

심지어 을사오적(乙巳五賊) 중 하나인 친일파 박제순(朴齊純)마저 "어찌 일본이 그따위 짓을 벌이느냐!"고 크게 화내고 지령 제3호를 통해 독도가 일본 영토라는 것은 전혀 근거가 없다며 재조사를 지시할 정도로 격한 반발이 일어납니다. 하지만 1910년 나라 전체가 일본에 삼켜지며 일본 어민들이 독도에 살던 강치(바다사자)를 멸종시킬 정도로 수탈하고 맙니다. 🐻

그후 1945년 연합국이 승리하며 일본에 강제 편입된 영토는 원상 회복하게 되니, 1946년에는 연합국 최고사령관 명령 제677호와 제1033호 각서를 통해 독도는 한국 땅임을 명시합니다. 🐻

독도에서 강치를 잡는 일본 어민들 (출처 _ 독도본부 홈페이지)

하지만 끈질기게도 일본은 다시 독도 영유권을 주장하기 위해 미군에게 독도를 폭격 연습지로 이용하라고 권했고, 상황을 잘 모르던 일본 주둔 미공군 폭격기들은 1948년 6월에 독도에서 폭격 연습을 하는 바람에 독도 인근에서 고기를 잡던 우리 어부 14명이 목숨을 잃었습니다. 당시 일본은 미국이 자기네 제안대로 독도에 폭격 연습을 한 것은 일본 영토로 인정한 것이라는 억지 주장을 다시 펼치죠. 🗿

게다가 한창 대한민국은 6.25전쟁으로 국가 존망을 걸고 싸우고 있을 때, 제2차 세계대전을 종결하기 위해 승전국들과 일본 간에 맺은 1951년 샌프란시스코 강화조약 초안에는 분명히 대한민국 영토에 제주도, 거문도, 울릉도, 독도가 포함되어 있었지만, 최종 합의문에는 한국 영토 부속 도서 중 독도가 누락됩니다. 🐻

이는 당시 미국 고문인 윌리엄 시볼드(William Joseph Sebald)가 일본인 아내와 사는 친일주의자로서 미 정부를 설득하고 일

맥아더 라인과 이승만 대통령이 선언한 평화선 (소위 이승만 라인) (ⓒ지철근, 《수산 부국의 야망》, 서울 한국수산신보사, 1992) (출처 _ 독도본부)

대마도를 반환하라고 요구하는 이승만 대통령 기사들 (1949.12.31일자, 1949.1.8일자) (출처 _ 이승만기념관.com)

본측의 집요한 로비도 작용해, 수정안에는 독도가 일본 영토라고 작성되죠. 하지만 마지막에 영국이 반대하며 다시 독도는 한국 영토라고 수정 제안을 하자, 아예 어느 나라 영토인지 명기하지 않고 1952년 4월에 발효됩니다. 이에 우리 정부가 항의하지만 미국 관리 러스크(Rusk)는 독도는 일본 오키섬 관할이라는 개인 답장을 보내니, 일본은 소위 '러스크 서한(Rusk Document)'이라는 이 문서를 악착같이 활용하고 있습니다. 🏺

이에 분기탱천한 이승만 대통령은 1952년 1월 18일, 당초 미국이 제시한 맥아더 라인(McArther Line)보다 더 넓게 평화선(平和線, 소위 이승만 라인)을 선포하고, "대마도도 반환하라."고 강하게 대응합니다. 또한 1952년 11월, 미국 공군 사령부에 1948년 폭격 사태를 항의하자, 미국은 독도를 폭격 연습지에서 제외하겠다며 우리 정부에 공식 답변을 보내와 독도 주권이 대한민국에 있음을 재확인받습니다.

하지만 일본 어민들은 아랑곳하지 않고 6.25전쟁 기간 중 계속 독도를 제집 드나들듯 어업 활동을 하고 '다케시마는 일본 땅'이라는 팻말까지 꽂자, 도저히 이를 두고 볼 수 없던 홍순칠(洪淳七) 등 울릉도 주민 33명이 독도 의용수비대를 결성하고 자체 무장해

독도 의용수비대 기념사진
(출처 _ 독도의용수비대기념협회 홈페이지)

(1954. 8. 28) 독도 경비초사 및 표석제막기념   가운데 홍순칠(수비대장)

1953년부터 1956년까지 수호하니, 독도에 접근하던 일본 순시선에 총격을 가해 물리치기까지 합니다. 이후 나라가 안정되면서 이들 민간수비대 대신 경찰이 독도경비대로서 독도를 지키고 있으며, 1996년에는 독도 경비 강화를 위해 울릉 경비대가 창설되어 1개 소대 규모의 병력이 24시간 방어하고 있습니다. 🐻

그러자 일본은 1954년부터 국제사법재판소에서 시시비비를 가리자고 나오고, 1965년 한일기본조약 당시 독도 문제는 추후 협의하기로 결정한 것이 두고두고 족쇄로 작용합니다. 🐻

이처럼, 조선 후기부터 일본은 조선 땅임을 알면서도 분쟁거리로 만들어 울릉도와 독도를 모두 차지할 생각이었는데 여의치 않자 한발 빼서 독도만 계속 도발하는 겁니다. 일본의 침탈 야욕

은 대를 이어 수백 년째 징글징글하게 이어지고 있는 겁니다.

독도 논쟁 다시 생각하기

지금 일본은 독도와 쿠릴열도 4개 섬(남쿠릴열도)은 과거 일본 어부들이 개척한 땅인데 각각 대한민국과 러시아가 불법 점유하고 있다고 선전하고 있고, 오히려 교과서에 명기하는 등 그 억지가 점점 더 노골화되고 있습니다. 그러면서 고종이 먼저 발표한 1900년 칙령 속 석도는 독도가 아니라 울릉도 주변의 관음도나 바위섬이라고 우기고 있어요.

　그러면서 정작 중국과 분쟁을 벌이고 있고 현재 일본이 실효 지배하는 센카쿠열도(중국명 댜오위다오(釣魚島))에 대해서는 정반대로 침묵하고 있고, 1988년에는 일본 도쿄 남쪽 1740킬로미터 떨어진 오키노토리시마 암초에 시멘트를 들이부어 섬이라고 주장하며 도쿄도의 일부로 편입해 일본 최남단 영토로 인정받으려 하지요.

　그런데 말입니다……, 국제해양법상 독도는 섬이 아니라 암초입니다.

　종종 해외 지도에서 독도를 '리앙쿠르 암초(Liancourt Rocks)'라고 표기하는데, 이는 한국과 일본 그 어느 편을 들기 곤란할 때 사용하기는 하지만, 섬(Island)이 아닌 암초(Rocks)라고 하는 것은 국제해양법상 독도는 섬이 아니라 그저 바위일 뿐이기 때문에 그렇습니다.

우리나라, 일본, 중국이 다 가입한 UN해양법협약 기준으로는 주민이 살고 있고 그들이 독자적으로 생존 및 경제 활동을 할 수 있어야 섬이라고 인정되는데, 독도는 독자적인 생존이 불가능하기에 암초로 간주되어 영해로는 인정되나 반경 200해리 배타적 경제수역(EEZ)을 적용할 수는 없습니다. 그래서 1965년 한일기본조약 당시 한일어업협정과 1998년 신한일어업협정에서도 독도 주변 바다는 계속 한일 공동관리지대로 유지되는 실정입니다. 🐻

리앙쿠르 암초라는 명칭은 1849년 프랑스 포경선 리앙쿠르(Liancourt)호가 자기네 기준으로 독도를 처음 발견한 기념으로 그 배 이름을 붙인 것으로, 1854년 러시아 군함도 독도를 자기네가 발견하자 서쪽 섬은 '올리부차(Olivutsa)', 동쪽 섬은 '메넬라이(Менелай)'로 이름 짓습니다. 영국 역시 군함 호넷(Hornet)호가 1855년 독도를 발견하자 자기네 배 이름인 호넷섬으로 불렀다가 나중에 그게 같은 섬인 것을 알게 되자 리앙쿠르 암초라고 통일한 것이죠. 🐻

일본은 과거에 남쪽으로는 류큐 왕국을 멸망시켜 오키나와섬을 차지하면서 대만 코앞 섬까지 차지했고, 북쪽으로는 당초 일

현재 일본이 주장하는 배타적 경계수역, 동해에 죽도라고 표기해 놓음. (출처 _ 2021.3.31 MBC뉴스투데이 화면 캡처)

본 땅이 아니던 홋카이도(北海道, 북해도)를 점령하고 사할린 섬 남부, 쿠릴열도를 통해 알래스카 코앞까지도 진출해 바다 영토를 크게 넓혔습니다. 비록 2차대전 이후 사할린섬 남부와 쿠릴열도 4개 섬을 러시아에 돌려주었지만 다시금 억지 주장을 하고 있어, 대한민국, 러시아, 중국과 각기 영토 분쟁을 벌이고 있습니다. 일본은 그 섬들을 욕심내지 않더라도 해양 영토를 포함하면 세계 6위에 이르는 큰 국토를 지니고 있음에도 끝없이 욕심을 내고 있는 겁니다. 🏺

일본은 1954년부터 계속 독도를 분쟁 지역으로 널리 알려 국제사법재판소로 가자는 입장이었고, 과거 국력이 약했던 우리나라는 회피하는 전략으로 나갔습니다.

그랬던 일본이 지금은 난처한 입장에 처하게 되었습니다. 정반대로 중국과 대만이 일본이 점유 중인 센카쿠열도(댜오위다오)에 대해 국제사법재판소로 가자고 하자 일본이 회피하는 상황이 되었고, 중국은 일본 영토가 맞다고 지지해주던 쿠릴열도 4개 섬에 대해서도 러시아 영토가 맞다고 입장을 바꿔 러시아와 영토 분쟁에 대해 압박 전술 보조를 맞추고 있습니다. 🐻

일본의 센카쿠열도 점유는 사실 1905년 독도 편입과 무척 닮았습니다. 오키나와와 대만 사이에 낀 이 섬들은 일본이 청일전쟁 직후인 1884년에 자국 영토로 편입해 지금까지 실효지배 중인데, 중국은 고(古) 지도 등을 통해 1403년 명나라 영락제(永樂帝) 시절부터 댜오위다오로 부르며 관리해 온 곳이라고 주장하고

센카쿠열도 vs. 댜오위다오 분쟁
(©Jackopoid) (출처 _ 위키피디아)

있습니다. 다만 위치상 국제사법재판소로 가서 승소하더라도 중국이 아닌 대만 영토가 되어야 하는 곳이지만, 공동 대응하는 것이죠.

현재 우리나라에서 독도 문제와 관련해 독도연구소 등에서 고지도 및 고(古)문헌을 모으고 이를 통해 정당성을 주장하지만, 세계 질서라는 것이 결국 파워게임이므로 이런 영토 분쟁에 있어서는 중국, 대만, 러시아 등 일본과 영토 분쟁을 겪는 나라들과 연합해 압박하는 것도 하나의 대책이라고 생각합니다.

또한 앞서 독도가 원래는 돌섬이라는 전라도 사투리에서 유래했다고 밝힌 것도, 돌만 있는 섬의 특성을 우리는 정확히 알고 호칭을 정했는데, 일본은 당초 울릉도를 죽도(다케시마)라고 하다가 나중에는 독도를 죽도(다케시마)라며 대나무가 전혀 없

는 섬을 대나무섬이라고 부르는 것 자체가 엉터리임을 밝히는 또 하나의 증거라고 여기기 때문입니다. 🐨

하지만 무엇보다 중요한 것은, 다른 나라에서 호소한다고 해결될 문제는 아니므로 현재 실효지배 중인 독도를 끝까지 방어할 능력을 계속 유지해 나가야 한다는 것입니다.

〈뉴스위크〉 표지를 장식한 영국 항공모함
(출처 _ redd.it.com/r/BritishEmpire)

1982년 포클랜드전쟁(Falklands War)은 좋은 본보기입니다. 1950년대부터 아르헨티나가 자국 바로 코앞에 있고 100여 명의 군인과 1,500명의 주민이 사는 영국령 포클랜드섬을 자기네 땅이라고 우기다가 결국 무력으로 점령하고 아르헨티나 영토라고 선언할 때만 해도, 설마 영국이 지구를 반 바퀴 돌아 이 조그만 섬을 위해 전쟁을 할 거라고는 생각하지 못했을 겁니다. 미국도 동맹국인 영국과 아르헨티나 간 전쟁을 원치 않아 레이건(Ronald Wilson Reagan) 대통령이 전화로 "UN을 통해 협상하라."고 권유했지만, 영국 마거릿 대처(Margaret Hilda Thatcher) 수상은 "미국이 알래스카를 침공당할 때 내가 당신이 한 말을 그대로 돌려주겠다."며 한 치의 망설임없이 해군 함대를 동원해 3개월만에 아르헨티나 군을 격파하고, 포클랜드섬에 다시 유니언잭을 휘날리며 영국이 아직 죽지 않았다는 것을 전 세계에 보여준 바 있습니다. 🐻

평화는 상대방의 배려와 세계 시민의 이성만으로는 지켜지지 않습니다. 강력하고 혹독한 보복이 가능하도록 강력한 무력을 키우는 것만이 우리의 평화를 지킬 수 있음을 늘 잊지 말고, 우리의 소중한 영토, 독도뿐 아니라 이 땅의 모든 산천수목을 더욱 아끼고 사랑해야겠습니다. 🐻

이번 편은 어떠셨나요? 독도 이야기를 끝으로 우리 땅 곳곳에 남아 있던 숨은 사연과 잘못 알려진 유래 등을 모은 '별난 국내 여행 편'을 마치고자 합니다. 모쪼록 우리나라의 소중한 역사를 간직한 숨은 명승지에 대해 조금이라도 더 많이 알게 되었길 희망합니다.

다음 편에서는 또 어떤 이야기로 찾아올지 저도 궁금하네요. 🐻

| 참고 문헌 |

1부.

《땅의 역사 1》, 박종인 지음, 상상출판, 2018

《무량수전 배흘림기둥에 기대서서》, 최순우 지음, 학고재, 1994

《나의 문화유산 답사기 2 - 산은 강을 넘지 못하고》, 유홍준 지음, 창비, 1994

《나의 문화유산 답사기 일본편 4 - 교토의 명찰과 정원》, 유홍준 지음, 창비, 2020

《남이섬에 가고 싶다》, 강우현 지음, 나미북스, 2012

《나의 문화유산 답사기 12 - 서울편 4》, 유홍준 지음, 창비, 2022

《한용운 평전》, 고은 지음, 향연, 2004

2부.

《슬픈 궁예》, 이재범 지음, 역사인, 2011

《조선상고사》, 신채호 지음, 위즈덤하우스, 2019

《닥터 홀의 조선 회상》, 서우드 홀 지음, 김동렬 번역, 좋은 씨앗, 2009

《나의 문화유산 답사기 11 - 서울편 3》, 유홍준 지음, 창비, 2022

3부.

《홍성의 전설이 된 함흥기생 만향》, 김정헌 지음, 홍성문화원, 2015,

《과학자 전재규 남극의 별이 되다》, 전신애 지음, 청어람미디어, 2013

《춘향전의 비밀》, 설성경 지음, 서울대학교 출판부, 2001

《그래서 나는 조선을 버렸다: 홍종우와 김옥균이 꿈꾼 다른 나라》, 정명섭 지음, 추수밭, 2017

《초대 대통령 이승만의 청년시절》, 이정식 지음, 권기붕 번역, 동아일보사, 2002

《한국고전여성시사》, 조연숙 지음, 국학자료원, 2011

《오래된 꿈》, 홍경의 지음, 보림, 2011

《대한민국 역사여행 버킷리스트》, 최미선, 신석교 지음, 넥서스북스, 2022

《엽기 조선왕조실록》, 이성주 지음, 추수밭, 2006

4부.

《진시황의 사자 서복, 역사인가 전설인가》, 김하종 지음, 문현, 2021

《하멜표류기》, 헨드릭 하멜 지음, 신동운 번역, 스타북스, 2020

《화교가 없는 나라》, 이정희 지음, 동아시아, 2018

《독도, 1500년의 역사》, 호사카 유지 지음, 교보문고, 2016

세상에서 가장 재미있는
교양 상식책!

- 제7권 '별난 국내여행 편' 출간 -

《알아두면 쓸데 있는 유쾌한 상식사전》시리즈에서
'상식의 놀라운 반전'과 '지식의 유쾌한 발견'을 만나보세요.

① 일상생활 편
조홍석 지음 | 14,500원

② 과학·경제 편
조홍석 지음 | 14,500원

③ 언어·예술 편
조홍석 지음 | 14,500원

④ 한국사 편
조홍석 지음 | 15,800원

⑤ 최초·최고 편
조홍석 지음 | 15,800원

⑥ 우리말·우리글 편
조홍석 지음 | 17,500원

"다음 편에서 또 만나요~, 꼭이요~!"